AF559113

DAS GEISTIGE
ERWACHEN

Aus dem Französischen übersetzt.
Originaltitel:
»La deuxieme naissance«

Französische Ausgabe:

Deutsche Ausgabe »Das geistige Erwachen«

ISBN 978-3-89515-068-5

7. Auflage

Druck 2024: Interpress, Ungarn

Omraam Mikhaël Aïvanhov

DAS GEISTIGE ERWACHEN

Gesamtwerke Band 1

PROSVETA VERLAG

Inhalt

Da Meister Omraam Mikhaël Aïvanhov seine Lehre ausschließlich mündlich überlieferte, wurden seine Bücher aus den Stenomitschriften, Tonband- oder Videoaufnahmen seiner frei gehaltenen Vorträge zusammengestellt.

Kapitel 1

Geboren aus Wasser und Geist

Omraam Mikhaël Aïvanhov im Jahr 1937

Freier Vortrag

Wer unsere Bruderschaft in Bulgarien zu der Zeit besucht, da sie auf den Bergen in der Nähe der sieben Seen von Rila ihre Zelte aufgeschlagen hat, erblickt unfern des Lagers eine Quelle, die in besonderer Weise ausgestaltet wurde. Das Wasser springt aus einem riesigen Felsblock hervor, dem man die Form eines Schiffsbugs gegeben hat, und fließt durch eine mit flachen, schneeweißen Steinen ausgelegte Rinne. Diese Rinne endet in zwei aneinanderliegenden Händen. Jeder darf von dem reinen Wasser der Quelle trinken, das ihm die beiden Hände darbieten... In die linke Seite des Felsens ist ein blau bemalter Anker, das Symbol der Bruderschaft, eingemeißelt; rechts ist folgende Inschrift zu lesen:

Brüder und Schwestern, Väter und Mütter,
Freunde und Fremde,
Lehrer und Studierende,
Ihr alle, die ihr dem Leben dient,
öffnet eure Herzen dem Guten,
werdet dieser Quelle gleich.

Neben der Inschrift sind kabbalistische Zeichen und geometrische Figuren angebracht, über die ich später sprechen werde.

Ihr kennt wohl alle die Stelle im Johannes-Evangelium, wo Jesus zu Nikodemus spricht: »Wahrlich, wahrlich, ich sage dir: Wenn einer nicht von neuem geboren wird, so kann er das Reich Gottes nicht sehen.« – »Aber wie kann ein Mensch geboren werden, wenn er alt ist?«

fragt Nikodemus. »Kann er wiederum in seiner Mutter Leib gehen und geboren werden?« Jesus antwortet darauf: »Wahrlich, wahrlich, ich sage dir. Wenn einer nicht von neuem geboren wird aus Wasser und Geist, so kann er nicht in das Reich Gottes kommen.« – Was bedeutet »aus Wasser und Geist geboren werden«?

Einst lebte in Jerusalem ein Weiser namens Nathan. Als sich der Sultan Saladin der Stadt bemächtigte, erhielt er Kunde von diesem Weisen und ließ ihn in den Palast kommen; er stellte ihm sieben Fragen, u.a. auch diese: »Welche ist die beste Religion: die jüdische, christliche oder moslemische?« Nathan erwiderte: »Sultan, ich will dir eine Geschichte erzählen... Es war einmal ein König, der besaß einen Zauberring, der ihm göttliche Allmacht verlieh: Kraft dieses Ringes blieb sein Reich vor Unheil, Kriegen und Krankheiten verschont. Der König hatte drei Söhne, die ihm alle gleich lieb waren, und als er alt geworden war, wusste er nicht, welchem der Söhne er den Ring überlassen sollte. So ließ er denn heimlich zwei zusätzliche Ringe anfertigen, die dem Zauberring zum Verwechseln ähnlich waren und schüttelte sie alle durcheinander, so dass er selber den ursprünglichen Ring nicht mehr erkannte. Nun rief er seinen ältesten Sohn zu sich und sprach zu ihm: »Du bist mir von allen Söhnen der liebste, deshalb möchte ich dir meinen Ring schenken und dazu ein Drittel meines Königreiches.« Dasselbe sagte er auch zu den beiden anderen Söhnen. Der König ahnte nicht im Geringsten, welchem von ihnen er den Zauberring überreicht hatte, und alle drei waren fest davon überzeugt, ihn geerbt zu haben...

Einige Jahre später machte sich der König auf, um seinen Söhnen einen Besuch abzustatten. Er begab sich zuerst zu dem Ältesten; doch als er sah, wie dessen Volk von Seuchen und Entbehrungen heimgesucht war, erkannte er, dass dieser den Ring nicht besaß. Er begab sich in das Reich seines zweiten Sohnes; auch dort lasteten ununterbrochen Kriege und Not auf dem Volk. Also hatte auch dieser den Ring nicht erhalten. Als er schließlich bei dem dritten Sohne eintraf und dessen Untertanen allesamt wohlhabend und gesund in Glück und Frieden leben sah, wusste der König, dass der jüngste Sohn im Besitz des Zauberrings war. »Auf diese Weise«, sprach Nathan, »wirst du ermitteln, wo sich die wahre Religion befindet, nämlich da, wo Frieden, Glück, Reichtum, Weisheit und Liebe walten.«

Wenn wir trotz der Weisungen, welche uns die großen Meister geben, nicht in der Lage sind, die Wahrheit zu entdecken, dann vielleicht deshalb, weil die Kanäle in uns so verstopft sind, dass die Energieströme der geistigen Welt nicht durchfließen können. Ich war noch sehr jung, als ich dies auf folgende Weise erkannte: Damals lernte ich fleißig, las viel und arbeitete – fühlte mich aber trotzdem nicht ganz zufrieden. Dann unternahm ich eine zehntägige Fastenkur. Im Anschluss an das Fasten begriff ich plötzlich Dinge, die ich noch in keinem Buch gefunden hatte. Die ersten Tage war ich natürlich schrecklich hungrig, doch das ließ bald nach. Am dritten und vierten Tag hatte ich einen brennenden Durst, der in den darauffolgenden Tagen noch peinigender wurde. Ich dachte nur noch an Wasser und träumte nachts von Quellen und Bächen, aus denen ich ununterbrochen trank, ohne den Durst je löschen zu können. Auch dieser Durst verging. Am siebten Tag nahm ich eine Frucht in die Hand und atmete ihren Duft ein. Da fühlte ich, wie derart feine, köstliche Essenzen von ihr ausgingen, dass ich dadurch wunderbar erquickt wurde. Während der letzten Tage ernährte ich mich dann lediglich von diesen feinen Wirkstoffen; ich begriff, dass jede Pflanze, jede Frucht unsagbar feine ätherische Stoffe enthält, die wir nur deshalb nicht wahrnehmen und nicht in uns aufnehmen können, weil wir übersättigt und überfüllt sind. Wir sind von unendlich vielen Dingen umgeben, die wir nicht wahrnehmen, weil in uns kein Raum dafür übrig bleibt. Obwohl überaus kostbare Elemente vorhanden sind, müssen wir erst ausgehungert und durstig sein, um sie zu spüren.[1] Aber wir dösen dahin wie einer, der sich zu satt gegessen hat. Deswegen bleiben uns bestimmte feinstoffliche Speisen vorenthalten.

Hat man die Gewohnheit, zu üppige Speisen und Getränke zu sich zu nehmen, wird der Körper von Schlacken derart überlastet, dass er schließlich schwerfällig, plump und wie betäubt wird. Die Sinne stumpfen ab, die Intelligenz wird getrübt, der Wille schwach, die Leidenschaften nehmen zu. Dasselbe gilt auch für die anderen Bereiche. Wenn wir auf der Astral- und Mentalebene (den Ebenen der gewöhnlichen Gedanken und Gefühle) zu viel essen, entgeht uns das Feinste in der Seele und der Natur. Sie bleiben außerhalb unseres normalen Bewusstseins. Selbst wenn dann alle größten Meister der Welt kämen, um uns ihre Weisheit zu lehren, würden wir nichts davon erfassen, nichts empfinden. Während meiner Fastenzeit bemerkte ich außerdem, dass es mir leicht fiel, meinen Körper zu verlassen; ich trat mühelos aus ihm heraus und erreichte höhere Regionen. Sobald ich wieder Nahrung zu mir nahm, wurde mir dies erschwert.

Die kleine Quelle ruft uns zu: »Werdet wie ich! Lebendig und sprudelnd!« Ja, meine lieben Brüder und Schwestern hört auf sie! Nehmt die sprudelnde Quelle zum Vorbild, sonst werdet ihr einem Sumpf ähnlich. Wenn eure innere Quelle versiegt, fängt es in euch an zu gären. – Was geschieht dort, wo etwas verwest? Ihr wisst es: Es wimmelt von Mücken, Fliegen und allem möglichen Ungeziefer; ihr wollt sie verjagen, aber es hilft alles nichts, sie werden immer zahlreicher. Es bleibt nur eine Lösung, den Sumpf trocken zu legen und die Quelle sprudeln zu lassen; denn wo Wasser fließt, gibt es keine Fäulnis.[2] Und was beobachtet man um eine Quelle herum? Bäume wachsen, Blumen blühen, Vögel zwitschern... Menschen und Tiere kommen zum Trinken und die ganze Natur freut sich – selbst die Steine.

Ihr fragt: »Aber wie bringen wir in uns eine Quelle zum Fließen?« – Ganz einfach dadurch, dass ihr Liebe verströmt! Ihr werdet freilich einwenden, dass ihr ja liebt oder verliebt seid und alle anderen sich auch verlieben. Ich weiß schon, aber wenn ich von Liebe spreche, verstehe ich darunter eine andere Liebe. Die meisten Leute, die sich verlieben, gestehen, dass sie oft leiden und unglücklich sind. Das bedeutet, dass sie die wahre Liebe nicht kennen. Jene Liebe, die die Menschen unglücklich macht, ist nicht die wahre Liebe, sondern eine Krankheit. Seltsamerweise entgeht ihr fast niemand. Es ist wie eine Seuche. Egal, wie man sich vor ihr zu schützen sucht, früher oder später wird man gepackt, und die Qual beginnt.

In Bulgarien hatte ich einen Freund, der von der Liebe als der schönsten Sache der Welt sprach. Eines Tages kam er mit zerzaustem Haar und einem verstörten, finsteren Gesicht zu mir; ich fragte besorgt, was ihm zugestoßen sei. »Ich bin verliebt«, rief er aus, »das ist alles.« Die Liebe machte ihn unglücklich, weil er nicht in den Besitz des Gegenstandes seiner Liebe gelangen konnte. Die Liebe, die ich meine, ist etwas ganz anderes; wenn diese wahre Liebc kommt, die Liebe der neuen Lehre, ist man fröhlich, denn die Liebe ist ein wundervoller Bewusstseinszustand, der sich auf allen Gebieten segensreich auswirkt. Sobald in uns eine Quelle sprudelt, gedeihen Bäume, Blumen, Tiere, Menschen; denn wo Wasser fließt, entfaltet sich das Leben; mit anderen Worten: Wo echte Liebe ist, erblüht eine Flora, eine Fauna, eine Kultur.[3]

In unserem Inneren entspricht das Mineralreich dem Knochensystem, das Pflanzenreich den Muskeln, das Tierreich dem Blutkreislauf und das Menschenreich dem Nervensystem.

Wer nicht aus Wasser und Geist geboren wird, gelangt nicht in das Reich Gottes. Was sind Wasser und Geist? In der esoterischen Wissenschaft gilt das Wasser stets als das weibliche, passive Element; der Geist dagegen als männliches, aktives Prinzip. Im Hebräischen heißt das Wasser »maim« und der Geist »ruah«. Seltsamerweise ergibt das Wort »ruah« rückwärts gelesen »haur«, was Licht bedeutet: jenes Licht, das die Welt erschuf. Es ist dieses Licht, das jeder Seele als winziger Funke des schöpferisch-männlichen Prinzips, des Himmelsfeuers, innewohnt. Das Wasser hingegen ist das weibliche Prinzip, der gestaltende Mittler, das universale Fluidum.

»Werdet ihr nicht geboren aus Wasser und Geist«, heißt mit anderen Worten: »Werdet ihr nicht geboren aus Wasser und Feuer«... Um euch die beiden Worte »Wasser« und »Feuer« nahe zu bringen, möchte ich von der Astrologie ausgehen. Ihr kennt die zwölf Tierkreiszeichen. Sie entsprechen den vier Elementen der Alchimie: Erde, Wasser, Luft und Feuer. Je drei Tierkreiszeichen entfallen auf eines der vier Elemente, die folgendermaßen im Tierkreis verteilt sind:

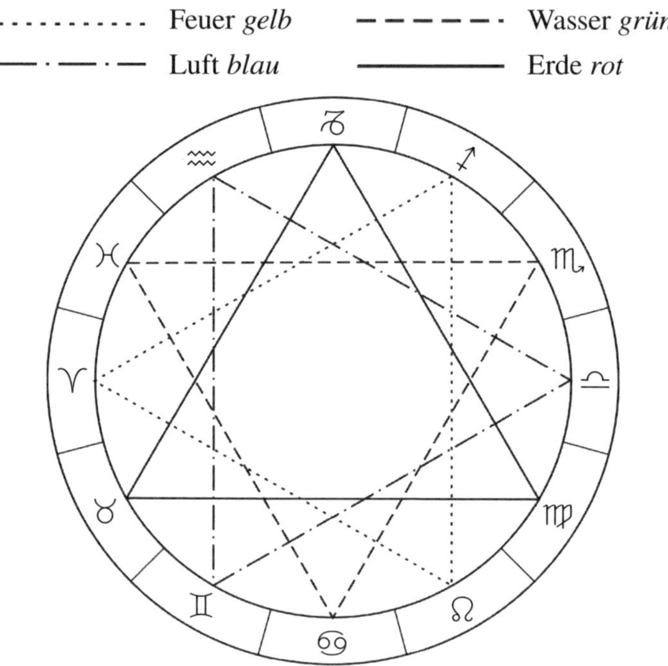

Ihr seht, dass die Zeichen, die zu demselben Element gehörenden, sich jeweils an den Spitzen eines gleichschenkligen Dreiecks befinden. Das Dreieck der Erde besteht aus den Zeichen Stier ♉, Jungfrau ♍ und Steinbock ♑; das Dreieck des Wassers aus den Zeichen Krebs ♋, Skorpion ♏ und Fische ♓, das Dreieck der Luft aus den Zeichen Zwillinge ♊, Waage ♎ und Wassermann ♒; das Dreieck des Feuers aus Widder ♈, Löwe ♌ und Schütze ♐. Ich sage heute nichts über die Wechselbeziehungen, die sich mittels dieser vier Dreiecke in sämtlichen Lebensbereichen feststellen lassen. Wir wollen uns lediglich mit den beiden Dreiecken Feuer und Wasser befassen.

Gemäß der Überlieferung entspricht jedes Tierkreiszeichen einem bestimmten Teil des menschlichen Körpers (vgl. Tabelle); darum lassen sich die beiden Dreiecke Feuer und Wasser auch folgendermaßen darstellen: (Abb. 1 und 2)

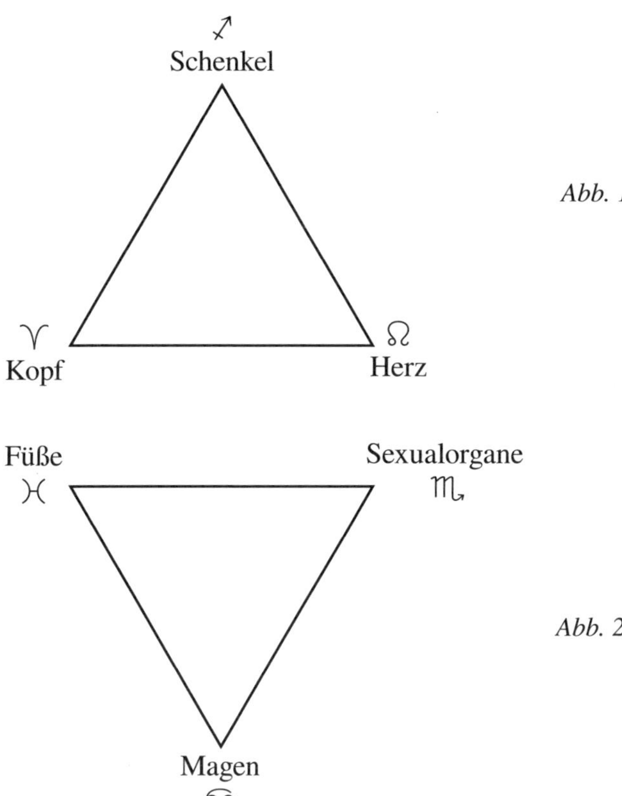

Abb. 1

Abb. 2

Entsprechungen zwischen Tierkreis und menschlichem Körper:[4]

♈ Kopf
♉ Hals
♊ Arme - Lunge
♋ Brust - Magen
♌ Herz
♍ Darm
♎ Nieren
♏ Genitalien
♐ Schenkel
♑ Knie
♒ Waden
♓ Füße

Die beiden Dreiecke entsprechen dem Längsschnitt eines Dreikantprismas. Ihr wisst, dass ein solches Prisma das weiße Sonnenlicht in sieben Farben zerlegt (Abbildung 8 in diesem Kapitel).

Die Zerlegung des Lichts durch ein Prisma beruht auf drei sehr bedeutungsvollen Zahlen: der Eins, der Drei und der Sieben. Die Zahl eins bedeutet den auf eine der Prismaflächen fallenden Lichtstrahl; die Drei ist das Prisma selbst, mit seinen drei Flächen; und die Sieben stellt die sieben Farben dar, in welche der Lichtstrahl durch das Prisma zerlegt wird.

Betrachten wir nun bestimmte Körperfunktionen des Menschen, so erkennen wir, dass sich hier der Vorgang der Lichtzerlegung des Prismas wiederholt.[5] Beim Essen z.B. stellt die Nahrung das Licht dar, welches in das Prisma, den Magen (die Drei) fällt, woraus die sieben Farben, d. h. die sieben Kräfte hervorgehen, die sich anschließend im Körper verteilen. Derselbe Vorgang wiederholt sich bei der Atmung: Die eingeatmete Luft (die Eins) dringt in die Lunge (die Drei), von wo aus die sieben Kräfte im Körper verteilt werden.

Von einem anderen Standpunkt aus betrachtet können wir im Prisma die drei Seiten des Menschen erkennen: Verstand, Herz und Wille; oder auch Denken, Fühlen und Handeln. Man kann darin auch viele andere Phänomene und Erscheinungsformen des Lebens sehen. Zum Beispiel: Vater, Mutter und Kind; Säure, Base und Salz; Länge, Breite und Höhe; Licht, Wärme und Bewegung; Liebe, Weisheit und Wahrheit usw.

Doch kommen wir zurück zu der Gruppe Verstand (Denken), Herz (Gefühl) und Wille (Handlung). Haben wir hier ein gleichseitiges Prisma, so ist dies das Symbol für einen Menschen, dessen Verstand, Herz und Wille gleichmäßig entfaltet sind; das Symbol des vollkommen ausgeglichenen Menschen, der intelligent und auch gutherzig ist und außerdem mit starkem Willen seine Gedanken und Gefühle verwirklicht. Alle seine Fähigkeiten sind harmonisch ausgewogen... Dies ist äußerst selten der Fall. Das gleichseitige Prisma steht symbolisch für den Eingeweihten, den Weisen, den großen Meister (siehe Abb. 3).

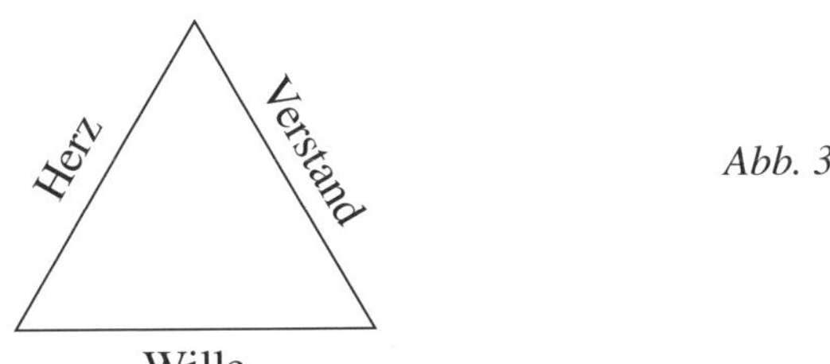

Abb. 3

Die meisten Leute sind ungleichseitigen Dreiecken vergleichbar. Bei manchen ist der Wille besonders stark entwickelt (Abb. 4); diese Menschen begnügen sich zumeist damit, die Vorhaben anderer auszuführen. Bei vielen wiederum sind Verstand und Herz sehr viel stärker entwickelt als der Wille (Abb. 5); das sind jene Menschen, die viel nachdenken und analysieren, zudem auch feinfühlig sind; jedoch wenn es darum geht, zu handeln, in die Tat umzusetzen, warten sie darauf, dass sich andere an ihrer Stelle ins Zeug legen.

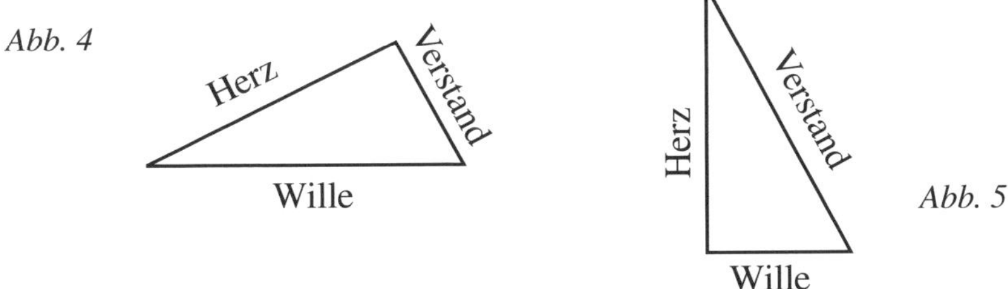

Abb. 4

Abb. 5

Das Dreieck der Zeichnung 6 versinnbildlicht intelligente, dynamische, tatkräftige Menschen, die jedoch ichbezogen, hartherzig, ohne eine Spur von Liebe und Mitleid sind, weil die Seite des Gefühls bei ihnen überhaupt nicht entwickelt ist. Das Dreieck Nr. 7, wo Herz und Wille stärker entfaltet sind als der Verstand, deutet auf herzensgute, freigebige Menschen hin, die in dem ständigen Wunsch sich aufzuopfern Dummheiten machen und sich von anderen übervorteilen lassen.

Abb. 6 *Abb. 7*

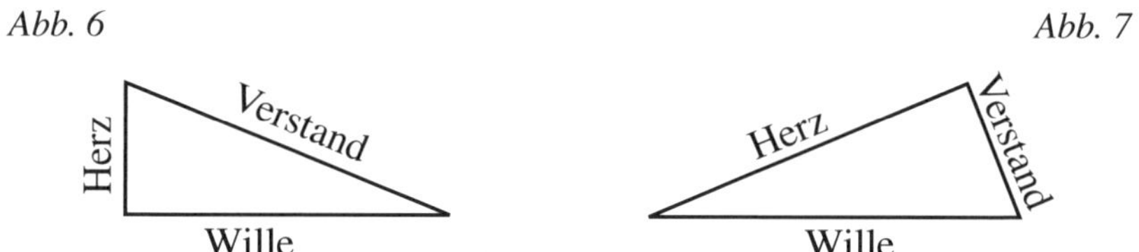

Es lassen sich zahlreiche Fälle und Kombinationen ausdenken – ich kann sie hier nicht alle erwähnen, sondern fasse nur zusammen. Wichtig dabei ist, zu verstehen, warum wir unser Mühen darauf ausrichten sollen, gleichseitige Prismen zu werden.

Wenn die Spitze des Prismas nach oben zeigt (Abbildung 8), erstreckt sich die Farbskala von rot (oben) bis violett (unten). Zeigt die Spitze nach unten, dann ist umgekehrt das Violett oben und das Rot unten.

Die Verteilung der Farben im Menschen ist sehr bedeutungsvoll. Rot steht in Verbindung mit den Sexualorganen, Orange mit der Milz, Grün mit dem Magen, Blau mit der Lunge, Gelb, Violett und Indigo mit dem Kopf. Jedes Organ wird durch die ihm entsprechende Farbe geheilt.

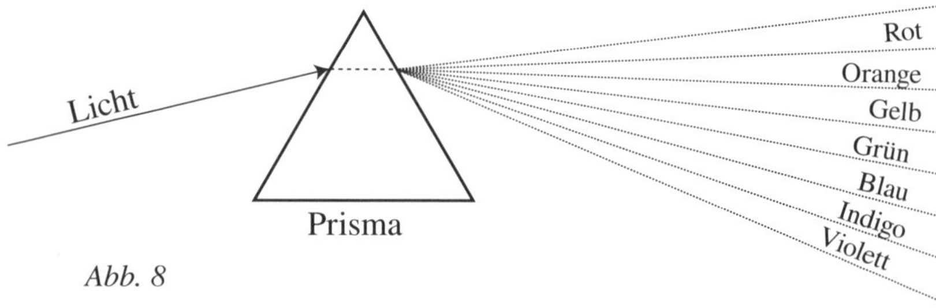

Abb. 8

Seht euch nun folgende Abbildung an:

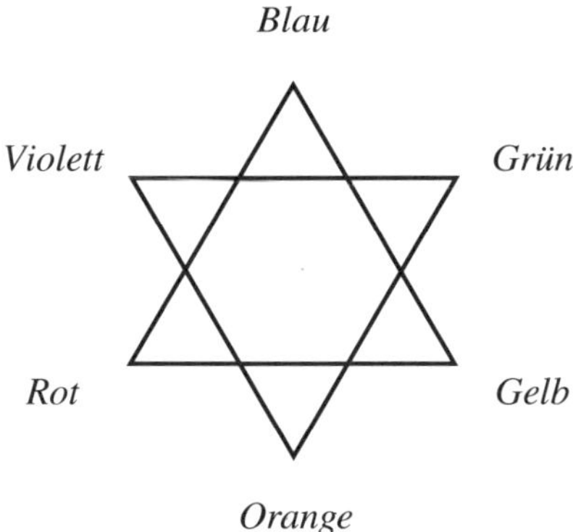

Beginnen wir mit dem Rot. Wenn wir Rot und Gelb mischen, welche beide auf der Grundlinie desselben Dreiecks liegen, erhalten wir Orange, das zwischen diesen beiden Farben an der Spitze des anderen Dreiecks liegt. Grün erhalten wir durch die Mischung von Gelb und Blau; Violett aus Blau und Rot. Hingegen ergibt das Vermischen von diametral gegenüberliegenden Farben, beispielsweise von Grün und Rot, Blau und Orange oder Gelb und Violett, hässliche Farbtöne. Diese Farben darf man nicht miteinander vermischen. Die Verwandtschaft oder Gegensätzlichkeit der Farbtöne enthält eine Fülle von Geheimnissen. Wenn wir nicht wissen, dass jedes Lebewesen sich durch eine vorherrschende Farbe auszeichnet, laufen wir Gefahr, durch falsches Verhalten Unheil zu stiften. Aufgrund eben dieses Gesetzes lassen sich die Folgen gewisser Gefühls- oder Gedankenmischungen erklären oder aber das Ergebnis aus der Mischung mancher Tugenden und Schwächen. Dies ist geistige Alchimie – wir werden ein anderes Mal Gelegenheit finden, darüber zu sprechen.

Es ist mein Wunsch, euch auf möglichst einfache Weise die wesentlichen Wahrheiten darzulegen, auf welche ihr euer Dasein gründen könnt und anhand derer es euch möglich wird, euer Leben, eure Beziehung zur Natur und zu den Wesen der übersinnlichen Welt zu verbessern. Ich habe mir vorgenommen, eine sehr einfache, klare und bildhafte Sprache zu benutzen, selbst auf die Gefahr hin, als wenig gelehrter Redner eingeschätzt zu werden, der keinen einzigen berühmten Schriftsteller zitiert und seinen Zuhörern lauter kindliche Ideen vorsetzt.

Nehmt einmal ein rotes und ein grünes Blatt Papier und legt sie nebeneinander: Die rote Farbe leuchtet auf einmal viel kräftiger und auch das Grün wirkt noch grüner. Nebeneinander treten beide Farben leuchtkräftiger hervor. Aber wenn ihr sie miteinander vermischt, ergibt sich daraus, wie ich vorhin betonte, eine schmutzige, trübe Färbung. Dasselbe gilt für die Menschen.

Macht nun folgenden Versuch: Schaut ein rotes Papier mehrere Sekunden lang unverwandt an, und blickt dann unvermittelt auf ein weißes Blatt: Vor euren Augen taucht die grüne Farbe auf! Schaut ihr eine Zeit lang auf Orange, dann erscheint Blau, und wenn ihr eine blaue Fläche betrachtet habt, taucht vor eurem Blick anschließend Orange auf. Weshalb? Es gibt da interessante Gesetzmäßigkeiten, die man ebenfalls im Seelenleben antrifft. Es kommt zum Beispiel vor, dass ihr konzentriert über ein Thema meditiert, wobei sich auf einmal ein ergänzendes Gedankenbild einschiebt. Dieses Phänomen verdeutlicht den Zusammenhang von Rot und Grün oder Gelb und Violett im Menschen. Jede Tugend ist nämlich mit einer anderen Tugend, jede gute Eigenschaft mit einer anderen guten Eigenschaft und jede Seelenregung mit einer anderen verbunden, genau wie ihr dies bei den Farben festgestellt habt – aber auch jede Schwäche ist mit einer anderen Schwäche verbunden. Es reicht also, dass der Mensch an einer Tugend arbeitet oder sich einer Schwäche überlässt, um in sich andere Tugenden oder andere Schwächen zu erwecken.

Es kann sogar etwas noch Merkwürdigeres vorkommen: Man ist dabei, eine Tugend zu erarbeiten, aber es tritt an ihrer Stelle ein Laster auf! Auch das Gegenteil ist manchmal der Fall: Manche Schwächen oder Fehler können eine gute Eigenschaft oder Tugend auslösen. Solche Tatsachen erklären, weshalb ein Mensch, der jahrelang gebetet, sich aufgeopfert hat und ein Vorbild an Tugendhaftigkeit war, plötzlich einer übermächtigen Leidenschaft erliegt und sich allen möglichen Ausschweifungen hingibt.

Wie kann bloß in der Seele eines Menschen die Hölle erwachen, während er den Himmel anruft? Umgekehrt begegnet man Menschen, die sich allerlei Verbrechen schuldig machten, ein liederliches Leben führten, aus denen plötzlich Heilige, Muster der Güte, der Reinheit und Opferbereitschaft wurden.

Man sehnt sich nach Reinheit, wird aber gar oft von der Unreinheit heimgesucht. Man wünscht sich die Weisheit, hört oder betrachtet aber dennoch gerne sinnloses Zeug. Weshalb steht im Evangelium, das Fleisch widersetze sich dem Geist? Habt ihr beobachtet, wie bei den Bäumen die Äste mit den Wurzeln verbunden sind? Wenn die Äste wachsen, länger und dicker werden, entwickeln sich auch die Wurzeln und dringen tiefer in die Erde ein. Wenn der Mensch nicht weiß, wie das Obere mit dem Unteren zusammenhängt, wird er sich häufig über das Ergebnis seiner Bemühungen wundern. Auf diese Frage kommen wir aber ein anderes Mal wieder zurück.

Ich sagte vorhin, Rot stehe mit den Sexualorganen in Verbindung, Grün mit Magen und Leber. Ist die rote Farbe in uns nicht rein, so ruft sie ein Grün hervor, das seinerseits nicht rein und klar ist; dadurch werden Magen und Leber geschwächt und arbeiten nicht mehr richtig. Alle Farben sind miteinander verbunden. Wer dem Weg der Weisheit (Gelb) folgt, fühlt sich unwillkürlich dazu gedrängt, den Schöpfer des Weltalls (Violett), den Herrn dieser unendlichen Weisheit anzubeten, denn er wird aufgesucht von der violetten Farbe, der geistigsten von allen, die der Anbetung entspricht. Umgekehrt, wer den Herrn anbetet, überall und in allem Seine Gegenwart sucht und bestrebt ist, innerlich ununterbrochen mit Ihm vereint zu leben, stellt fest, dass allmählich die gelbe Farbe in ihm aufleuchtet, mit anderen Worten, dass die Weisheit in ihm zunimmt.

Wie viele Geheimnisse sind noch im Licht verborgen! Am Anfang war das Licht...[6] Das Licht kennen, heißt alles kennen.

Ich sagte vorhin, für die Alchimisten und Astrologen bestehe die Natur aus den vier Grundelementen: Feuer, Luft, Wasser und Erde. Wenn man die Natur beobachtet, stellt man fest, dass die meisten Erscheinungen auf der Erdoberfläche durch das Wasser und das Feuer hervorgerufen werden.

Betrachten wir die folgende Abbildung:

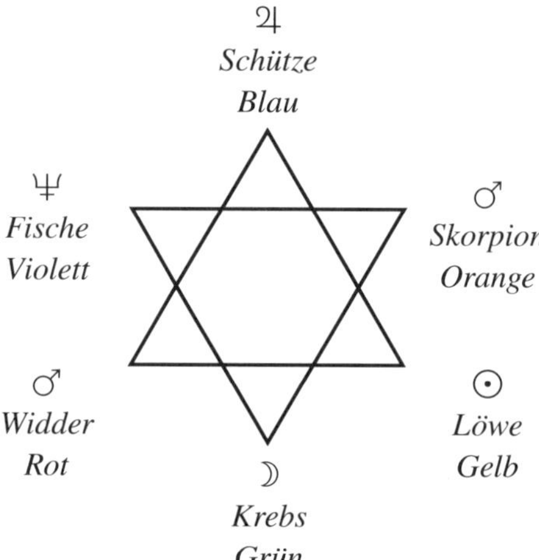

Hier sind die beiden Dreiecke des Feuers und des Wassers vereint dargestellt. Diejenigen unter euch, die sich mit Astrologie befassen, werden den tieferen Sinn dieser Zeichnung verstehen.

Das Dreieck des Feuers enthält die drei Farben Rot, Gelb und Blau. Rot entspricht dem Widder, Gelb dem Löwen, Blau dem Schützen. Diese Entsprechungen stehen im Einklang mit der Natur der Zeichen und den dazugehörenden Planeten. Im Sternzeichen des Widders herrscht Mars, der rote, dynamische, energische, kampflustige Planet. Im Sternzeichen des Löwen herrscht die Sonne. Im Schützen wohnt Jupiter, der Planet der Spiritualität und Religion.

Das Dreieck des Wassers umfasst die Sternzeichen Krebs, Skorpion und Fische. Dem Krebs entspricht das Grün, dem Skorpion das Orange und den Fischen das Violett. Das Sternzeichen Krebs ist das Domizil des Mondes, der über Vorstellungskraft und Gefühl regiert. Skorpion ist das andere Haus des Mars, in dem sich Unabhängigkeit, Aggressivität und Stolz äußern. Die Fische sind das Haus des Neptun, die Sphäre des Mystischen, an der Grenze der zwei Welten.

Kehren wir jetzt zu den Worten Jesu zurück: »Wenn einer nicht von neuem geboren wird aus Wasser und Geist, so kann er nicht in das Reich Gottes eingehen«. Das Wasser bezieht sich auf das Herz, auf die Liebe, das weibliche, passive Prinzip; das Feuer auf den Geist, auf die Weisheit, das männliche, aktive Prinzip. Aus diesen beiden Prinzipien, aus Liebe und Weisheit müssen wir geboren werden, um Einlass in das Reich Gottes zu finden. Aus der Liebe und der Weisheit geht die Wahrheit hervor. Jemand versichert, er besitze die Wahrheit. Aber verfügt er auch über Liebe und Weisheit? Ist in seinem Herzen Raum genug, um die ganze Welt darin aufzunehmen?... Erfasst sein Verstand die geheimen Gesetze der Natur? – Nein? Dann besitzt es auch die Wahrheit nicht! Die Wahrheit ist das Kind von Wasser und Feuer, von Liebe und Weisheit; sie sind ihr Vater und ihre Mutter. Deswegen sind die Männer symbolisch gesehen mit der Weisheit verbunden und die Frauen mit der Liebe.[7]

Ist unser Verstand wie die Sonne geworden und unser Herz so rein und kristallklar wie Quellwasser, dann werden wir ein zweites Mal geboren. In der Astrologie wird lediglich der Stand der Sterne bei der physischen Geburt des Menschen, bei dem ersten Atemzug des Kindes, berücksichtigt. Das genügt aber nicht. Schicksal und Charakter eines Menschen lassen sich nicht allein aus dem Planetenstand im Geburtsbild ermitteln. Auch der Stand der Himmelskörper im Augenblick der Empfängnis und bei der geistigen Neugeburt muss in Betracht gezogen werden. Die zweite, sogenannte geistige Geburt vollzieht sich in dem Augenblick, da sich das Bewusstsein zum Überbewusstsein erweitert und der Mensch im Geiste erneuert und erleuchtet wird. Für die Erdengeburt kann man wohl eine günstige astrologische Stunde wählen – aber um ein zweites Mal geboren zu werden, sind keine astrologischen Kenntnisse erforderlich. Ein Mensch, der alle edlen Eigenschaften in sich vereint und nach den Gesetzen der Liebe, der Weisheit und der Reinheit lebt, erfüllt die Voraussetzungen um in das neue Leben einzutreten. Denn dieses neue Leben braucht kein theoretisches Wissen. Es ist ein Bewusstseinszustand, in dem alles Denken, Fühlen und Handeln einheitlich auf das Wohl der Menschheit und auch seiner selbst gerichtet ist.

Selbstverständlich genügt das Studium der esoterischen Wissenschaften nicht, um einen solchen Bewusstseinszustand zu erreichen, wie ihn die zweite Geburt darstellt. Aber es kann uns doch dabei helfen, den Sinn der großen Mysterien tiefer zu verstehen. Es ist also gut, die Alchimie[8], Astrologie[9], Magie[10] und Kabbala[11] zu studieren; richtig begreift man diese Wissenschaften jedoch erst, wenn man sie am Menschen selbst erlernt. Um die Alchimie zu verstehen, muss man sich mit der wahren Alchimie, nämlich der Ernährung befassen. Die Astrologie versteht man nur, wenn man über Atmung und Blutkreislauf Bescheid weiß; denn das Herz ist die Sonne, welche ringsum die Planeten, das heißt, die Organe bestrahlt. Die Kabbala mit allen Sephiroth und Engelsordnungen befindet sich in unserem Kopf. Die Magie äußert sich in unseren Gebärden. Tatsächlich ist der Mensch, ob er will oder nicht, ein Zauberer – und nicht selten ist er wegen seiner Gesten, Grimassen, Blicke und Worte, wegen seines ganzen Verhaltens, das in der sichtbaren und unsichtbaren Welt schädliche Auswirkungen erzeugt, ein Schwarzmagier.

Die Übungen, die ich euch anschließend zeigen möchte, sind Gebärden der segenbringenden weißen Magie. Magier werden oft mit einem Stab in der Hand dargestellt; ihr kennt alle den Hermesstab, um den sich zwei Schlangen winden? Hermes ist der griechische Name des Gottes Merkur, und der Planet Merkur herrscht über die Zwillinge. Das Sternbild der Zwillinge steht in Verbindung mit den Armen; übrigens stellen die Hände, wie ihr vielleicht bemerkt habt, zwei geringelte Schlangen dar!

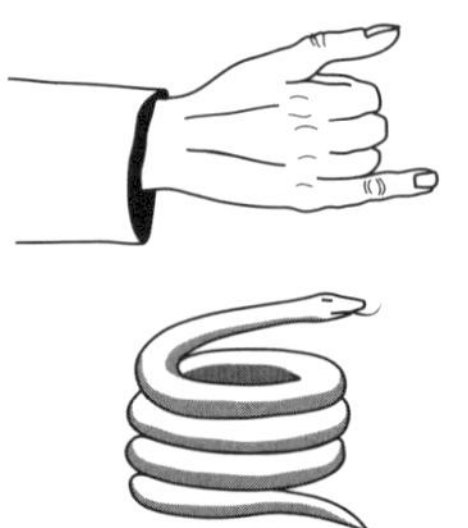

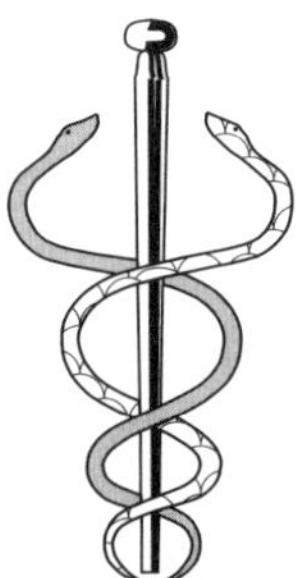

Wer die beiden Hauptströme der Natur kennt, bedient sich seiner Hände als eines Zauberstabs.

Den Übungen, die ich euch jetzt zeigen werde, liegen die Kenntnisse der kosmischen Strömungen zugrunde. Wenn ihr diese Übungen mit wachem Bewusstsein durchführt, wirken sie sich wundervoll auf eure Gesundheit und euer seelisches Gleichgewicht aus. Es gibt im Universum mehrere Strömungen; die beiden wichtigsten sind jedoch der nach oben, von der Erdmitte zum Zentrum der Sonne strebende und der entgegengesetzt nach unten fließende Energiestrom. Die erste Übung hat zum Ziel, die abwärtsgleitende Energie aufzufangen und durch uns hindurchzuleiten. Mit der zweiten Übung verbinden wir uns mit dem aufsteigenden Strom.

Diese nach oben und unten fließenden Kräfte treffen sich in unserem Organismus in der Gegend des Solarplexus, der für ihre Vermischung und gleichmäßige Verteilung im Körper sorgt. Dies ist sehr wesentlich, denn wenn die beiden Energieströme sich nicht vermischen oder nur mangelhaft verteilt werden, treten schnell Gesundheitsstörungen auf. Deswegen empfiehlt es sich, jeden Tag auf das harmonische Fließen dieser Kräfte in uns zu achten. Diesem Zweck dienen die Übungen[12], die ich jetzt zeige.*

In Bulgarien wohnte ich einige Zeit in der Stadt Ternovo. Unsere Bruderschaft versammelte sich dort jedes Jahr während der Tage, an denen der Meister Peter Danov zugegen war. Ich bewohnte mit einem Freund ein kleines Haus, das inmitten von Bäumen und Weinreben stand. Das Erlebnis, das ich euch jetzt mitteilen möchte, ist sowohl vom geistigen als auch vom wissenschaftlichen Standpunkt aus hoch interessant. Eine Elster bohrte eines Tages ein Loch in den Fensterladen, und kurz danach nisteten sich Bienen zwischen dem geschlossenen Laden und der Fensterscheibe ein und begannen mit dem Bau der Honigwaben. Von innen her konnte ich alle Tage beobachten wie sie arbeiteten. Das gefiel

* Anmerkung des Herausgebers: In seinem Vortrag führte Meister Aivanhov an dieser Stelle die Übungen den Zuhörern vor. Ein Video der Gymnastik-Übungen gibt es unter diesem Link: https://www.dailymotion.com/video/xexjt6

mir sehr: Ich habe dabei ungewöhnliche, wissenschaftlich überaus seltene Dinge gesehen. Viele Bienen-Spezialisten haben Bienenstöcke mit Glasscheiben gebaut, in der Hoffnung, die Bienen bei ihrer Arbeit beobachten zu können; aber häufig überzogen die Bienen die Scheiben mit einer undurchsichtigen Wachsschicht, um sich vor den Blicken der Menschen zu verbergen. Hier indessen verbargen sie sich weder vor mir noch vor den zahlreichen Freunden, die uns besuchten, und so lebten wir in diesem Zimmer wie in einem Bienenstock. Die Stube war von einem köstlichen, betäubend süßen Duft erfüllt, der beinahe unerträglich war.

Ich wurde gewahr, dass dieser Duft mich in einen körperlosen Zustand versetzten konnte und mir in die unsichtbare Welt hinübergleiten half.

Während ich den Bienen beim Wabenbau zusah, erkannte ich, wie rein und hochentwickelt sie sind, welch wunderbares Beispiel einer höheren Gesellschaft sie uns vorleben. Ich kann euch hier nicht im Einzelnen alle meine Beobachtungen darlegen, versichere euch jedoch: Mir wurde klar, dass die Bienen, die aus dem Nektar den Honig bereiten, diese köstliche Speise, das Symbol für den wahren Jünger der Weißen Bruderschaft sind. Die Bienen prägten in meiner Seele das vollkommene Bild eines Wesens, das in seinem eigenen Leben den spirituellen »Honig« herzustellen weiß.

Die Bienen stammen nicht von der Erde; kein anderes Insekt kommt ihnen gleich. Sie kamen vom Planeten Venus für die Eingeweihten, Asketen, Einsiedler und alle jene, deren Gedanken beständig auf das Wohl der Menschheit, auf Gott und den Himmel ausgerichtet sind. Wo Weise und Einsiedler weilen, ist nicht viel Nahrung vorhanden; sie denken an Gott, aber Gott denkt auch an sie. Er hat ihnen die Bienen gesandt, damit sie ihnen diese besondere Nahrung bereiten. Als die Erde das sah (so heißt es in einer Sage) wurde sie neidisch und wollte auch solche Insekten hervorbringen wie es die Bienen sind. Da schuf sie die Wespen. Aber sie fanden nicht heraus, auf welche Weise die Bienen den Honig bereiten, darum können die Wespen nur Waben erstellen. Die Wespen sind die faulen Schüler, die sich damit zufrieden geben den Honig zu essen, aber selber keinen zubereiten. Es sind die selbstsüchtigen Schüler, die erst sich selbst bedienen, ehe sie Gott dienen. Deswegen bleiben ihnen auch die Geheimnisse der Natur verborgen.

Wozu dient den Bienen der Stachel? Ihr denkt, um die Menschen oder andere Insekten zu stechen... Nein. Die Biene bedient sich seiner nicht nur zur Verteidigung (sie stirbt ja nach dem Stich), sondern auch um den Honig herzustellen. Der Stachel sondert eine besondere Flüssigkeit ab, den die Bienen dem Honig beimischen, um ihn haltbar zu machen. Fehlt dem Honig diese Substanz, so ist er ungenießbar.

Noch etwas: Die Bienen sind derart feinfühlig, dass sie gute und böse Menschen unterscheiden können. Nie bleiben sie bei einem unredlichen, verlogenen Menschen, sie verlassen ihn sofort! Den Bienen sind Disharmonie und chaotische Schwingungen, beispielsweise die Angst, verhasst. Zudem können sie es auch nicht leiden, wenn sich jemand ihnen nähert, der nach Knoblauch riecht. In diesem Fall stürzen sie sich unverzüglich auf ihn. Nun begreift ihr, weshalb ein Aufruhr in eurem Magen entsteht, wenn ihr bei derselben Mahlzeit Knoblauch und Honig esst!

Die Bienen verkörpern die jetzt kommende sechste Rasse, die neue Kultur. Sie lieben die Symmetrie... habt ihr gesehen, wie symmetrisch ihre sechseckigen Waben gebildet sind?... Sie kennen die Farben und die Eigenschaften der Blumen. Sie sind das Symbol des Menschen, der von neuem geboren wurde.

Wer zum zweiten Mal geboren wurde, gleicht einer lebendigen Quelle, aus der klares Wasser fließt und an deren Ufer sich eine Kultur entfaltet. Seine Religion ist die wahre Religion der göttlichen Liebe und der göttlichen Weisheit. Das weite Universum ist ihm der wirkliche Tempel Gottes, in dem die Sonne der Hohepriester und die Sterne die Lichter sind. Wer zum zweiten Mal geboren wurde, dessen unsichtbare Kanäle sind endlich freigelegt, um die Liebe und die Weisheit aufzunehmen. Er gleicht auch dem vollkommenen Prisma, das die sieben Lichtkräfte in seinem Inneren aufteilt und auf alle Wesen ringsum ausstrahlt. Er versteht die Macht des Feuers über das Wasser zu nutzen. Er studiert die wirkliche Alchimie, die wahre Astrologie und die wahre Kabbala, die in ihm selbst vertreten sind. Er überwacht seine Gebärden, alle Bewegungen, die er mit dem Gesicht oder dem Körper ausführt und gibt auf jedes seiner Worte Acht, um ein wahrer Vertreter der weißen Magie zu werden. Der geistig Wiedergeborene wird den Bienen gleich: Er verspeist nicht die Blätter, sondern sammelt in den Blüten das Köstlichste, was die Natur hervorbringt. Er versteht die Kunst, den Honig zu bereiten!

Ich möchte euch nicht unterrichten wie ein Lehrmeister; denn alles Wissen und alle Kenntnisse sind in euch, da ihr ja Töchter und Söhne Gottes seid. Indem wir miteinander sprechen, werden wir uns an all das wieder erinnern, was wir ehedem, vor sehr langer Zeit wussten, als wir noch im Schoße des Ewigen weilten. Dies allein sollten wir bei unseren Zusammenkünften zu erreichen suchen.

Ich wünsche euch, eines Tages die sieben Seen von Rila besuchen zu können, wo wir jeden Sommer unter freiem Himmel im Sonnenschein leben, frei atmen, singen, uns freuen und Gott danken für all seine Segnungen – und beim Anblick des reinen Wassers den Wunsch hegen, so zu werden wie die Quelle von Rila.

Paris, den 29. Januar 1938

Anmerkungen

1. Siehe Band 204 der Reihe Izvor »Yoga der Ernährung«, Kapitel 7: »Das Fasten«.
2. Siehe Band 216 der Reihe Izvor »Geheimnisse aus dem Buch der Natur«, Kapitel 3: »Quelle und Sumpf«.
3. Siehe Band 232 der Reihe Izvor »Feuer und Wasser, Wunderkräfte der Schöpfung«, Kapitel 4: »Wasser und Zivilisation«.
4. Siehe Band 236 der Reihe Izvor »Weisheit aus der Kabbala«, Kapitel 11: »Der Körper des Adam Kadmon«.
5. Siehe Band 10 der Reihe Gesamtwerke »Sonnen-Yoga«, Kapitel 12: »Das Prisma als Sinnbild des Menschen«.
6. Siehe Band 212 der Reihe Izvor »Das Licht, lebendiger Geist«, Kapitel 1: »Das Licht, Essenz der Schöpfung«.
7. Siehe Band 234 der Reihe Izvor »Die Wahrheit, Frucht der Weisheit und der Liebe«, Kapitel 2: »Die Wahrheit, Kind der Wahrheit und der Liebe« und Band 232 der Reihe Izvor »Feuer und Wasser, Wunderkräfte der Schöpfung«, Kapitel 1: »Wasser und Feuer, Grundprinzipien der Schöpfung«.
8. Siehe Band 241 der Reihe Izvor »Der Stein der Weisen«.
9. Siehe Band 220 der Reihe Izvor »Der Tierkreis, Schlüssel zu Mensch und Kosmos«.
10. Siehe Band 226 der Reihe Izvor »Das Buch der göttlichen Magie«.
11. Siehe Band 32 der Reihe Gesamtwerke »Die Früchte des Lebensbaums« und Band 236 der Reihe Izvor »Weisheit aus der Kabbala«.
12. Siehe Band 13 der Reihe Gesamtwerke »Die neue Erde«, Kapitel 18: »Die Gymnastikübungen« und das Buch »Die Gymnastikübungen, Sinn, Ablauf und Entsprechung zu heiligen Symbolen«.

Kapitel 2

»Bittet, so wird euch gegeben;
suchet, so werdet ihr finden;
klopfet an, so wird euch aufgetan!«

Freier Vortrag

Ich möchte heute Abend erneut über die Farben sprechen, denn es gibt noch sehr viel Interessantes darüber zu sagen. Doch zuvor nehme ich euch mit auf die Berge von Rila – wir wollen dort oben frische Luft atmen.

Wir steigen zunächst zum Sommerlager der Bruderschaft hinauf... Die Zelte der Brüder und Schwestern stehen am Ufer eines klaren Sees, auf dem Wasserrosen blühen. Die Anhöhe, welche das Zentrum des Lagers bildet, überragt eine Hochebene, auf der ein zweiter, viel kleinerer See ruht. Nach siebenstündigem Marsch sind wir hier oben angelangt – es war ein mitunter beschwerlicher Aufstieg durch Wiesen und Tannenwälder. Wir befinden uns 2300 Meter hoch und überblicken die ganze Gebirgskette Bulgariens. Nun umrunden wir den See, an dem sich das Lager ausdehnt und steigen noch höher, den kahlen, majestätischen Gipfeln entgegen. Wir entdecken nacheinander noch fünf andere glasklare Seen, in denen sich der Himmel und die Berge spiegeln. Die Gestalt dieser Seen ist eigenartig: Der eine gleicht einem Herzen, der andere einem Magen, der dritte einer Niere... Sie wurden nach ihrem Aussehen benannt. Der höchstgelegene ist der kleinste. Er ist durch einen natürlichen Graben mit einem großen See verbunden, der ungefähr auf gleicher Höhe liegt. Man nennt ihn den »Kopf«; von dort aus erblickt man einige der anderen Seen.

Wir lassen uns weder durch die zauberhaft leuchtenden Bergblumen noch durch die schöne Landschaft ablenken, sondern steigen unentwegt weiter bis zum Mussala, dem 3000 m emporragenden, höchsten Gipfel der Balkankette. Hier oben ist es wunderbar still und klar, wir fühlen uns leichter. Glitzerndes Licht umflutet uns... Wir setzen uns nieder und wollen nun in der reinen Luft dieser Höhe einige bekannte Tatsachen aufgreifen, die in mehreren Lebensbereichen ihre Entsprechungen haben.

Wie ihr wisst, ist unser Körper dem atmosphärischen Druck ausgesetzt. Dieser ist so stark, dass er uns völlig niederdrücken würde, wäre nicht durch den Innendruck unserer Körperzellen ein Ausgleich geschaffen. Wenn wir jedoch hohe Berge ersteigen, wird der Innendruck höher als der Außendruck, und es wird uns leicht zumute; erklimmen wir jedoch sehr hohe Gipfel, steigert sich der Innendruck derart, dass uns sogar das Blut aus Nase, Ohren oder Haut dringt. Je tiefer wir dagegen unter die Erde hinabsteigen, desto schwerer lastet der äußere Druck auf uns, und wir fühlen uns erdrückt und beklemmt. Derselbe Vorgang lässt sich im geistigen Leben beobachten. Unser Bewusstsein kann steigen oder sinken, je nachdem wie wach und aufmerksam wir zu bleiben wissen. Steigt es, so wird uns der Außendruck (d.h. die Sorgen und Belastungen des Alltags) weniger fühlbar, weil der innere Druck sich verstärkt. Gleitet unser Bewusstsein jedoch tief ins Grobstoffliche ab, so erscheinen uns selbst geringfügige Begebenheiten als eine schwere Last, als hätten wir Berge zu versetzen. Deshalb muss man sich in Gedanken auf die hohen Gipfel der geistigen Berge emporschwingen.

Der atmosphärische Druck versinnbildlicht die äußeren Lebensbedingungen, die materielle Welt; der Innendruck das schöpferische Lebensprinzip, der nach Äußerung drängende Geist. Es gibt in der Welt zweierlei Anschauungen: Die eine lehrt, dass die materiellen Bedingungen im Leben alles entscheiden, dass von ihnen alles abhängt, die andere sagt uns im Gegenteil, dass der Geist, wenn er sich offenbart, die Macht besitzt, diese Bedingungen zu ändern.

Empfindet ihr das Materielle als bedrückende und hemmende Last, so zeigt dies an, dass euer Bewusstsein sehr tief gesunken ist, dass der Außendruck zugenommen hat. Fühlt ihr euch hingegen froh, frei und voller Kraft, dann beweist dies, dass ihr hoch oben auf dem

Gipfel steht. Wer an die Macht des Geistes glaubt, wird merken, dass sich seine Lebensbedingungen mehr und mehr verbessern. Wer indes an die Übermacht der Materie über den Geist glaubt, wird Opfer dieser Meinung und bringt sich selbst in die denkbar ungünstigste Lage. In Wahrheit sind beide Lebensanschauungen richtig. Es hängt nur vom Standpunkt ab, den man einnimmt und durch den man entscheidet, welche der beiden Wirklichkeit wird.

Nehmen wir nun die Kenntnisse ein wenig unter die Lupe, die alle Tage an uns herangetragen werden. Nur allzu oft bleiben diese reine Theorie, es wird erzählt, dass in Bulgarien einst ein Bischof amtierte, der wundervoll über die Nächstenliebe predigte. Unaufhörlich wiederholte er den Satz: »Wer zwei Hemden hat, der gebe eins dem, der keines hat.« Er sprach dies mit viel Pathos und mit bebender Stimme, so dass den Zuhörern die Tränen in die Augen traten. Eines Sonntags hörte die Frau des Bischofs die Predigt ihres Mannes und war von seinen Worten tief ergriffen. Der Bischof besaß zwei Hemden... Als die Frau nach Hause kam, holte sie flugs das zweite Hemd aus dem Schrank und schenkte es einem Armen. Wie sich nun der Bischof nach der Kirche umziehen wollte, fand er sein zweites Hemd nicht im Schrank. Er ruft seine Frau herein, welche ihm gesteht, dass sie es verschenkt hat. Da gerät der Bischof in Wut. »Aber du selbst hast doch gesagt!« entschuldigte sich die Frau, »wer zwei Hemden habe, solle dem eins geben, der keines hat.« – »Dummes Weib«, schrie der Mann, »das sagte ich für die anderen, das gilt nicht für uns!«

Hier noch eine Anekdote. Ein großer Gelehrter fuhr eines Tages mit einem Kahn aufs Meer hinaus. Er unterhielt sich mit dem Schiffer und fragte: »Verstehst du etwas von Astronomie?« – »Nein«, erwiderte dieser. »Dann bist du aber zu beklagen«, sagte der Gelehrte, »denn du hast ein Viertel deines Lebens verloren.« – »Weißt du etwas über Physik?« – »Nein, davon weiß ich nichts.« – »Nun, dann hast du zwei Viertel deines Lebens verloren. Aber vielleicht kennst du dich in der Chemie aus?« – »Ganz und gar nicht, ich habe nie etwas davon gehört.« »Wie ungebildet! Drei Viertel deines Lebens hast du vertan!« Das Schiff befand sich mittlerweile auf offener See... Da zog ein

Gewitter herauf, und ein schrecklicher Sturm brach los. Nun war es an dem Schiffer, den Gelehrten zu fragen: »Können Sie schwimmen, Herr?« »Nein, das kann ich nicht.« Erschrocken ruft der Schiffer: »Dann sind jetzt vier Viertel ihres Lebens dahin!«

Seht ihr, so gibt es Kenntnisse, die dem Menschen von keinerlei Nutzen sind. Sie sind wie eine Ausschmückung oder dienen zum Geld verdienen, doch bei einem Unwetter stellt sich dann heraus ob wir wirklich schwimmen können. Das Leben ist wie ein Meer, und auf diesem Meer gibt es Hindernisse und Gefahren. Um sich da zurechtzufinden, sind einige Kenntnisse weitaus nützlicher als andere, diejenigen nämlich, welche uns helfen, unserem Leben eine Richtung zu geben: Welchem hohen Ideal sollen wir zustreben?... Wie lassen sich quälende Gedanken und Gefühle umwandeln?... Wie sollen wir die Ereignisse deuten, die sich um uns herum abspielen?... Wie erkennen wir unser Verhältnis zum Makrokosmos?... Wie sollen wir essen, schlafen, uns waschen, atmen, lieben?... – Dies ist ein Wissen, das zu erwerben sich lohnt.

Es ist wesentlich zu erfahren, wie man sich mit der höheren Welt, der göttlichen Welt, in Einklang bringt. Wenn Jesus sagte: »Bittet, so wird euch gegeben; suchet, so werdet ihr finden; klopfet an, so wird euch aufgetan«, gab er uns damit gerade die Mittel, um jene höhere Welt zu erreichen. Bitten, suchen und anklopfen können sich selbstverständlich auch auf die materielle Welt beziehen, aber sie betreffen ebenso die spirituelle Welt. Was tut der Mensch, wenn er betet? Nichts anderes als bitten, suchen und anklopfen. Doch die Menschen wissen immer weniger zu beten. Sie haben sogar eine regelrechte Abneigung dagegen und verachten diejenigen, die es tun. Beten gehört nicht zu den Gewohnheiten, die in Mode sind. Man hält sich für gebildet und gelehrt, und für einen Gelehrten ist es freilich lächerlich, sich bittend an Gott zu wenden.

»Bittet, so wird euch gegeben, suchet, so werdet ihr finden, klopft an, so wird euch aufgetan«... Diese Worte lassen sich nur durch das

Wissen um die im Menschen befindliche Dreiheit Verstand, Herz und Wille deuten, die unsere psychische Struktur bildet. »Bittet, so wird euch gegeben«... Worum soll man bitten? Und wer ist es in uns, der bittet?... Wer ist es, der sucht?... Wer klopft an?... Der Bittende ist das Herz, der Suchende der Verstand, der Anklopfende der Wille. Das Herz bittet, doch nicht um Wissen, Licht und Weisheit; nein, das Herz verlangt nach Liebe, Wärme und Zärtlichkeit. Der Verstand bittet nicht, sondern sucht, jedoch nicht Wärme oder Liebe, denn in der Wärme arbeitet der Verstand schlecht, er wird schläfrig. Er sucht nach Licht, nach Weisheit und vor allem nach Methoden, mit denen er beides erlangen kann! Und der Wille klopft an, weil er gefangen ist und Raum und Freiheit braucht, um seine schöpferische Kraft zu entfalten.

Das ergibt, wie ihr seht, ein neues Dreieck:

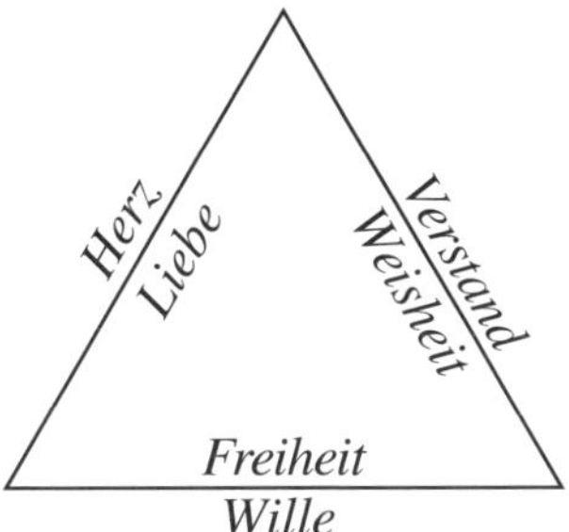

Des Herzens Ideal ist die göttliche Liebe; des Verstandes Ideal die göttliche Weisheit, und der Wille strebt nach der Allmacht Gottes. Die Freiheit wird allein durch die Wahrheit erlangt, welche aus der Vereinigung von Liebe und Weisheit entsteht. Jesus sagte es: »Die Wahrheit wird euch frei machen.« Möchtet ihr noch einen tieferen Einblick in diese Frage gewinnen, so füge ich hinzu, dass Liebe, Weisheit und Freiheit nichts anderes sind, als das Elixier der Unsterblichkeit, der

Stein der Weisen und der Zauberstab, wonach die Weisen suchten. Ja, die Liebe schenkt das Lebenselixier. All jene, die bisher vergeblich danach gesucht haben, fanden es nicht, weil sie nicht genug Liebe hatten. Die Liebe allein verleiht wahres Leben und Unsterblichkeit.

Der »Suchende« verlangt nach Licht, denn nicht im Dunkeln wird nach den Dingen gesucht, sondern in der Helligkeit. Dies ist auch der Grund, weshalb das Wort »suchen« mit dem Licht verbunden bleibt. Wer das Licht sucht, wird den Stein der Weisen finden, den Merkur der Weisen, den Schlüssel, der den Zusammenhang aller Dinge und die Geheimnisse der Natur erschließt.

Vor dem, der einen festen und aufrechten Willen besitzt, wird sich schließlich die Pforte öffnen; es wird ihm die Freiheit geschenkt, und er findet den Zauberstab.

- Das Lebenselixier ist die göttliche Liebe.
- Der Stein der Weisen ist die göttliche Weisheit.
- Der echte Zauberstab ist die Wahrheit, welche die absolute Freiheit schenkt.

Wenn Jesus sagte: »Bittet, so wird euch gegeben; suchet, so werdet ihr finden; klopfet an, so wird euch aufgetan«, so meinte er damit, dass Verstand, Herz und Wille sich alle drei am Gebet beteiligen müssen, damit es wirksam ist. In dem Moment wird der Mensch erhört; denn sein ganzes Wesen hat sich mit der übersinnlichen Welt verbunden. Wenn der Erfolg ausbleibt, darf nicht voreilig daraus geschlossen werden, dass es keinen Gott gibt, sondern man soll sich sagen, dass man das Gebet ohne die Teilnahme von Verstand Herz und Willen gesprochen hat.[1]

Ich will euch nun zwei Anekdoten erzählen, die euch viel anschaulicher zeigen werden, was Beten heißt. – In einem Kloster lebte ein einfacher, sehr unwissender Mönch. Doch jeden Tag, beim Geschirrspülen und beim Fegen – das war seine tägliche Arbeit – sprach er mit der ganzen Inbrunst seines Herzens: »Oh Herr, wasche meine Seele rein, so wie ich diese Teller wasche... Entferne alle Unreinheiten aus meinem Herzen, so wie ich diesen Boden reinige.« Auf diese Weise betete er jahrelang und wurde so rein, so erleuchtet und heilig, dass alle Bischöfe und Kardinäle ihn aufsuchten und um Rat fragten, denn in ihm wohnte der Heilige Geist.

Und nun die zweite Geschichte. – Ein Bischof machte einmal eine Bootsfahrt über einen großen Bergsee. Am anderen Ufer angelangt, erblickt er einen Schafhirten, dessen Antlitz Frieden und Freude ausstrahlt. Der Bischof ruft ihn zu sich her und fragt, ob er an Gott glaube und wie er bete. Beglückt über die Ehre antwortet der Hirt demutsvoll: »Das ist ganz einfach; wenn ich Gott danke, lege ich meinen Stab ins Gras und springe zweimal über ihn«. Entrüstet ruft der Bischof aus: »Das ist doch Unsinn! So betet man nicht. Ich will dir zeigen, wie man es anstellt.« Und nun erklärt er dem Hirten lang und breit, wie er hinknien, welche Sätze er sprechen soll, um dem Herrn seine Dankbarkeit zu bekunden. Der Hirte hört demütig zu und ist von Herzen froh, das Beten erlernen zu dürfen. Der Bischof verabschiedet sich und besteigt sein Boot. Schon ist er weit draußen auf dem See, als er auf einmal den Hirten auf sich zueilen sieht: »Mein Vater, sagt mir nochmals die Worte des Gebetes, ich habe sie vergessen!« Wie der Bischof den Hirten über das Wasser laufen sieht, entgegnet er erschreckt: »Mein Sohn, bete wie du willst, du kannst es besser als ich!«

Man begegnet bisweilen einfachen Menschen, die keinerlei philosophische oder wissenschaftliche Kenntnisse besitzen, die aber wirklich leben. Warum ist Christus nicht zu den Schriftgelehrten gekommen? Versteht mich bitte nicht falsch, ich habe nichts gegen die Gelehrsamkeit, ich wünsche ja selber auch, möglichst viel zu wissen. Ich möchte euch nur begreiflich machen, dass man sehr oft das Wesentliche vernachlässigt und unwichtigen Dingen den ersten Platz gibt. Wir häufen unnütze Kenntnisse an und vergessen dabei die Dankbarkeit dem Schöpfer gegenüber. Wir denken sogar, die Welt sei schlecht eingerichtet, bilden uns ein, sie besser gestalten zu können und korrigieren an Gottes Plan herum, als hätte er das nötig!

»Allem voran steht das Wissen«, wendet ihr ein. Nein, als erstes müssen wir die Dankbarkeit lernen! Wenn wir Gott täglich danken und uns über alles freuen, was er uns gegeben hat, halten wir das

Zaubermittel in Händen, das unser ganzes Leben verwandeln kann. Wer dankt, steigert die Liebe und das Licht in seinem Innern und verbessert sein Handeln. Er sieht die Welt mit anderen Augen und merkt, wie sich die Menschen ihm gegenüber öffnen, weil er ringsum Licht und Freude verbreitet. Die ihm begegnen sagen sich: »Wir müssen für diesen Menschen etwas tun, er ist so sympathisch.« Und Gott tritt in ihr Herz ein und hilft durch sie hindurch dem, der Ihm dankbar ist.

Wenn die Türen oben verschlossen sind, könnt ihr noch solange an alle irdischen Tore klopfen, es wird euch keiner öffnen und niemand etwas schenken. Denn in Wirklichkeit erhaltet ihr die Geschenke niemals von den Menschen. Sind oben im Himmel die Banken geschlossen, erhört euch kein Mensch, weil dann sogar euren Freunden untersagt ist euch etwas zu geben.

Ihr glaubt mir nicht, wenn ich euch versichere, dass ihr sehr reich seid. Und doch kann ich euch beweisen, dass ihr Milliardäre seid. Ich sage beispielsweise: »Du beklagst dich, du seist arm... gut, hier sind zehn Millionen, gib mir deine Hände dafür!« Ihr weigert euch. »Dann gib mir deine Augen gegen hundert Millionen!« Auch diesmal weigert ihr euch; selbst dann, wenn ich euch unwahrscheinliche Summen für eure Zunge oder eure Nase anböte, würdet ihr diese nicht hergeben wollen. Damit ist bewiesen, dass ihr Milliardäre seid. – Gilt ein Mensch, der Grundbesitz und Schlösser hat, als arm, nur weil er über kein Bargeld verfügt? Ihr wähnt euch mittellos, weil ihr keine Goldstücke und Geldscheine besitzt. Aber dieses Geld ist für euch im Vergleich zu dem Reichtum, den die Natur euch geschenkt hat von keinem echten Nutzen.

Ihr wisst nicht, was das Wichtigste für euch ist. Euren Seelenfrieden zum Beispiel opfert ihr häufig bedenkenlos für ein Nichts. Und wenn ihr daraufhin vor Gott treten möchtet, seid ihr nicht in der geeigneten Verfassung. Auch euren Verstand gebt ihr oft für Nichtigkeiten her. Ihr solltet begreifen, dass es eine natürliche Hierarchie der Werte gibt und so in Zukunft das Wesentliche vom Unwesentlichen unterscheiden lernen.

Denken wir nochmals an das Prisma. Zeigt seine Spitze nach unten, so breitet sich der Farbfächer vom Violett (oben) zum Rot (unten) aus.

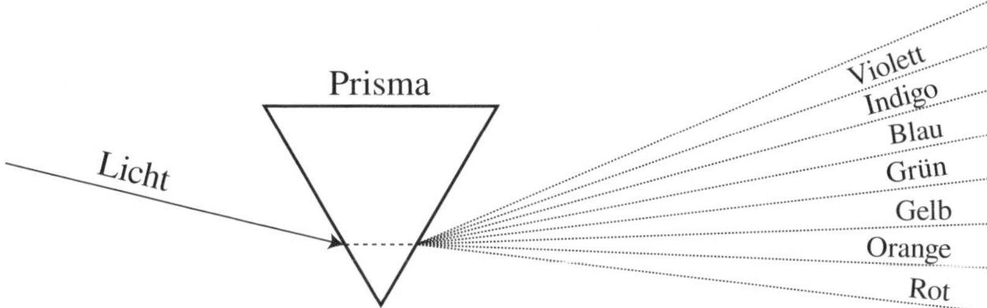

Die Farben lehren, wie man mit den höheren Welten und allen Einweihungszentren der Erde in Verbindung treten kann. Die Schwingungen der roten Farbe haben die niedrigste Frequenz. Sie sind mit den vitalsten Bedürfnissen des Menschen verbunden. Im Dreieck Herz – Verstand – Wille, von dem ich voriges Mal sprach, bezieht sich das Rot auf den Willen; Gelb repräsentiert Intelligenz, Weisheit und Denken; Blau das Herz und die religiösen Gefühle.

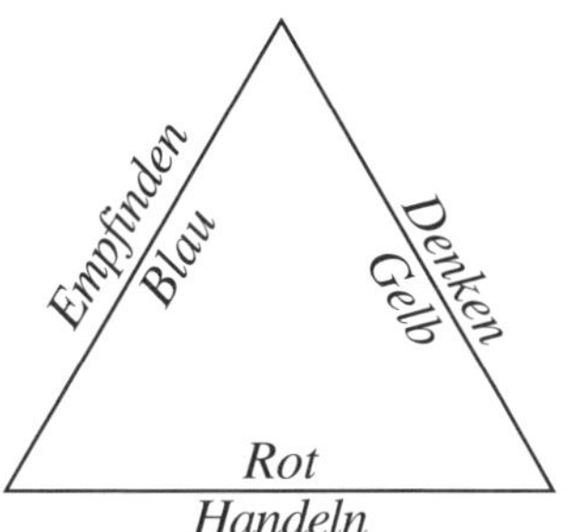

Alle Farben stehen in Verbindung mit dem Gehirn. Die Hirnzentren sind wie Antennen, die bestimmte Wellen empfangen. Habt ihr mehrere Stimmgabeln von unterschiedlicher Tonhöhe und bringt eine davon zum Schwingen, so erklingt keine der anderen. Schlagt ihr jedoch von zwei gleichen Stimmgabeln eine an, so ertönen sie beide gleichzeitig. Unser Gehirn ist nach physikalischen Gesetzen gebildet. Die Hirnzentren sind wie die Stimmgabeln auf jeweils eine besondere

Wellenlänge abgestimmt. Treffen beispielsweise Rotschwingungen das Gehirn, so schwingen lediglich die Zentren des Hinterhaupts mit. Rot erregt den Sexualtrieb (das Zentrum am unteren Hinterhaupt) und die hinter und über den Ohren liegenden Zentren mit dem Instinkt für Zerstörung und Grausamkeit. Der Kopf aller Raubtiere ist in Ohrenhöhe sehr breit. Menschen, bei denen dieser Teil des Kopfes stark entwickelt ist, können gefährlich werden, wenn ihre spirituellen Zentren nicht ebenso stark entwickelt sind, um die verbrecherische Veranlagung am Ausdruck zu hindern.

Die Gelbschwingungen durchlaufen alle Organe, aber die allein darauf antwortenden »Stimmgabeln« sind die mittleren und oberen Stirnzentren. Wenn wir uns in gelbes Licht tauchen, entfalten sich unser philosophisches Denken sowie unsere wissenschaftlichen Fähigkeiten. Umgeben wir uns mit blauem Licht, so werden die geistigen oberen Kopfzentren angeregt.

In der Natur fließen unterschiedliche Ströme: Die einen beleben uns, die anderen zersetzen uns. Wir können die Eigenschaften dieser Ströme benutzen – entweder um in die Hölle abzusinken oder um uns zu den Gipfeln zu erheben; um mit den segensreichen Energieströmen in Harmonie zu sein, müssen wir ausschließlich lichtvolle Gedanken und reine, geistige Gefühle hegen.

Im letzten Vortrag zeigte ich euch, wie die vier Hauptbestandteile der esoterischen Wissenschaft, die Kabbala, die Astrologie, die Magie und die Alchimie mit bestimmten Bereichen unseres Körpers in Beziehung stehen: die Kabbala mit dem Kopf, die Astrologie mit Herz und Lungen, die Magie mit den Armen und die Alchimie mit dem Magen. Nehmen wir die Alchimie als Beispiel. Mit der Nahrung, die wir unserem Magen einverleiben, erbauen wir unsere »Wohnstätte«, den Tempel des Geistes.[2] Sind die aufgenommenen »Baustoffe« unrein, verschließt uns das den positiven Strömen. Indem wir Fleisch verzehren, werden lauter Zellen aus dem Tierreich in das Gebäude unseres Körpers aufgenommen; diese lieben uns aber nicht und sind uns nicht freundlich gesonnen. Daher widersetzen sie sich unserem Willen, und wenn wir edle, großzügige Handlungen vollbringen wollen, verweigern sie uns ihre Mitarbeit. Mit dem Fleisch dringt auch all das in uns ein, was dem tierischen Bereich angehört, wie Furcht, Grausamkeit usw.; und wenn wir unser höheres Bewusstsein zu entwickeln beschließen, stoßen wir auf Schwierigkeiten, weil diese Tierzellen sich nicht fügen. Sie haben ihren eigenen Willen, der sich dem unsrigen widersetzt. Ihr wendet ein, Fleisch schmecke doch so köstlich. Das mag sein; doch wenn ihr die Mikroben befragt, bestätigen diese ihrerseits, wie lecker das Menschenfleisch schmeckt! Was ich hier darlege, ist nur für jene bestimmt, die ihre Höherentwicklung ersehnen; die anderen mögen handeln, wie sie es für gut empfinden. Später jedoch werden sie ihren Irrtum teuer bezahlen.

Nicht nur reine Nahrung soll der Mensch zu sich nehmen, sondern auch reinen Gefühlen und Gedanken Einlass gewähren. Dies ist das sicherste Mittel, in die spirituellen Höhen aufzusteigen und den Gipfel zu erreichen.

Das astrologische Zeichen für die Sonne ⨀ ist genau besehen ein Berggipfel, die Projektion der Spitze eines Kegels auf seine Grundfläche.

Das Sigel ⨀ ist das Sinnbild der Sonne, des Mittelpunkts unseres Planetensystems. Schematisch stellt dasselbe Zeichen auch unsere Augen dar, auch sie sind zwei Bergen vergleichbar: Das rechte Auge ist der Berg der Sonne, das linke der Berg des Mondes. Doch darüber sprechen wir ein anderes Mal.

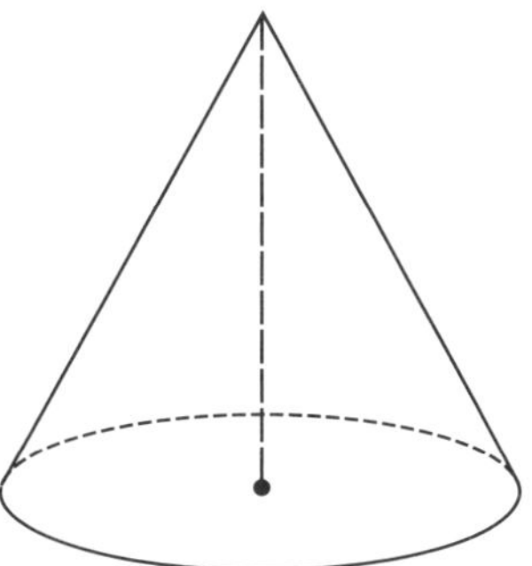

Jetzt will ich euch ein uraltes Märchen erzählen, das euch bestimmt bekannt vorkommt. – Es war einmal ein König, der hatte eine Tochter... Ich erinnere mich nicht mehr infolge welcher Begebenheit diese Tochter in tiefen Schlaf verfiel und in einem Palast voll sagenhafter Schätze gefangen gehalten und von einem Drachen bewacht wurde. Zahlreiche Prinzen versuchten sie zu befreien, aber keinem gelang es. Eines Tages indessen errang ein Königssohn, der weit mutiger, edler und schöner war als alle anderen, den Sieg; er überwand den Drachen und ritt auf dem bezähmten Untier mit seiner Prinzessin durch die Lüfte. Eine solche Geschichte findet man in fast allen Volkssagen aber wie ist sie zu deuten? Die Prinzessin ist unsere Seele; der Drache haust in uns in Form von Leidenschaften und Lastern. Der Königssohn, der die Prinzessin erlöst, ist unser Geist. Er rettete sie dank der Weisheit (denn der Prinz war wissend), der Liebe (der Prinz liebte die Prinzessin inniglich, und diese Liebe war es, die ihm sämtliche Prüfungen durchstehen half) und des Willens, der die wahre Macht bedeutet. Diese drei inneren Prinzipien befähigen uns, die Leidenschaften zu bezähmen, zu verwandeln und sie schließlich für unser Wirken in der Welt zu nutzen. Dies bedeutet, dass wir alle Tage um die göttliche Liebe bitten, nach den Wegen der göttlichen Weisheit suchen und unentwegt »anklopfen« sollen, um die Freiheit zu erlangen.

In der Natur waltet ein unumstößliches Gesetz, demzufolge alles Niedere dem Höheren zu gehorchen hat. Wenn jedoch das Höherstehende seine Erhabenheit verliert, indem es in grobe Irrtümer verfällt, lehnt sich das Niedere auf und zerstört es. Wenn beispielsweise die weiße Rasse, die in bestimmten Bereichen eine Vormachtstellung erworben hat, weiterhin auf nichts anderes als auf die Befriedigung ihrer selbstsüchtigen Wünsche bedacht ist, wie sie es bereits begonnen hat zu tun, wird sie böswillige Kräfte wecken. Diese Kräfte existieren bereits in der Umgebung und sie versuchen sich durch jeden möglichen Überträger zu offenbaren. Das allmähliche Erwachen dieser Kräfte schreitet langsam aber unaufhaltsam voran, einem Erdrutsch gleich oder einem Lavastrom, nur in viel größerem Ausmaß. Es naht der Tag, da die Folgen ein derart ungeheures Ausmaß angenommen haben werden, dass sie ganz Europa betreffen. Die

Astrologen sagten es vorher: Wenn die weiße Rasse sich nicht besinnt, werden die gelbe und die schwarze, die vordem ergeben gehorcht hatten, aufwachen und die weiße Rasse vernichten. Die Art und Weise, wie der Westen seine Probleme löst, beschwört unweigerlich Katastrophen herauf. Der Intellekt allein genügt nicht, das Verstandeswissen ist unzureichend... Es muss eine andere Kultur kommen, das Zeitalter der Liebe und der Brüderlichkeit unter den Menschen! Zwischen der höheren und der niederen Welt liegen trennende Schranken, dem Solarplexus vergleichbar, jenem astralen Zwerchfell, welches das Aufsteigen der niederen Elemente in höhere Bereiche verhindert.[3] Ist der Mensch rein, so bewahrt sein Solarplexus den Organismus vor der Invasion niederer Elemente; lebt er jedoch den göttlichen Gesetzen zuwider, wird er von den niederen Kräften besetzt. Wenn die Europäer weiterhin ein Leben der Unreinheit und Unordnung führen, werden sie die unsichtbare Schutzgrenze zerstören und es den negativen Kräften ermöglichen, sich in sämtlichen Lebensbereichen zu offenbaren. Es fehlen die Worte, um auszudrücken, was dann geschehen wird. Nur eines kann Europa davor bewahren, die alle Menschen vereinigende, brüderliche Liebe.

Im Augenblick ist Frankreich meine Heimat; ich liebe dieses Land aufrichtig. Wir können gemeinsam sehr viel für euer Land tun; es hängt von euch ab, von euch allen. Wir müssen machtvolle Schwingungen aussenden und den Himmel bitten, dass er seinen Segen auf Frankreich, auf Europa und auf die ganze Menschheit ausbreite.

Abschließend möchte ich nochmals einige Gedanken aufgreifen: Lasst es nicht zu, dass euer Bewusstsein so tief hinabsinkt, dass ihr die Kraft des Geistes in euch nicht mehr spürt, und ihr von dem äußeren Geschehen, den materiellen Bedingungen erdrückt werdet. Steigt empor auf des Geistes höchste Gipfel, wo reine Luft weht und von wo aus ihr alle Dinge klar überschaut.

Mögen in eurem Gebet Verstand, Herz und Wille zusammenwirken. Bittet um das Elixier des unsterblichen Lebens, es ist die göttliche Liebe! Sucht nach dem Stein der Weisen, es ist die göttliche Weisheit! Klopft mit dem Willen an, um die Freiheit zu erlangen durch gerechtes, ehrliches und aufrichtiges Handeln.

Wählt unter allen Kenntnissen jene aus, die euch helfen, im Ozean des Lebens zu schwimmen. Wisst, dass jene einzigartige, Wunder vollbringende Kraft, nicht in philosophischen und theoretischen Kenntnissen liegt, sondern in der genügsamen, einfachen Lebensweise und in der Bekundung der Liebe, dem Glauben und der Hoffnung.[4] Der Hirte mit seinem einfachen, aufrichtigen Lebensgefühl stand so der Wahrheit näher als der Bischof mit all seinem theoretischen Wissen.

Soll unser Schicksal eine neue Richtung nehmen, dann müssen wir das Gefühl der Dankbarkeit pflegen, denn in der Dankbarkeit liegt eine magische Kraft, die viel mächtiger und nützlicher wirkt als die von Menschenhand geschaffenen Talismane. Wenn wir unsere Leidenschaften und Instinkte beherrschen lernen wollen und wünschen, dass alle unsere Zellen unserem Willen gehorchen, dann sollten wir eine reine, vegetarische Kost zu uns nehmen.[5]

Nur ein reines Leben kann uns vor dem Überfall der niederen Kräfte bewahren. Die Reinheit ist die Schranke, die vor jeder Unheil stiftenden Invasion schützt. Dank der Liebe, der Weisheit und der Wahrheit werden wir als echte Königssöhne unsere Seele von dem Drachen erlösen, uns mit ihr zusammen auf dem Rücken des besiegten Ungeheuers hoch in die Lüfte erheben und des Universums Schönheit betrachten und die himmlischen Harmonien hören. Erst dann werden wir verstehen, wie herrlich und sinnerfüllt das Leben ist.

»Bittet, so wird euch gegeben;
Suchet, so werdet ihr finden;
Klopft an, so wird euch aufgetan.«

Paris, den 5. Februar 1938

Anmerkungen

1. Siehe Band 305 der Reihe Broschüren »Das Gebet«.
2. Siehe Band 223 der Reihe Izvor »Geistiges und künstlerisches Schaffen«, Kapitel 12 »Der Aufbau des Tempels«.
3. Siehe Band 219 der Reihe Izvor »Geheimnis Mensch, seine feinstofflichen Körper und Zentren«, Kapitel 3 »Das Sonnengeflecht«.
4. Siehe Band 238 der Reihe Izvor »Der Glaube versetzt Berge«, Kapitel 1 »Glaube, Hoffnung und Liebe«.
5. Siehe Band 204 der Reihe Izvor »Yoga der Ernährung«, Kapitel 4 »Die Auswahl der Nahrung« und Kapitel 5 »Der Vegetarismus«.

Kapitel 3

In den Augen offenbart sich die Wahrheit

Freier Vortrag

Wir wollen uns heute nochmals mit den Farben befassen, aber sie von einer anderen Seite her betrachten wie in den vorangegangenen Vorträgen.

Hier zuerst einige Worte über das Pentagramm, den fünfzackigen Stern. Meister Peter Danov betonte mehrmals, das Pentagramm stelle den Menschen dar, der die fünf Tugenden: Güte, Gerechtigkeit, Liebe, Weisheit und Wahrheit in sich vollständig entfaltet hat. Zudem versinnbildlicht das Pentagramm auch die fünf Sinne: Tastsinn, Geschmack, Geruch, Gehör und Gesicht.[1]

Die fünf Tugenden lassen sich wie folgt in das Pentagramm einzeichnen:

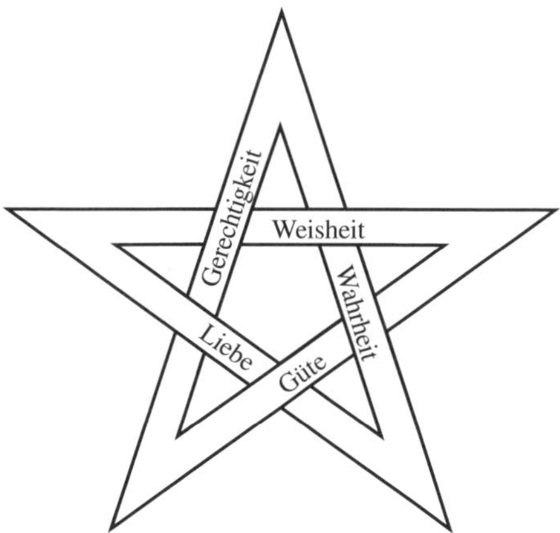

Der Meister gab uns auch folgende Regel: »Wähle die Güte als Grundlage deines Daseins, die Gerechtigkeit als Maß, die Weisheit als Abgrenzung, die Liebe als köstliche Erquickung und die Wahrheit als Licht.« Denkt man eingehender darüber nach, findet man diesen Rat bemerkenswert zutreffend.

Die Güte ist tatsächlich eine Grundlage, auf der alles ruht. Ein Bauwerk kann noch so schön und formvollendet sein, es stürzt zusammen, wenn die Güte es nicht trägt.

Die Gerechtigkeit ist eine Eigenschaft, die das echte Maß für die Dinge verleiht und es uns ermöglicht, sie zu unterscheiden und einzuschätzen.

Die Liebe verleiht den Geschmack am Leben. Selbst wenn wir Reichtum, intellektuelles Wissen und Ruhm erworben haben, bleibt unser Leben ohne Liebe freudlos.

Die Weisheit dient als Abgrenzung; sie bewahrt die guten Eigenschaften, die Gott uns gab, vor den negativen Kräften, den sichtbaren und unsichtbaren Feinden. Fehlt es uns an Weisheit, können die wilden Tiere in den Garten unseres Lebens einbrechen und ihn verwüsten.

Das Licht der Wahrheit erhellt unseren Lebensweg. Ohne Wahrheit verlaufen wir uns in Finsternis, Lüge und Irrtum.

Wir benötigen die fünf Tugenden zu unserer geistigen Entwicklung. Leider kennen heute nur noch wenige die Verbindungen zwischen den Tugenden und dem menschlichen Körper. Wahres Wissen jedoch beruht auf der Erkenntnis dieser Verbundenheit – jeder Erfolg und alles Gelingen im Leben hängen davon ab. Die Güte steht in Beziehung zu den Beinen, die Gerechtigkeit zu Armen und Händen, die Liebe zum Mund, die Weisheit zu den Ohren und die Wahrheit zu den Augen.

Ebenso sind die fünf Tugenden durch die fünf Finger der Hand vertreten, dank derer der Mensch so viele Handlungs- und Gestaltungsmöglichkeiten besitzt.

Um nun auf die Farben zurückzukommen, befassen wir uns zunächst mit den Augen. Es gibt sehr viel über sie zu sagen. Ihr wisst, es gibt eine Wissenschaft, die Iridologie, welche lehrt, wie man aus der sorgfältigen Betrachtung der Iris alle durchgemachten und gegenwärtigen Krankheiten ableiten kann. Jedes Organ ist im Auge vertreten. Alles spiegelt sich darin, selbst ein fehlender Zahn. Es wird häufig wiederholt, die Augen seien der Spiegel der Seele; so ist es. An den Augen lassen sich Weisheit und Güte eines Menschen, all das in seiner Seele Verborgene ablesen.

Schematisch dargestellt ist das Auge, die Iris, ein Kreis mit einem zentralen Punkt ⊙. Dieser Kreis mit dem Punkt in der Mitte ist ebenso das Symbol der Sonne! Für die Astrologen ist das rechte Auge mit der Sonne verbunden, das linke mit dem Mond. Sind im Geburtsbild Sonne und Mond ungünstig aspektiert, so leiden die Augen entsprechend dem Planetenstand und den Häusern, worin Sonne und Mond auftreten, entweder infolge eines Unfalls oder einer Krankheit.

Die Eingeweihten haben alle Bilder der Natur eingehend studiert; sie haben jedes Zeichen in Händen und Gesicht, auf Pflanzen, Steinen und in den Sternen betrachtet und einen Teil ihrer Erkenntnisse in den astrologischen Zeichen zusammengefasst. Ich werde heute versuchen, euch die tiefere Bedeutung des Augensymbols zu erklären, bitte euch aber um etwas Geduld. Nähert ihr euch auf der Straße einem Maler, der im Begriff ist ein Bild zu malen, so sind auf der Leinwand zunächst nur ein paar Striche und Farbtupfen zu sehen, aus denen ihr nicht klug werdet. Nach einer Weile jedoch seht ihr wie die Striche sich allmählich verbinden, die Farben ineinander übergehen und schließlich ein deutlich erkennbares Bild erscheint. Nun, ich gehe genau wie dieser Kunstmaler vor. Habt also etwas Geduld und begnügt euch vorerst damit, die Striche anzusehen, die ich der Reihe nach vor euch zeichne.

Seit Urzeiten wenden die Menschen Bilder und Symbole an, um die tiefsten Wahrheiten zu veranschaulichen. Wer das innere Wesen dieser Sinnbilder verstehen will, muss sie geistig beleben, denn sie weisen auf lebendige Tatsachen hin, die sich in der menschlichen

Seele abspielen, sagen aber nichts aus, solange man sie nur äußerlich betrachtet. In der Antike zeigten die Meister ihren Schülern symbolische Figuren (z.B. die Darstellungen die heute auf den Tarot-Karten zu finden sind) und forderten sie auf, diese zu beleben, d.h. ihren Sinn und ihre Anwendung im Leben zu ergründen. Wenn wir auf diese Weise die Form unserer Mundhöhle mit der Zunge, die Form der Ohren mit dem Cortischen Organ und die der Augen betrachten, entdecken wir darin ein außergewöhnliches Wissen.

Dem Bild des Auges begegnet man überall: in der Physik, Mathematik, Astrologie, Botanik, Alchimie, bei den Mineralien, Pflanzen, Tieren und Menschen. Versuchen wir es zu entdecken! Wie schon gesagt, stellt es in der Astrologie die Sonne dar. Aber aus welchem Grunde wird es mit einem zentralen Punkt gezeichnet? – Der Kreis versinnbildlicht das Universum, das höchste Wesen und der Punkt dessen Offenbarung. Ohne den Mittelpunkt bezeichnet der Kreis das nichtoffenbarte höchste Wesen, das Absolute. Mit dem Punkt im Zentrum wird er zum Symbol für die Offenbarung des Höchsten.[2]

Von einem anderen Standpunkt aus betrachtet, erkennen wir in dem gleichen Symbol ein Bild der Zelle: Der Mittelpunkt ist der Zellkern, der Raum zwischen Mittelpunkt und Peripherie das Protoplasma und die Kreislinie die Zellmembran. Das männliche Prinzip äußert sich stets durch gradlinige Strahlen, das weibliche durch kreisförmige Wellen. Die Elektrizität bewegt sich in geraden Linien, der Magnetismus breitet sich in Kreisen aus. Im Hochgebirge, wo die elektrischen Ströme vorherrschen, haben diese Ströme, die parallel zum Boden verlaufen, vollkommen die Erde und die Felsen kahl gemacht, indem sie alle Vegetation töteten. In der Ebene dagegen entfaltet sich der Magnetismus und es gedeiht eine üppige Vegetation. Im Gesicht findet man die gleichen Gesetze wieder: Längliche, gerade Züge sind durch die Elektrizität geprägt, rundliche durch den Magnetismus. Das in der Natur wirksame männliche Prinzip schafft alle geraden, das weibliche Prinzip alle runden Linien. In der Sonne finden sich die beiden Prinzipien vereint. Aus ihrem Zentrum strömen Strahlen und konzentrische Kreise, die sich vom Mittelpunkt bis zur Peripherie verbreiten.

Dieses Bild ist im Querschnitt eines Baumstamms zu sehen, da beide Prinzipien am Wachstum des Baumes beteiligt sind.

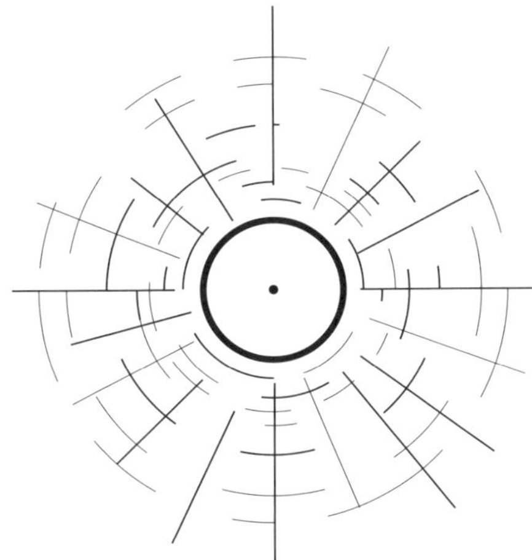

Hinsichtlich des Auges wissen wir, dass sich die Pupille in der Dunkelheit erweitert, im Licht zusammenzieht und dies umso stärker, je heller das Licht ist. Diese Erweiterung und Verengung erfolgt kreisförmig. Ist die Pupille vollkommen zusammengezogen, sieht das Auge genauso aus wie das Symbol der Sonne.

In der Alchimie steht das Zeichen ⊙ für das Gold. Gold ist ein Edelmetall, welches nicht oxydiert. Es ist kondensiertes Sonnenlicht, und durch diese Verbindung mit der Sonne fühlt sich der Mensch unwillkürlich zum Gold hingezogen. Die den Raum durcheilenden Sonnenstrahlen werden nach ihrem Eindringen in den Erdboden von bestimmten Naturwesen aufgefangen und diese Kraft wird in Gold umgewandelt. Tatsächlich ist Gold nichts weniger als verdichtete

Sonnenenergie. Ein Mensch, der viel Gold besitzt, gilt als reich und genießt in der Welt hohes Ansehen. Jedoch mit dem materiellen Gold allein ist es nicht getan: Man muss auch innerlich Gold besitzen, denn dieses innere Gold ist die Kraft, die vor Krankheiten, Leid und Mutlosigkeit bewahrt.[3] Ich verrate euch heute nicht mehr darüber und stelle es jedem frei, meinen Worten zu glauben oder nicht.

In der Geometrie ist das Symbol ⨀ der auf seine Basis projizierte Kegel. Ich erklärte bereits, dass jede Farbe einer bestimmten Frequenz entspricht, die umso höher ist, je mehr man sich dem Violett nähert. Die Farben des Spektrums bilden eine ununterbrochene Folge; es lässt sich nicht mit Bestimmtheit erkennen, wo Gelb aufhört und Orange beginnt. Mit Sicherheit können wir jedoch sagen: Hier ist Gelb und dies ist Orange, aber die genaue Grenze zwischen den beiden zu finden ist unmöglich. So verhält es sich auch in vielen anderen Bereichen: Die Dinge können nicht immer scharf umrissen und festgelegt werden. Wohl lässt sich aus einiger Entfernung und von außen hinblickend versichern: »Dies ist gut, jenes schlecht«, versucht ihr aber die Grenze zwischen Gut und Böse festzulegen, gelingt euch das nicht, kein Mensch vermag es. Man erkennt nur, dass das Böse zur niederen und das Gute zur höheren Seite gehört, doch der Übergang vom einen zum anderen geschieht unmerklich. In Bezug auf Seele und Körper ist es ebenso: Wo hört das Körperliche auf, wo beginnt die Seele? Und wie will man erst im Feinstofflichen die Trennung zwischen Ätherleib, Astral- und Mentalleib erkennen? Dass sie anders beschaffen sind, darüber sind sich alle einig, aber wie sie ineinander übergehen, weiß niemand, noch erklärt man sich, durch welche Verbindungen seelische Verwandlungsprozesse mit denen des Körpers verknüpft sind. Überall strebt alles unmerklich nach oben, und diese erfreuliche Tatsache ermöglicht es uns, Stufe um Stufe den höchsten Gipfel zu erklimmen. Ja, bisweilen gelangen wir bis ins Paradies, fühlen uns glücklich und zuversichtlich, aber schon wenige Stunden später sind wir abgerutscht und wähnen uns in der Hölle, sind voll Traurigkeit, Leid und Verzweiflung. Wie man auf dieser Stufenleiter der Schwingungen, der sogenannten Jakobsleiter hinauf- und herabsteigt, behandeln wir später.

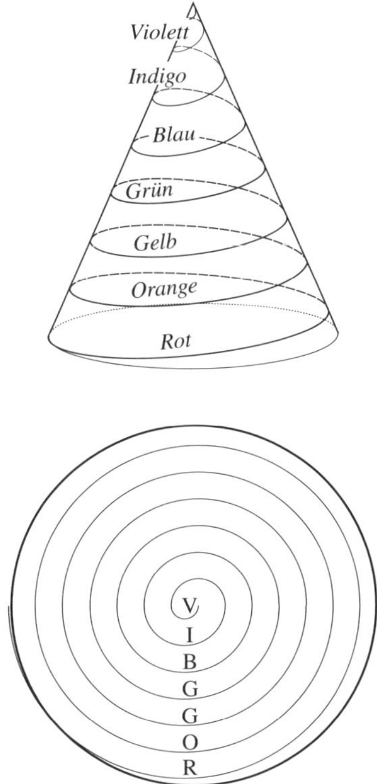

Die Wellenlängen der Lichtschwingungen bilden – von ihrer größten (dem Rot) bis zur kleinsten (dem Violett) – eine ununterbrochene Folge, und da das Licht um die Achse seiner Fortpflanzungsrichtung eine symmetrische Umlaufbewegung beschreibt, bildet die Folge dieser Schwingungen eine kegelförmige Spirale.

Die Kegelspitze, beziehungsweise Kreismitte, entspricht den kürzesten Schwingungen, der höchsten Frequenz. In diesem Punkt befindet sich der geistige Friede – der keineswegs ein Stillstand ist, sondern ein Zustand intensiver Schwingung, in dem sich die erhabensten Handlungen vollziehen. In diesem Frieden offenbart sich der Geist in vollkommener Weise. Der Kegel versinnbildlicht zugleich die

Sonne und den Berggipfel. Die Eingeweihten haben damit wichtige Geheimnisse verschlüsselt. Wer einen Berg physisch oder geistig ersteigt, begreift das Sinnbild der Sonne: Von dort oben übersieht er alles. Astronomisch betrachtet ist die Sonne der Höhepunkt unseres Sonnensystems. Alles Gute kommt für uns von der Sonne. Gott selbst offenbart sich in der Sonne und lässt uns durch sie seine Segnungen zukommen.

Die Augen stehen mit der Wahrheit in Verbindung. Jesus sprach: »Wenn dein Auge einfältig (rein) ist, wird dein ganzer Leib rein sein.« Er meinte damit natürlich nicht die physischen Augen, sondern das geistige, sogenannte dritte oder mystische Auge, durch das wir die sichtbare wie die unsichtbare Welt ergründen können.[4]

Die beiden physischen Augen und das dritte Auge bilden zusammen ein Dreieck, ein Prisma, dank dem die uns durchfließenden Strömungen unsere Aura stärken und sie für die göttliche Welt sensibilisieren. Die meisten Menschen empfangen gegenwärtig das Licht lediglich mit den leiblichen Augen, weil ihr geistiges Auge durch niedere Gedanken und Gefühle versperrt ist; diese verhindern die Wahrnehmung der höheren Ströme. Und weil sie innerlich keinen Schutz vor den negativen Energien errichtet haben, finden diese ungehindert bei ihnen Einlass.

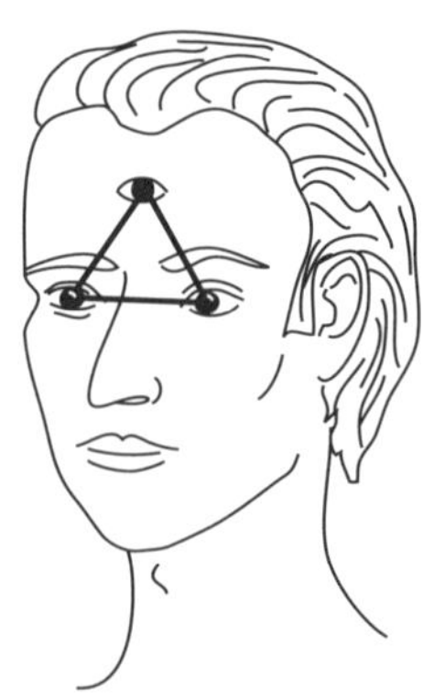

Das dritte Auge ist wie eine Antenne die es ermöglicht, Botschaften aus allen Regionen des Universums zu empfangen. Wir sollten uns üben und uns jeden Tag auf dieses Auge konzentrieren. Dies ist eine gute Übung, durch die wir zu einer höheren Ebene Zugang finden und so eine andere Wahrnehmung der Dinge erlangen können. Denkt euch zwei Personen, der eine im Innern einer Kugel und der andere außerhalb. Der im Innern beteuert, die Kugel sei konkav, der draußen behauptet, sie sei konvex. Sie streiten miteinander und jeder beharrt auf seinem Standpunkt. Diese »Gegner« sind Wissenschaft und Religion. Die Wissenschaft betrachtet die Dinge von außen und behauptet, das Weltall sei konvex. Die Religion schaut die Dinge von innen an und versichert, es sei konkav... Nun aber gesellt sich ein Dritter zu ihnen und spricht: »Ihr habt alle beide recht und unrecht; das Universum ist weder konkav noch konvex, sondern beides zugleich.« Dieser Dritte hat nämlich Zugang zu einer anderen Ebene und er sieht die Welt gleichzeitig von innen und außen. Das innere Auge begreift beide Aspekte der Wirklichkeit gleichzeitig: Es ist die Intuition. Diese gilt es zu entwickeln, um sowohl das Innere wie das Äußere zu erkennen.

Die Außenseite ist die Verstandessphäre, die Innenseite der Bereich von Herz und Gefühl. Betrachtet man die Dinge nur vom Verstand her, dann ordnet man sie ein, analysiert sie, aber man spürt sie nicht. Geht man nur mit dem Gefühl an sie heran, ist man gerührt, bewegt, hat aber ihre äußere, objektive Erscheinung nicht erkannt. Weder das Unterbewusstsein noch das Selbstbewusstsein können uns die ganze Wahrheit enthüllen. Erst dem Überbewusstsein oder kosmischen Bewusstsein wird dies möglich. Das Unterbewusste schöpft seine Kräfte und Erkenntnisse aus dem Urgrund der Schöpfung, wo die Wurzeln, d.h. die Instinkte des Menschen sind. Das Selbstbewusstsein sammelt sein Wissen aus der äußeren Erscheinung der Dinge. Erst ein diese beiden miteinander verbindender dritter Standpunkt erschließt die ganze Wirklichkeit. Die Menschen müssen sich nunmehr darin üben, diesen dritten Standpunkt einzunehmen. Alle sind mehr oder weniger in ihre eigenen Vorurteile verstrickt, daher ist es nicht verwunderlich, dass sie so viele Irrtümer begehen. Je nach Geschmack und Neigung erblickt jeder nur eine Seite der Wirklichkeit, und darum ist es auch so schwierig, einander zu verstehen und in Harmonie zu leben.

Kommen wir nun jedoch noch einen Augenblick auf die unterschiedlichen Bewusstseinszustände zurück, von denen ihr vielleicht noch keine klare Vorstellung habt. Anhand eines sehr einfachen Beispiels wird diese Sache verständlich. Angenommen, ihr bekommt einen heftigen Schlag auf den Kopf und fallt ohnmächtig zu Boden: Ihr befindet euch im Zustand der Bewusstlosigkeit. Dank der Bemühungen eurer Freunde kommt ihr nun langsam wieder zu euch, bewegt euch, habt die Augen aber noch geschlossen, ihr seid nicht ganz bei Bewusstsein: Dies ist der Zustand des Unterbewusstseins. Ihr gleicht einem Schlafenden, der sich bewegt. Etwas später öffnet ihr die Augen, seht, dass ihr auf der Erde liegt, von Freunden umgeben seid, versteht aber noch nicht, was euch zugestoßen ist: Ihr seid im Zustand des Bewusstseins. Darauf kommt ihr ganz zu euch, erinnert euch klar was vorgefallen ist – es ist der Zustand des Selbstbewusstseins. Endlich richtet ihr euch auf, fühlt euch wieder hergestellt und erkennt, dass eure Freunde bei euch sind und dass eine lange Zukunft auf euch wartet; von Freude, Hoffnung und Dankbarkeit erfüllt dankt ihr dem Herrn: Das ist der Zustand des Überbewusstseins.

Die Bewusstlosigkeit entspricht der Stufe des Gesteins, das Unterbewusstsein dem Pflanzenreich, das Bewusstsein der Tierwelt, das Selbstbewusstsein der Menschenwelt und das Überbewusstsein dem Reich der Engel, welches auch die Sphäre der Meister, der Eingeweihten, der Übermenschen ist. Im Zustand des Überbewusstseins ist der Mensch in der Lage, die vom Himmel und den Eingeweihten ausgesandten Lichtschwingungen zu empfangen. Es gibt auf Erden mystische Zentren, in denen geweihte Männer und Frauen ununterbrochen für die Menschheit um Erleuchtung und Glückseligkeit bitten. Leider empfangen nur sehr wenige Menschen diese Schwingungen, weil sie nicht an ihrer Aura arbeiten, welche doch die beste Antenne, der wesentliche Empfänger dieser Strahlen ist. Die Aura ist jene konische

Spirale aus sieben Farben, dank derer wir uns zum höchsten Gipfel aufschwingen können. Der aufwärts gerichtete Kegel ist somit das Symbol für den Aufstieg in die göttliche Welt. Der abwärts gerichtete Kegel versinnbildlicht folglich die Hölle, wie Dante sie beschrieb. Je schuldiger ein Mensch, desto tiefer sinkt er in den Grund dieses Kegels hinab, fühlt sich immer eingeengter und leidet. Im Ende der Kegelspitze ist er völlig unfrei. Ich spreche nicht gerne von diesem umgekehrten Kegel, weil man schon allein bei dem Gedanken daran die Zustände empfindet, die ihm entsprechen.

Nun möchte ich noch einiges über die Symbolik des Kreises mit dem Punkt in der Mitte sagen. Unser höheres Ich ist der Mittelpunkt unseres Seins, unsere Wesensmitte.[5] Es ist der harmonischste Punkt, in ihm wohnt der Friede. Um diesen Punkt herum ist alles in Bewegung. Er selbst scheint unbeweglich, weil er so rasch schwingt, dass seine Bewegungen nicht wahrnehmbar sind. Friede ist in Wirklichkeit ein Zustand aktivster Tätigkeit. Meistens taucht bei dem Wort »Friede« das Bild eines Menschen auf, der im Schatten eines Baumes behaglich isst und trinkt... Das ist aber nicht der Friede. Friede ist die höchste Tätigkeit, die in der Welt geleistet werden kann. Wenn wir unser Bewusstsein jeden Tag auf diesen Punkt richten, der sich zutiefst in uns, in Kopf oder Solarplexus befindet, fühlen wir den Frieden, und keine der Schwierigkeiten oder Sorgen des Alltags kann uns mehr wirklich belangen.[6] Wenn unser Bewusstsein außerhalb dieses Punktes weilt, bleiben wir all diesen Störfaktoren ausgesetzt, und kein äußeres Mittel kann uns dagegen helfen.

Durch diese Erklärungen möchte ich euch verständlich machen, dass wir mit dem Studium des Kreissymbols mit Mittelpunkt zugleich den magischen Kreis erforschen. In vielen initiatischen Erzählungen wird von Kreisen berichtet, die der Magier um sich herum auf dem Boden zeichnet, bevor er mit jeglicher magischen Handlung beginnt. Diese Kreise sind dazu da, ihn vor dunklen Wesenheiten zu schützen, welche sich seiner Arbeit entgegenstellen könnten. Verlässt er diesen Kreis verfrüht, setzt er sich großen Gefahren aus. Nicht außerhalb, sondern in uns selbst müssen wir diesen magischen Kreis vor allem suchen. Denn alles muss zuerst innen verwirklicht werden, bevor wir es außen realisieren können. Unser zuverlässigster Schutz ist daher unsere Aura. Die Aura gleicht der Atmosphäre, welche die Erdkugel umhüllt. Würde die Erde plötzlich ihrer atmosphärischen Hülle beraubt, so entstünden schreckliche Katastrophen. Auch wir sind wie unser Planet in eine Atmosphäre gehüllt, die uns vor Gefahren schützt. Tatsächlich haben wir einen doppelten Schutz, die Haut auf der physischen und die Aura auf der psychischen Ebene. Ein Beispiel mag dies verdeutlichen. Stellt euch vor, ihr hättet euch irgendwo gestoßen, habt nun einen blauen Fleck, und wenn jemand euch anfasst, empfindet ihr es als Schmerz. Ist eure Haut hingegen gesund, schmerzt euch die Berührung nicht. Ähnlich ist es bei der Aura: Sie ist unsere geistige Haut...

Ihr wundert euch, und könnt zunächst keinen Zusammenhang zwischen der Aura und der Haut erkennen. – Aber untersuchen wir einmal kurz die Hauptfunktionen der Haut: Sie schützt vor Verschmutzung und Stößen, ermöglicht den Austausch zwischen Körper und Außenwelt und ist schließlich ein Sinnesorgan durch das wir Kälte, Wärme usw. wahrnehmen. Die Aura übt auf einer anderen Ebene dieselben Funktionen aus wie die Haut. Ist sie stark und klar, sind wir gegen die Vorfälle der psychischen Welt geschützt. Ist sie jedoch schwach und verdüstert, schadet uns schon die geringste negative Strömung und bereitet uns großen Schmerz.

Manche Leute klagen: »Sein Blick traf mich wie ein Messerstich.« Wäre ihre Aura stark gewesen, hätten sie den Blick nicht gespürt. Es ist ungemein wichtig, eine hell leuchtende, gesunde Aura zu besitzen, die Schutz bietet.* Ich bin vielen Menschen begegnet, deren Krankheit keinerlei physische Ursache hatte, lediglich ihre Aura war in schlechtem Zustand. Als zweite Funktion sichert die Aura den Austausch zwischen den äußeren Gestirnen und den Sternen in uns. Ist die Aura unrein und trüb, lässt sie die heilsamen Strömungen nicht ein, sondern steht nur den ungünstigen offen. Man hört oft sagen, es gebe günstige und ungünstige

* Siehe Band 219 der Taschenbuch-Reihe Izvor »Geheimnis Mensch, seine feinstofflichen Körper und Zentren«, Kapitel »Die Aura«.

Planeten... Wie erklärt es sich, dass ein und derselbe Planet auf die einen günstig und die anderen ungünstig einwirkt? Aus dem einfachen Grunde, weil ein Mensch, der nur die schlechten Einstrahlungen empfindet, durch seine Aura zur Aufnahme der heilsamen Einflüsse nicht bereit war. In Wahrheit sind alle Planeten günstig; ihre jeweilige Wirkung hängt von der Aura des Menschen ab. Weist die Aura Farben und Schichten auf, die das Eintreten der guten Eigenschaften eines Planeten verhindern, so werden die von ihm ausgesandten Strahlen gebrochen und wirken sich nachteilig aus. Ist die Aura jedoch klar und stark, so werden selbst die schädlichen Einstrahlungen neutralisiert.

Die dritte Funktion der Aura ist das Wahrnehmen dessen, was sich in der Seele anderer Menschen abspielt. Dank der Aura können wir einen Menschen wie einen kalten Luftzug empfinden, der uns verkrampft oder aber im Gegenteil als wohltuenden Licht- und Wärmestrom, der uns das Herz weitet und uns freudig stimmt. Es gibt selbstverständlich viele andere Eindrücke.

Der unversehrte Zustand der Aura ist der allerbeste Schutz, den es gibt. Keine Umwälzung, die sich auf Erden ereignen mag, kommt an uns heran, wenn unsere Aura stark, lichtvoll und rein ist; denn diese Aura ist eine undurchdringliche Schranke gegen Erschütterungen und atmosphärische Störungen, gegen Hassgedanken und Anfeindungen aller Art. Von einer solchen Aura umgeben, steht der Mensch wie in einer Festung. Selbst wenn alle in seiner Umgebung aufgeregt, verwirrt und energielos sind, fühlt er sich von Liebe, Mut und innerem Licht getragen. Eine solche kräftige Aura können wir um uns bilden durch Gebet, Meditation, ein reines Leben und vor allen Dingen durch das Üben der fünf Tugenden: Güte, Gerechtigkeit, Liebe, Weisheit und Wahrheit. Jede Tugend erzeugt eine spezifische Farbe. Alle zusammen verleihen unserer Aura eine unbeschreibliche Pracht.[7]

Aus philosophischer Sicht stellt der Mittelpunkt das Herz dar. Es ist bemerkenswert, dass in manchen Sprachen die Worte »Herz«, »Löwe« und »Liebe« der gleichen Wurzel entstammen. Im Hebräischen heißt Herz »lev« und Löwe »lavi«; im Bulgarischen und Russischen heißt der Löwe »lev« und die Liebe »lubov«, eine Wortwurzel, die man im englischen »love« und im deutschen »Liebe« wiederfindet. Natürlich ist euch der Zusammenhang zwischen der Liebe und dem Herzen vertraut. Das Tierkreiszeichen Löwe wird seit alters her dem Herzen zugeordnet. Der Kreis mit seinem Mittelpunkt stellt das Auge dar, aber auch das Herz, welches das Blut in den Körper sendet.

Wenn wir für einen Menschen Liebe empfinden, sehen wir wunderbare Eigenschaften in ihm. Verblasst die Liebe, erblicken wir nichts Gutes mehr an ihm, obwohl er doch derselbe geblieben ist. Somit ist es das Herz, das uns die Augen öffnet oder verschließt. Um unsere Mitmenschen kennen zu lernen, müssen wir sie lieben. Die Leute möchten einander kennen lernen, ohne Liebe aufzubringen, aber das ist unmöglich. Einen Menschen lernt man erst kennen, wenn er sich dank unserer Herzenswärme auftut und entfaltet. Das gilt auch für alles andere im Leben. Wenn wir die Natur nicht lieben, wird sie sich uns nicht eröffnen. Lieben, das ist das magische Geheimnis! Die Bücher vermitteln eine Menge Kenntnisse, doch die Liebe allein bewegt die Natur dazu, uns ihre Geheimnisse zu enthüllen. Wollen wir etwas von Astrologie verstehen, so lasst uns die Sterne lieben und sie werden zu uns sprechen. Wollen wir wissen, was die Edelsteine sind, so müssen wir sie lieben, denn nur unsere Liebe kann sie zum Sprechen bringen. Das Wissen kann uns das Glück und die Fülle nicht bringen, nach denen unser Herz und unsere Seele sich sehnen. Glück und Erfüllung werden dem Menschen nur durch die Liebe zuteil. Der allwissende Salomon, von dem die Bibel sagt, dass keiner sich mit ihm messen konnte, versicherte dennoch am Ende seines Lebens, alles sei eitel. Er hatte hunderte von Frauen, welche er eingehend studierte; dennoch hatte er die Liebe nicht verstanden, weil die Liebe auf diese Weise nicht erscheint.

Die Liebe kann man auf vier Arten angehen: Man kann sie essen, trinken, atmen und in ihr leben. Wer die Liebe »isst«, bleibt auf der rein körperlichen Ebene und kann keine Erfüllung finden, weil er sich mit den niederen Vergnügungen zufrieden gibt. Wer die Liebe »trinkt«, kostet weniger grobe Genüsse, steckt aber noch in den Befriedigungen und Vergnügungen der Astralebene. Wem es gelungen ist, die Regionen der Mentalebene zu erreichen, der kann die Liebe atmen: Einige Philosophen, Schriftsteller, Künstler atmen die Liebe und werden von ihr unablässig inspiriert. Wer in der Liebe lebt, in dem feinstofflich-ätherischen Bereich der Liebe, der besitzt sie als Geisteslicht und Herzenswärme, die er auf alle Menschen seiner Umgebung ausstrahlt. Wer in dieser Liebe lebt, genießt die Fülle des Lebens.

Die Liebe ist dem Wasser vergleichbar, das vom Gebirge herabfließt. Christus sagte: »Ich bin der Weg, die Wahrheit und das Leben.« Er meinte damit: »Ich bin die Quelle, aus der alle Wahrheit strömt... Ich bin das Flussbett und das Wasser selbst, das Leben, das die Liebe ist...«[8] Die Quelle, aus der der Fluss entspringt, ist also die Wahrheit, der Pfad, dem entlang der Fluss fließt ist die Weisheit, und das Leben, das Wasser, das Steine und Pflanzen begießt, Tiere und Menschen labt, ist die Liebe. Indem wir lieben, lassen wir diesen Fluss, das Wasser des wahren Lebens durch uns hindurchströmen und der Segen des Himmels wird uns zuteil.

Das Reich der Mineralien ist in unserem Knochensystem vertreten; lieben wir die Steine, stärken wir folglich unsere Knochen. Unsere Liebe zu den Pflanzen stärkt unser Muskelsystem; lieben wir die Tiere, verbessert sich unser Blutkreislauf. Durch unsere Liebe zu den Menschen festigt sich unser Nervensystem; lieben wir die Engel, die höheren Wesen der jenseitigen Welt, stärken wir damit unsere Aura und unsere spirituellen Organe.

Überall in der Natur ist die Polarisierung anzutreffen. Jedes Ding hat einen positiven und einen negativen Pol; auch im menschlichen Körper ist alles so angelegt, dass sich die Zellen harmonisch aneinander fügen: Der positive Pol einer Zelle liegt am negativen Pol der Nachbarzelle und umgekehrt. Verhält es sich so, fühlt der Mensch sich wohl (vgl. Abb. 1 auf der nächsten Seite); jegliche Abweichung von dieser normalen Anordnung der Pole verursacht Unbehagen und Beschwerden aller Art.

Abb. 1 *Abb. 2*

Gefühle wie Angst, Zorn oder Hass bringen die harmonische Anordnung der Teilchen durcheinander. Zuweilen arbeitet ihr ruhig und still; plötzlich fühlt ihr euch schlaff und mutlos ohne ersichtlichen Grund: ein Zeichen dafür, dass ein negativer Einfluss euren Magnetismus störte, oder dass ihr unbewusst selber durch störende Gedanken die Verbindung zwischen den Zellen abgebrochen habt.

Die uns durchfließende Lebensenergie soll die Zellen aufladen, damit sie richtig polarisiert werden. Deshalb lassen sich manche Krankheiten durch Magnetismus heilen. Arbeitet ein Magnetiseur jedoch ohne recht zu wissen was er tut, so fühlt sich der Kranke noch mehr entkräftet als zuvor. Wer andere magnetisieren will, muss rein und von überströmender Liebe erfüllt sein: Dann überträgt er wahrhaftig magnetische Kraft.

Durch die gymnastischen Übungen, die ich euch bereits gezeigt habe, können wir uns jeden Tag selbst magnetisieren. Vielleicht haben einige unter euch diesbezügliche Bedenken: »Diese Methode mag ja für die Orientalen gut sein, aber nicht für uns«. Ich antworte euch darauf, dass diese Methoden geprüft und erprobt sind. Manche orientalischen Übungen mögen für Menschen unserer Breitengrade schädlich sein, aber die Übungen, die ich euch gezeigt habe, sind einfach und für jedermann gefahrlos, assimilierbar wie Wasser, Brot und Luft...[9]

Die beste Möglichkeit unseren Magnetismus zu bewahren ist jedoch, nur harmonische Elemente in uns einzulassen; darum sollte man nach Möglichkeit vermeiden, in Zustände der Leidenschaft hineingezogen zu werden. Ich habe bereits jene Schranke erwähnt, die wir alle in uns haben, das Zwerchfell, das als Scheidewand zwischen den Verdauungs- und Sexualorganen und Herz, Lungen und Gehirn liegt. Im Feinstofflichen bildet der Solarplexus (Sonnengeflecht)* eine ähnliche Grenze. Es ist wichtig, dies zu wissen, damit man den Solarplexus auf diese Funktion vorbereiten kann, da sonst die durch unsere Leidenschaft erzeugten negativen Elemente bis ins Hirn aufsteigen. Wer gelernt hat, seinen Solarplexus zu stärken, kann sich vor vielen Unannehmlichkeiten schützen, besonders dann, wenn er auch an der Blutreinigung gearbeitet hat, denn ein reines Blut führt Elemente mit sich, die den Organismus regenerieren können. Noch sind uns nicht alle Möglichkeiten des Solarplexus bekannt, weil wir durch unser Denken, Fühlen und Handeln die Polarität der Körperzellen stören und damit seine Tätigkeit beeinträchtigen. Unser Solarplexus wird nur dann kraftvoll und aktiv, wenn wir reine und lichtvolle Teilchen anziehen, welche seine Schutzkraft stärken.[10]

Eines der wirksamsten Mittel, um diese Teilchen anzuziehen, ist die Liebe; eine absichtslose Liebe zu allen Menschen, gemeinsam mit dem Gedanken, dass alle Menschen unsere Brüder sind und wir ihnen helfen sollen, ohne dafür die geringste Belohnung zu erwarten. Warum? Weil wir die Belohnung ja bereits erhalten haben: diese innere Weite, Herzenswärme und Inspiration, die uns erfüllen, wenn wir lieben! Das ist Lohn genug, einen reicheren gibt es nicht im Leben! Dann sind unsere Gedanken wie ein Fluss, wie eine lebendige Quelle. Die Menschen wollen immer für alles belohnt werden. Wer aber das Geheimnis der Liebe erkannt hat, will keinen Lohn; großzügig schenkt er, denn er lebt fortwährend in unbeschreiblicher Glückseligkeit. Er badet in der Freude, es strahlt aus ihm, und er gewinnt damit zahlreiche Freunde. Gibt es eine größere Belohnung als diese? – Wer sich hingegen in Streitigkeiten und endlose Auseinandersetzungen um nichts sagende Dinge einlässt, kann den Verlust und Schaden, der ihm daraus entsteht, nicht ermessen: Er verliert seinen Frieden, seinen Frohsinn, seine Freunde und seine Gesundheit.

* Siehe Kapitel »Sonnengeflecht und Gehirn« in Band 6 »Die Harmonie«, Kapitel »Das Sonnengeflecht« in Band 217 »Geheimnis Mensch...« und Kapitel »Die Achse Jungfrau-Fische« in Band 22O »Der Tierkreis, Schlüssel zu Mensch und Kosmos«.

Ich weiß, nur wenige werden mich verstehen, denn dies erfordert eine bestimmte Vorbereitung und seelische Bereitschaft. Alle Welt sinnt auf Intrigen und materiellen Gewinn – gratis etwas tun erscheint als Zeitvergeudung und Kraftverschwendung. Aber die echten Kinder Gottes wissen wo die Wahrheit liegt: Sie nehmen es hin, dass man sich über sie lustig macht, sie als dumm und einfältig hinstellt; sie ziehen ein Leben in Wonne und Seligkeit den Reichtümern dieser Erde vor, die keine echte innere Befriedigung und Beglückung bringen. Indem sie sich für die Liebe entschieden, welche des Lebens Erfüllung ist, haben sie sich nicht geirrt. Ihr dürft mir glauben, diese Tatsache wurde von den Eingeweihten tausende Male geprüft. Darum sollen die Schüler eines hohen Meisters mit Liebe arbeiten. Umsonst haben wir empfangen – umsonst sollen wir geben. Unser Lohn ist die Freude und das Glück, von lächelnden Gesichtern und glänzenden Augen umgeben zu sein, von großherzigen Menschen, die bereit sind, Herrliches zu leisten, von Intelligenzen, die offen für Verstehen und Erkennen sind. Nennt mir einen reicheren Lohn als diesen!

Das Symbol ⊙ fordert uns auf, alle Tage aufs Neue die geistigen Berggipfel zu erklimmen. In der Höhe lässt der äußere Druck (die materiellen Bedingungen) nach, der Innendruck der Geistkraft nimmt zu. Geist und Materie, existieren beide tatsächlich; jedoch ist das Bestehen der Materie kein Grund dafür, uns von ihr erdrücken zu lassen. Damit der Geist seinerseits greifbare Wirklichkeit wird, müssen wir uns mit ihm vereinen. Die Atmosphäre besteht aus unterschiedlich gearteten Schichten; in den unteren befinden sich Staub, Bazillen, Fäulnis – je höher man sich erhebt, je mehr man diese Bereiche durchdringt, desto reiner ist die Luft. Wer schon hohe Berggipfel erstiegen hat, berichtet, dass der Mensch dort oben ganz anders denkt. Viele vergessen sogar ihre Staats- oder Rassenzugehörigkeit. Sie fühlen sich über alles Kleinliche erhoben, was die Menschen gewöhnlich trennt.

Wartet aber nicht, bis ihr die Gelegenheit habt auf Berggipfel zu steigen, um eure Sicht des Lebens zu verbessern. Jeden Tag müssen wir uns in Gedanken bis in die hohen Regionen unseres Wesens erheben.

Denn auch wir bestehen, wie die Atmosphäre, aus unterschiedlichen Schichten, die immer reiner werden und von zahlreichen Geschöpfen bewohnt sind. Wir glauben, wir seien immer die Gleichen, aber das ist ein Irrtum: Einmal offenbart sich das eine und dann wieder ein anderes Wesen. Es sind ihrer viele! Nun muss man wissen, dass manche dieser Wesen uns beim Aufstieg nicht folgen können, weil von einer bestimmten Höhe an keine Lebensbedingungen mehr für sie bestehen; genauso wie bei einer gewissen Temperatur bestimmte Bazillen eingehen. Je höher wir steigen, desto freier werden wir, denn bei jedem Schritt zum Gipfel hin verlassen uns niedere Wesen und fallen auf ihre gewohnte Stufe zurück. Einige Wesenheiten, wie z.B. der Hochmut bleiben jedoch bis zur Gipfelhöhe an uns haften. Die Eingeweihten wissen es: Der Hochmut ist zäh wie eine Flechte, die noch auf den allerhöchsten Berggipfeln anzutreffen ist.

Wir sollten uns angewöhnen, uns in Gedanken zu erheben. Durch Gebet und Meditation steigen wir auf. Auch in unserem Bemühen, uns zu bessern, erheben wir uns. Wenn ich sage: »Steigt hinauf!« oder: »Nähert euch der Kreismitte!« so ist das im Grunde genommen dasselbe. Das Bild des Gipfels oder das der Kreismitte haben die gleiche Bedeutung. In der Natur gibt es kein Oben und kein Unten, weder rechts noch links. Diese Ausdrücke bezeichnen lediglich rasche oder langsame Schwingungen, d.h. intensive oder schwache Schwingungen. Dem Oben und Innen entsprechen die raschen, dem Unten und Außen die langsamen Schwingungen.

Gedanken, Gefühle, Handlungen lassen sich auch nach dieser Schwingungsskala einstufen: Geiz, Eifersucht, Sinnlichkeit, Zorn, Angst und Neid sind langsame, schwache Schwingungen. Ihr wendet ein, Angst sei keine langsame, sondern eine höchst beschleunigte Gemütsregung. Ja, äußerlich schon, aber im Inneren lähmt sie das Denken und macht handlungsunfähig. Wie oft hat man bei einer Feuersbrunst gesehen, dass sich Leute, statt zu fliehen, ins Feuer stürzten. Von der Angst gelähmt, funktionierte ihr Hirn nicht mehr. Harmonische Gedanken und Gefühle machen unser Handeln hingegen leicht, schnell, erfolgreich.

Peter Danov schrieb ein Buch über die Farben. Er erklärt darin, dass Engel sich mit den Farben befassen, und dass sich in der Natur jeder Vorgang mit Hilfe von Farben vollzieht, die in den Pflanzen, Tieren und Menschen arbeiten. Ich habe viel in diesem Buch gelesen. Unter anderem auch, dass das Aussprechen bestimmter Bibelverse Farbschwingungen erzeugt, die um uns herum entstehen und mit deren Hilfe man Kranke heilen kann. Ich erinnere mich auch, dass in Bulgarien die türkischen Hodjas Kranke heilten, indem sie ihnen Verse aus dem Koran vorlasen.

Der Meister pflegte zu sagen: »Ihr wollt der Natur alle ihre Geheimnisse entreißen, aber sie ist lebendig, sie kennt euch genau, weiß, wie oft ihr undankbar gewesen seid und verbirgt sich vor euch. Die Natur erheitert den Durchschnittsmenschen, unterweist den Schüler, doch ihre Geheimnisse enthüllt sie nur dem Weisen! In der Natur hat jedes Ding eine Form, einen Inhalt und einen Sinn. Die Form für den Durchschnittsmenschen, der Inhalt für den Schüler und der geheime Sinn für die Eingeweihten.«

Viele behaupten, Zugang zu den Naturgeheimnissen zu haben, aber das ist nicht so leicht, es erfordert eine Vorbereitung und Schulung, die allein durch die Übung in den fünf Tugenden erfolgt. Die Güte ermöglicht das Fortschreiten, damit wir auf dem Pfad der Einweihung alles Schöne erschauen und antreffen, das Gott geschaffen hat. Die Gerechtigkeit gibt uns die Möglichkeit zu handeln und herrliche Werke mittels der Hände zu erschaffen. Die Liebe inspiriert uns zu belebenden Worten, labt uns mit dem Köstlichsten, was die Natur bietet, damit wir uns immer gesättigt und vom Wasser des Lebens erquickt fühlen. Die Weisheit öffnet die geistigen Ohren, auf dass wir einst die Sphärenmusik hören und Gottes Wort vernehmen können. Die Wahrheit gibt uns alle Möglichkeiten, den richtigen Weg zu erkennen, das zu finden, was wir suchen, die Schönheit der Natur zu betrachten und das Antlitz des Ältesten der Alten, des Geheimnisvollsten der Geheimnisvollen: Ain Soph, von dem die Kabbala spricht.

Es ist erstaunlich, dass die meisten Leute die Geheimnisse der höchsten Weihen erfahren wollen, ohne je vorher etwas verwirklicht zu haben, ohne das geringste Opfer zu bringen oder zu versuchen, sich selbst zu beherrschen. Darum bleiben ihnen denn auch die Naturgeheimnisse mit sieben Siegeln verschlossen. Vergesst nie die Worte des Meisters: »Die Natur erheitert die gewöhnlichen Menschen, unterweist den Schüler; ihre Geheimnisse enthüllt sie jedoch nur dem Weisen.«

Eigentlich hatte ich die Absicht, euch einige Erklärungen über die Phrenologie zu geben, doch bleibt nun nicht mehr viel Zeit dafür. Schaut euch folgende Abbildung des Kopfes an:

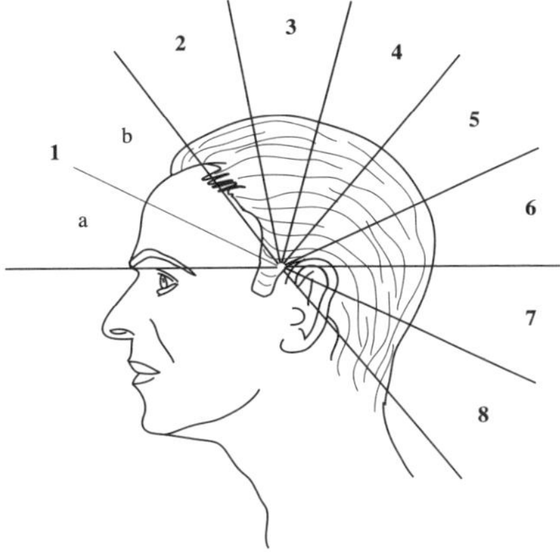

Abschnitt 1 ist in zwei Teile aufgeteilt: Der untere zeigt das Interesse für das Konkrete, die Wissenschaft; der obere deutet auf die Neigung für abstrakte Fragen, Philosophie. Abschnitt 2 entspricht der Nächstenliebe, dem Wohlwollen, der humanitären Gesinnung. Abschnitt 3 entspricht der Liebe zu Gott, der Hingabe, der Verehrung höherer Wesen. Abschnitt 4 zeigt die Beharrlichkeit des Menschen in persönlichen Überzeugungen. Ist dieser Kopfteil zu stark entwickelt, deutet dies auf Starrköpfigkeit hin: Der Betreffende würde eher sterben, als dass er seinen Ideen abschwört. Abschnitt 5 entspricht der Eigenliebe, der Selbstachtung. Abschnitt 6 bezieht sich auf den häuslichen Sinn, die Liebe zur Heimat. Abschnitt 7 entspricht dem Familiensinn, der Liebe zu den Kindern und Abschnitt 8 den instinktiven Energien.

Man sagt, das Paradies sei ein Garten gewesen, in dem allerlei Bäume wuchsen und Tiere aller Art lebten. In diesem Garten war Eva die erste Botanikerin, denn sie nahm sich der Pflanzen und Blumen an – Adam war der erste Zoologe, er gab den Tieren ihre Namen.

In der esoterischen Überlieferung stellt die Sonne den ersten Mann, Adam, dar. Und der Mond die erste Frau, Eva, die der Schöpfungsgeschichte zufolge aus einer Rippe Adams hervorging.[11] So ist es tatsächlich auch vom Standpunkt der astrologischen Symbolik aus gesehen: Ein Segment des Sonnenkreises ergibt nämlich die Mondsichel (Abb. 1); die Sonne ist das männliche, der Mond das weibliche Prinzip. Aus der Verschmelzung dieser beiden Prinzipien entstand Merkur (Abb. 2); das Kind von Sonne und Mond. Aber Merkur ist nicht Adam und Evas erstes Kind; vor ihm hatten sie Kain (Mars) und Abel (Venus).

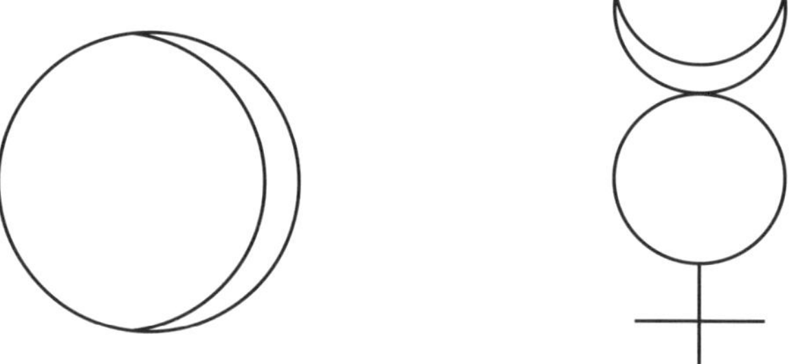

Sonne und Mond sind die beiden Urprinzipien, das Männliche und das Weibliche, aus deren Vereinigung die vier Elemente hervorgehen. Für die Alchimisten versinnbildlicht das Merkurzeichen die Verbindung von Sonne und Mond. Dieses Zeichen ☿ beinhaltet und repräsentiert die vier Elemente: zwei männliche und zwei weibliche. Der Mond ☽ stellt das Wasser dar; die Sonne ⊙ das Feuer; + ist das Zeichen für die Vereinigung, für die Erde; Merkur ☿ stellt die Luft dar.

Das Bild der Sonne lässt sich noch anders auslegen. Denkt euch eine Orange: Ihre Schale ist die Weisheit; das Fruchtfleisch, das wir kosten, die Liebe, und die Kerne, die wir anschließend pflanzen, sind die Wahrheit.[12]

Versucht jeden Tag in der Liebe zu leben, denn sie ist es, die euch erlaubt, euch bis zum Gipfel zu erheben. Eure Liebe bestimmt auch euer Schicksal, denn alles, was ihr liebt, werdet ihr früher oder später anziehen. Ihr sagt, ihr hättet bisher schon vieles geliebt, es aber nicht erhalten... Geduld, es wird noch kommen! Was wir gegenwärtig besitzen, das haben wir vor langer Zeit, in früheren Inkarnationen ersehnt. Ist eure Liebe auf die Geisteswelt gerichtet – umso besser! Wo eure Liebe ist, werdet auch ihr eines Tages sein. Gebt also Acht auf solche Arten der Liebe, die euch in die Hölle führen könnten. Unser Schicksal hängt von unserer Liebe ab, vergesst das niemals.

Als Abschluss dieser kleinen Plauderei wünsche ich von ganzem Herzen, dass ihr eingehend über die Wahrheiten nachdenkt, die ich euch mit einfachen Worten dargelegt habe. Ich tat es in dieser Form, mit der Hoffnung, dass ihr euch nicht durch den Schein trügen lasst, sondern hinter meinen schlichten Worten die Lösung eurer Probleme findet, anstatt euch im Kleinkram des Alltags zu verlieren.

Ich wünsche, dass ihr viel öfter, so oft wie möglich auf diesen heiligen Berg, den Sonnenberg steigt, von wo ihr weite Fernen überblickt. Vereint durch die Bande der geistigen Liebe, werden wir alle zusammen eine Erfahrung machen und ihr werdet fühlen, wie sich euer Leben von Tag zu Tag verwandelt.

Möge der Fluss lebendigen Wassers die Bäume und Blumen eures inneren Gartens tränken!

Paris, den 12. Februar 1938

Anmerkungen

1. Siehe Band 218 der Reihe Izvor »Die geometrischen Figuren und ihre Sprache«, Kapitel 4: »Das Pentagramm«.
2. Siehe Band 218 der Reihe Izvor »Die geometrischen Figuren und ihre Sprache«, Kapitel 2: »Der Kreis«.
3. Siehe Band 241 der Reihe Izvor »Der Stein der Weisen - Von den Evangelien zur Alchimie«, Kapitel 10: »Der Stein der Weisen, Frucht einer mystischen Vereinigung« und Kapitel14: »Das Gold des wahren Wissens: Alchimist und Goldsucher«.
4. Siehe Band 7 der Reihe Gesamtwerke »Die Reinheit - Grundlage geistiger Kraft«, Kapitel 10 Teil I: »Selig, die reinen Herzens sind«.
5. Siehe Band 22 der Reihe Izvor »Die Psyche des Menschen«, Kapitel 13: »Das höhere Ich«.
6. Siehe Band 12 der Reihe Gesamtwerke »Die Gesetze der kosmischen Moral«, Kapitel 5: »Das Gesetz der Affinität und der Frieden«.
7. Siehe Band 309 der Reihe Broschüren »Die Aura«.
8. Siehe Band 234 der Reihe Izvor »Die Wahrheit - Frucht der Weisheit und der Liebe«, Kapitel 6: »Ich bin der Weg, die Wahrheit und das Leben«.
9. Siehe Band 13 der Reihe Gesamtwerke »Die Neue Erde«, Kapitel 18: »Die Gymnasitik-Übungen« und das Buch »Die Gymnasitk-Übungen - Sinn, Ablauf und Entsprechung zu heiligen Symbolen«.
10. Siehe Band 219 der Reihe Izvor »Geheimnis Mensch, seine feinstofflichen Körper und Zentren«, Kapitel 3: »Das Sonnengeflecht«.
11. Siehe Band 237 der Reihe Izvor »Das kosmische Gleichgewicht - Die Zahl 2«, Kapitel 4: »Der jeweilige Platz des Männlichen und des Weiblichen«, Teil 1 »Adam und Eva: Geist und Materie«.
12. Siehe Band 234 der Reihe Izvor »Die Wahrheit, Frucht der Weisheit und der Liebe«, Kapitel 5: »Der Kern der Wahrheit«.

Kapitel 4

Die Ohren bergen die Weisheit

Freier Vortrag

»Wahrlich, wahrlich, ich sage euch: Wer mein Wort hört und glaubet dem, der mich gesandt hat, der hat das ewige Leben und kommt nicht in das Gericht, sondern er ist vom Tode zum Leben hindurchgedrungen. Wahrlich, wahrlich, ich sage euch: Es kommt die Stunde und ist schon jetzt, dass die Toten werden die Stimme des Sohnes Gottes hören, und die sie hören, werden leben.«

(Jh 5,24-25)

Im letzten Vortrag sprach ich über die Augen und über diese geometrische Figur ⊙, welche das Symbol für die Augen ist. Heute Abend möchte ich nun über die Ohren sprechen, um euch erneut zu zeigen, welch tiefe Weisheit unser physischer Körper mit all seinen Organen darstellt. Er birgt für den, der ihn eingehend erforscht, zahllose Schätze, denn der Mensch ist, wie die ganze Natur, ein lebendes Evangelium.

»Wahrlich, wahrlich, es kommt die Stunde und ist schon jetzt, dass die Toten werden die Stimme des Sohnes Gottes hören; und die sie hören, werden leben«, sagte Christus. Wir haben alle Ohren, aber wir denken nur selten über ihre Bedeutung nach. Den Anatomen ist der Aufbau des Ohres bis in alle Einzelheiten bekannt. Doch sie bleiben dabei stehen. Wenn wir uns jedoch mit den verborgenen Gesetzmäßigkeiten der Gehörfunktion befassen, erschließt sich uns die tiefe Weisheit, mit welcher der Schöpfer dieses Hör-Organ geschaffen hat.

Wie der Gesichtssinn, so gehört auch das Gehör zu den fünf Sinnen, deren Aufgabe darin besteht, uns mit einem jeweils anderen Aspekt der Materie zu verbinden. Der Tastsinn registriert nur die festen Gegenstände, der Geschmackssinn die flüssigen Substanzen... Ihr wendet ein, man schmecke den Zucker, obgleich er fest ist. Sicher, aber in Wirklichkeit können wir ihn nur schmecken, nachdem er sich verflüssigt hat. Unter der Einwirkung des Speichels löst sich das Zuckerstück auf, und erst dann nehmen wir seinen Geschmack wahr. Was mit dem Geschmackssinn aufgenommen werden soll, muss flüssig sein. Der Geruchssinn nimmt nur die gasförmigen Ausströmungen auf und steht damit der Materie noch sehr nahe. Mit dem Gehör hingegen verlässt man die Welt des Stofflichen und betritt die Welt der Wellen und Schwingungen. Auch mit dem Gesichtssinn sind wir im Bereich der Wellen, aber die Wellen des Lichts sind von viel feinstofflicherer Beschaffenheit als die der Töne. Denn das Licht ist an der Grenze zur ätherischen Welt. Die fünf Sinne sind also vom Tastsinn bis zum Gesichtssinn hierarchisch gegliedert und für zunehmend feinere Wahrnehmungen bestimmt.

Die fünf Sinne sind die Kinder der Haut.[1] Die Urtiere hatten weder Ohren noch Augen und nahmen die Außenwelt ausschließlich mit der Haut wahr; sie orientierten sich mit Hilfe der Haut. Später differenzierten sich die Hautfunktionen. Das Gehör, der Geruchssinn und der Gesichtssinn erschienen. In der Haut schlummern noch andere Fähigkeiten, die erst später in Erscheinung treten werden.

Die fünf Sinnesorgane sind so geschaffen, dass sie in Beziehung zu unseren verschiedenen Körpern stehen. Der Tastsinn zum physischen Körper, der Geschmackssinn zum Astralkörper, die Nase zum niederen Mentalkörper, dem Intellekt. Der Physiognom liest die intellektuelle Begabung eines Menschen an der Nase und das Gefühlsleben am Mund ab. Die Ohren repräsentieren den höheren Mental- oder Kausalkörper und die Augen schließlich den göttlichen Körper, den Atmankörper.

In der Bibel ist öfters von den Ohren die Rede, z.B. heißt es: »Sie haben Ohren und hören nicht« oder: »Wer Ohren hat zu hören, der höre!« Die Ohren versinnbildlichen die Weisheit.

Wie ihr wisst, ist das Ohr in drei Teile gegliedert: das äußere Ohr oder die Ohrmuschel, das Mittelohr und das innere Ohr. Diese Aufteilung entspricht den drei Welten, der physischen, der astralen und der mentalen, wobei die astrale Ebene der physischen und der mentalen als Relais dient. Die Ohrmuschel verrät, kurz gesagt, den Charakter des Menschen. Sie besteht wiederum aus drei Teilen: Die obere Rundung entspricht dem Intellekt, die seitliche Rundung dem Herzen und das Ohrläppchen dem Triebleben, dem Hang zu materiellem Besitz und körperlichen Begierden wie Eifersucht und Sinnlichkeit.

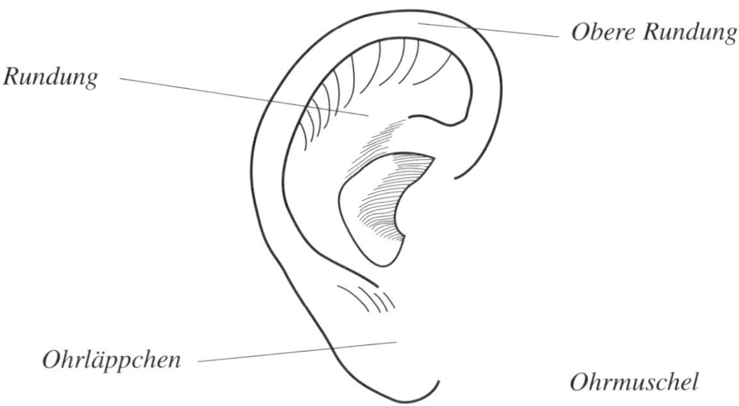

Alle Fehler und Tugenden sind in der Ohrmuschel verzeichnet, jede Linie, jede Windung gibt aufschlussreiche Auskunft. Auch die Lebensdauer eines Menschen lässt sich an seinen Ohren ablesen. Wäre Lombroso hier und sähe unsere Ohren, würde er vielleicht in uns allen Verbrecher sehen... Es kommt tatsächlich vor, dass hochentwickelte Menschen verbildete Ohren haben. Denn genau wie Augen, Stirn, Nase, Mund und Kinn, sind auch die Ohren eine Kreditbank.[2] Jemand kann auf der einen Bank sehr viel Geld und auf der anderen gar keines haben. Weisen die Ohren eines Menschen eine unschöne Form auf, so dürfen wir nicht übereilig daraus schließen, dass der

Betreffende schlecht oder dumm ist, sondern dass er in vergangenen Leben versäumt hat, sich die eine oder andere Eigenschaft oder Tugend zu erarbeiten. Man muss beim Urteilen überaus vorsichtig sein und darf keine voreiligen Schlüsse aus einer einzigen Beobachtung ziehen.

Beschäftigen wir uns nun mit dem Aufbau des Ohres.

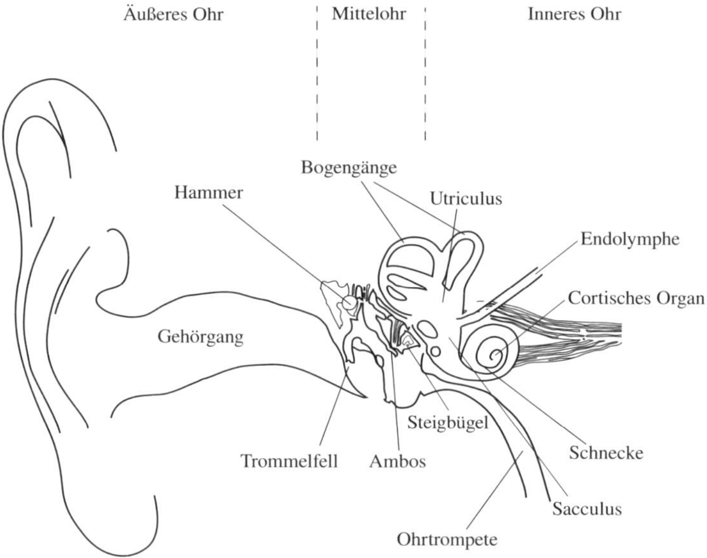

Das äußere Ohr oder die Ohrmuschel mündet in den 24 mm langen Gehörgang, der mit dem Trommelfell endet. Dahinter reihen sich die aneinander gefügten Gehörknöchelchen, Hammer, Amboss und Steigbügel. Diese bilden das Mittelohr. Aber was uns hier vor allem interessiert, ist das Innenohr. Es besteht aus:

1. dem in der Tiefe des Schädelknochens liegenden Gleichgewichtsorgan mit den drei Bogengängen für die Raumbewegung, der Gleichgewichtswaage und der Hörschnecke mit ihren drei Windungen.

2. dem Inneren des Labyrinths mit dem Utriculus und dem Sacculus, die wie die Bogengänge, der Lymphgang und die Hörschnecke mit einer klaren Flüssigkeit – der Endolymphe – gefüllt sind, worin Steinchen aus einer kalkhaltigen Substanz schwimmen, die ebenfalls das Gleichgewicht regulieren.

Die Gehörschnecke endet im Cortischen Organ, dem eigentlichen Hörorgan. Sie ist einer Harfe vergleichbar und besteht aus einer großen Anzahl elastischer Fasern (24.000), die wie die Saiten eines Musikinstrumentes auf Tonreize reagieren.

Der Astrologie zufolge stehen die Ohren unter dem Einfluss Saturns. Vielleicht ist manchem von euch bei dem Namen Saturn nicht ganz geheuer, denn nach der Überlieferung wird Saturn mit Entbehrung, Verlust, Gefängnissen, Trauer und Kummer in Verbindung gebracht. Das ist richtig. Dennoch ist Saturn ein wundervoller Planet. Wenn sein Einfluss sich schlecht in uns auswirkt, dann nur deshalb, weil wir Elemente in unserer Aura haben, welche die Strömungen, die er uns sendet, verändern und sie schädlich für uns machen. In Wirklichkeit verleiht Saturn wunderbare Eigenschaften. Die Weisen, Eingeweihten, Asketen, Eremiten, Philosophen besitzen alle guten Eigenschaften Saturns. Ohne ihn hätte man weder Beharrlichkeit noch Geduld, weder Ausdauer noch Beständigkeit.

Wenn man genauer betrachtet, welche Form die Astrologen den Symbolen der einzelnen Planeten wie Merkur, Mars, Venus, Jupiter, Saturn, Uranus, Neptun gegeben haben, stellt man fest, dass sie lediglich aus den drei Grundsymbolen der Sonne ☉, des Mondes ☽ und der Erde ♁ zusammengesetzt sind. Die Sonne steht für die göttliche, der Mond für die astrale oder psychische und die Erde für die physische oder materielle Welt. Beim Symbol von Merkur ☿ befindet sich die Sonne in der Mitte, der Mond über ihr und die Erde darunter; beim Symbol der Venus ♀ ist die Sonne über der Erde, und bei Mars ist es genau umgekehrt ♂. Beim Symbol von Jupiter ♃ ist der Mond oben und die Erde unten. Für das Symbol von Saturn ♄ ist es umgekehrt.

Das Symbol von Uranus ♅ besteht aus der Sonne, der Erde und zwei Monden. Das Symbol von Neptun ♆ gleicht dem von Uranus, jedoch mit einer kleinen Änderung bei Mond und Erde. All diese Symbole haben eine esoterische Bedeutung, doch heute sage ich euch nur etwas über Saturn.

Die griechische Mythologie berichtet, Saturn sei von Uranus, griechisch »Uranos«, der Himmel, und von Gaya, der Erde, gezeugt worden. Nun ersehen wir aus der Astrologie, dass Saturn der Herrscher der beiden Zeichen Steinbock und Wassermann ist. Der Steinbock ist ein Erdzeichen, der Wassermann ein Luftzeichen. In Krebs und Löwe, die Steinbock und Wassermann gegenüberliegen, befindet sich Saturn im Exil; da nun aber der Krebs das Haus des Mondes und der Löwe das Haus der Sonne ist, stehen die Eigenschaften Saturns in vollem Widerspruch zu denen von Sonne und Mond.

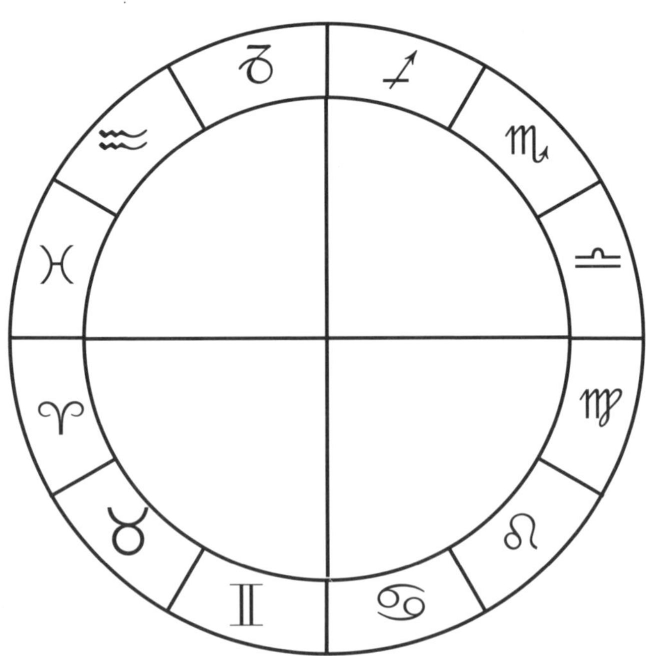

Wie wir gerade gesehen haben, ist das Symbol von Saturn dem des Jupiter genau entgegengesetzt. Saturn, im griechischen »Chronos« genannt, soll der Legende nach die Herrschaft im Universum innegehabt haben. Unter seiner Herrschaft stand das Goldene Zeitalter, von dem die griechisch-lateinische Mythologie berichtet, in voller Blüte. Dann wurde er hochmütig, ungerecht und derart grausam, dass er seine eigenen Kinder auffraß. Dank einer List gelang es seiner Gemahlin Rhea, ihren Sohn Jupiter zu retten. Als dieser herangewachsen war, entthronte er seinen Vater und nahm dessen Stelle ein. Ihre astrologischen Symbole kennzeichnen diese Opposition.

Der Saturneinfluss ist in den verschiedenen Naturreichen nachweisbar. Wir wollen ihn zuerst beim Menschen studieren. Phrenologisch gesehen werden Saturn die Stirnzentren zugeordnet – sie entsprechen der Wissbegierde, dem Überlegen und dem Nachdenken – aber auch das Zentrum der Beständigkeit, der Ausdauer und sogar der Starrköpfigkeit, am oberen Teil des Hinterhaupts. Saturns beste Eigenschaft ist die Weisheit, da er von allen Planeten der Älteste und somit an Erfahrung reichste ist.

Saturn beeinflusst ebenfalls die Leber. Die Astrologen sagen, die Leber werde von Jupiter und die Lunge von Saturn regiert. Ursprünglich beeinflusste tatsächlich Jupiter die Leber und Saturn die Lunge. Als aber Jupiter sich gegen seinen Vater auflehnte, bemächtigte er sich der Herrschaft über die Lunge und stieß Saturn in die Leber hinab. Wir nennen im Bulgarischen die Leber »tscheren drob«, das heißt schwarze Lunge, und die Lunge »bel drob«, weiße Lunge. Genau das zeigen uns immer noch die Symbole dieser Planeten. Das eine steht aufrecht ♃, das andere auf dem Kopf ♄.

Die Überlieferung zeigt Saturn, die Erde umgrabend, in Erzschächten und Bergwerken arbeitend. Er wird oft als bärtiger, alter Mann dargestellt, der mit seinem Spaten die Erde umgräbt. Genau das macht er in der Leber. Außerdem regiert er die Zähne, das Knochensystem, das Skelett. Ihr könnt Saturn auch bei den Steinen, Pflanzen und Tieren finden, denn er ist in allen Naturreichen zu finden. Manche von Saturn beeinflussten Tiere leben unter der Erde oder in

Löchern, wie beispielsweise der Maulwurf und die Ratte; andere, wie die Fledermäuse oder die Eulen, bevorzugen die Nacht. Auch der Esel steht unter Saturns Einfluss.

Viele Leute haben keine besonders hohe Meinung vom Esel, der doch allerlei Tugenden in sich vereinigt. Er ist genügsam, kommt mit wenig aus, ist ein Asket, der sogar Dornen frisst. Seine Geduld ist unerschöpflich – doch auch seine Starrköpfigkeit! Ihr lacht, doch solltet ihr den Esel schätzen. Es ist eine ausgesprochene Beleidigung für dieses Tier, wenn man wie in Bulgarien üblich, von einem Trunkenbold sagt, er saufe wie ein Esel. Der Esel trinkt nur Wasser und auch nur dann, wenn es sauber ist. Das ist wahrlich ein großer Vorzug. Wünscht ihr klares Wasser zu trinken, dann folgt eurem Esel dahin, wo er trinken geht; dort seid ihr sicher, welches zu finden.

Saturn steht symbolisch für den alten Adam, die Sonne für den neuen Adam, Christus. Der alte Adam hat die Anweisungen des Schöpfers im Garten Eden nicht befolgt. Gott hatte nämlich gesagt: »Von allen Bäumen dürft ihr essen, nur nicht vom Baum der Erkenntnis des Guten und des Bösen, der inmitten des Gartens steht.« Saturn, der alte Adam, der so mächtig wie Gott werden wollte, war ungehorsam. Dieser Ungehorsam brachte ihn zu Fall, und er stürzte auf die Erde, wo er nun in mühseliger Arbeit und im Schweiße seines Angesichts sein Brot erwerben muss. Mit anderen Worten ausgedrückt heißt das: Saturn fiel in die Leber, womit hier das Fegefeuer oder sogar die Hölle gemeint ist. Die Leber ist die wichtigste Werkstatt in unserem Körper; dort befassen sich spezialisierte Arbeiter damit, die Giftstoffe des Organismus umzusetzen und die Galle zu erzeugen.

Astrologisch gesehen ist Bulgarien innerhalb Europas die Leber, Frankreich das Herz. Leber und Herz sind zwei lebenswichtige Organe. Schenkt man der Astrologie Glauben, müsste man daraus schließen, dass das Schicksal Europas vorwiegend von Herz und Leber abhängt, mit anderen Worten: von Frankreich und Bulgarien. Doch was uns hier interessiert, ist der spirituelle Aspekt dieser beiden Länder. Sie werden später in geistiger Hinsicht eine außerordentliche Rolle spielen.

Seht euch nun diese Skizzen an:

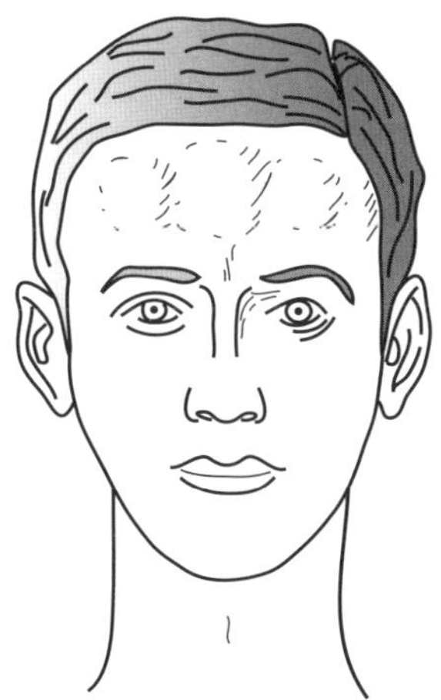

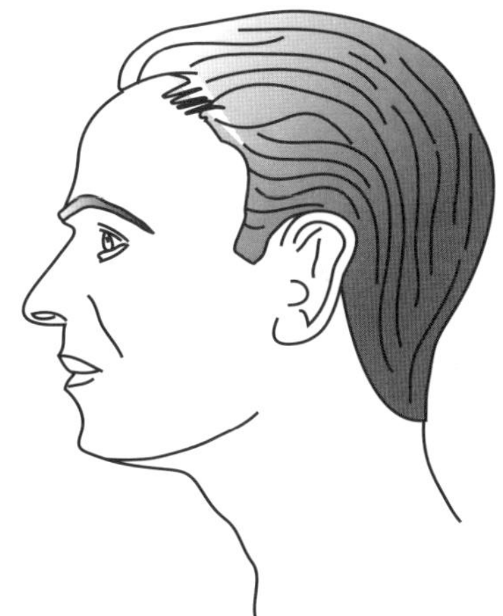

Saturns gute Eigenschaften liegen auf der Stirnmitte. Es sind intellektuelle Fähigkeiten wie das rasche Erfassen von Ideeninhalten, die Fähigkeit des Vergleichens. Oben auf dem Schädel, etwas nach hinten zu, befindet sich der Sitz der Ausdauer, der Beständigkeit und Beharrlichkeit. Ich erwähnte vorhin das vergleichende Denken und möchte hinzufügen, dass es eine unserer wichtigsten Fähigkeiten ist, da sie das Erkennen der Analogien in den unterschiedlichen Naturreichen erlaubt.[3] Ihr kennt die Smaragdtafel, auf der geschrieben steht: »Das, was unten ist, ist wie das, was oben ist.« Dies ist eine vergleichende Feststellung. Auch die Bitte Jesu: »Dein Wille geschehe im Himmel wie auf Erden« beruht auf einem Vergleich und enthält die Vorstellung, die Erde möge wie der Himmel sein.

Die von Saturn geprägten Menschen, jedenfalls die geistig wenig entwickelten, halten ihren Blick stets zur Erde gerichtet. Das ist eine ungute Gewohnheit, denn wenn der Mensch das betrachtet, was unter ihm ist, neigt er dazu, Vergleiche anzustellen und sich dann ntürlich überlegen zu dünken. Wenn er ständig damit beschäftigt ist, die dümmsten und unvernünftigsten Leute zu betrachten, hält er sich schließlich für genial und verachtet die anderen. Das ist ein ganz schlechtes Verhalten. Vergleichen wir uns immer mit Mikroben oder Ameisen, fühlen wir uns natürlich wie Elefanten daneben und der Hochmut, der sich unser bemächtigt, hemmt unsere Entwicklung. Erheben wir jedoch unseren Blick und vergleichen uns mit den Eingeweihten, mit erhabenen, uns geistig weit überragenden Wesen, so sehen wir sofort, dass wir weder gut noch weise sind; wir fühlen uns neben ihnen sehr klein, und das lässt uns bescheiden werden, nachsichtiger, sanftmütiger und erweckt in uns das Verlangen, geistig zu wachsen. Die von Saturn geprägten Menschen, denen das nicht bewusst ist, werden wegen des falschen Gebrauchs ihres Vergleichszentrums überheblich. Sie leben zu sehr »unter der Erde«, mit Argwohn und Kritik. Wer gut, großzügig und liebevoll werden möchte, muss sich mit den Söhnen des Lichts vergleichen.

Doch kommen wir zur Leber zurück. Ihr Zustand hängt sehr stark von der Nahrung ab, die wir zu uns nehmen, aber auch von der Qualität unserer Gedanken und Gefühle.[4] Essen wir zu viel oder zu wenig oder nehmen unreine Nahrung zu uns, dann leidet die Leber, kann nicht mehr richtig arbeiten, und die Giftstoffe verbreiten sich im Körper. Die Leber ist sehr sensibel, was die Nahrung betrifft, die wir zu uns nehmen, vor allem Fleisch mag sie nicht. Ihr nehmt das Gegenteil an, doch darin täuscht ihr euch. Ihr ahnt nicht, wie viel Angst und Furcht und wie viel Hass gegen die Menschen die Tiere empfinden, wenn sie zur Schlachtbank geführt werden! Sie können ihre Gefühle nicht ausdrücken, durchleben sie aber dennoch. Diese Empfindungen verwandeln die Sekretion der Drüsen, welche die Zellen des Tieres versorgen, und das Fleisch, wenn auch schmackhaft zubereitet, enthält ein Gift. Dieses Gift ist mehr psychischer als physischer Art, weil die Angstgefühle des leidenden Tieres sich auf seine Zellen übertragen haben, die dieses Gift herstellen. Beim Verzehr des Fleisches nehmen wir diese Giftstoffe auf und überlasten die Leber, die sie umwandeln muss.

Menschen mit kranker Leber sind stets unruhig und ängstlich. Unzufriedenheit, Pessimismus und Angst stehen immer in Zusammenhang mit Störungen der Leber. Unter den Philosophen litten nicht wenige an Leberschäden.

Zur Besserung unseres Gesundheitszustandes müssen wir die einwandfreie Funktion unserer Leber durch reine Nahrung und einen reinen Lebenswandel sicherstellen. Ihr werdet es sicher nicht ernst nehmen, wenn ich euch sage, dass ihr euren Organismus reinigt, indem ihr morgens auf nüchternen Magen gut abgekochtes heißes Wasser trinkt. Das heiße Wasser ist das natürlichste, unschädlichste, wirksamste Heilmittel. Im Körper lagern sich Schlacken ab, die nur durch Fasten und das Trinken von heißem Wasser ausgeschieden werden können. Manche trinken gerne kaltes Wasser, sogar eisgekühltes, wenn sie schwitzen. Ganz abgesehen davon, dass dies gefährlich ist, zieht das kalte Wasser die Blutgefäße zusammen und hemmt die Blutzirkulation. Mit warmem Wasser hingegen erweitern sich die Gewebe und der Kreislauf wird beschleunigt. Versucht es! Ihr werdet sehen, wie viele Beschwerden durch das regelmäßige Trinken von heißem Wasser vermieden werden: Es heilt Migräne, Appetitlosigkeit und Schlaflosigkeit. Es hat alle günstigen Eigenschaften für die Reinigung des Körpers. Im kalten Wasser sind immer aufgelöste Stoffe enthalten, deren Ablagerung die Arterienwände verhärtet und Arterienverkalkung verursacht. Durch das Trinken von gut heißem Wasser lösen sie sich, und das Gewebe wird wieder geschmeidig.

Das heiße Wasser kann als Lehrmeister betrachtet werden. Es sagt zu den Zellen: »Ihr sollt warmherzig, gütig, sanft und gehorsam sein!« Und die Liebe wird in den Zellen gesteigert, weil die Wärme sie erweitert, und sie akzeptieren die Lehre der Liebe, die von der Wärme nicht zu trennen ist. Die Kälte hingegen befiehlt: »Zieht euch zusammen, seid selbstsüchtig und ungehorsam!« Sie predigt den Zellen Ichbezogenheit, Kälte und Härte und lehrt sie das alles durch ihr Beispiel. »Mein Gott«, denken einige, »welch lächerliche Art und Weise, die Dinge zu sehen!« Dennoch lehren uns das die lebendigen Erfahrungen des Daseins. Aber nur wer die Dinge aus spiritueller Sicht versteht, wird das akzeptieren; alle anderen können es nicht.

Das heißt nun nicht, man solle, namentlich im Sommer wenn es heiß ist, keine kalten oder eisgekühlten Getränke zu sich nehmen. Tatsächlich erfrischen jedoch bei großer Hitze vornehmlich die warmen Getränke. Gewiss schmeckt im Sommer ein kühler Trunk angenehm und erfrischt auch im Moment, aber man empfindet die äußere Hitze weiterhin. Selbst hohes Fieber sinkt, wenn man drei oder vier Tassen kochendes Wasser trinkt. Versucht es bei Grippe oder Erkältung zuerst mit einigen Tassen sehr heißem, abgekochtem Wasser, bevor ihr alle möglichen Medikamente schluckt!

Die Leute besitzen Kenntnisse, die ihnen zu eigen sind und andere, die ihnen gewissermaßen fremd sind. Ein Mensch, dessen Wissen nur auf reiner Theorie beruht, d.h. nie im Alltag angewendet und überprüft wurde, kommt in der darauffolgenden Inkarnation, und wäre er gegenwärtig der größte Philosoph der Welt, als Unwissender und all seiner früheren Kenntnisse beraubt wieder. Hingegen der Unbedeutendste von allen, der sein Wissen in den Dienst der Menschheit stellte, kommt mit angeborenen Begabungen wie Klugheit und Weisheit zurück. Ich weiß von vielen Menschen in der Welt, dass sie einst berühmte Gelehrte waren, jedoch heute alles vergessen haben. Was immer ihr erlebt und selber erfahrt, bleibt euch erhalten, und wie der Planet auch heißen mag, auf dem ihr leben werdet, ihr nehmt es mit euch. Das theoretische, angelesene Wissen, das im Grunde nur geliehenes Wissen ist, erlischt und geht verloren.

Hinsichtlich der Erfahrungen, die wir sammeln sollen, möchte ich noch einige Worte sagen. Manche Leute schrecken nicht davor zurück, sich in alle möglichen gefahrvollen Unternehmungen zu stürzen, unter dem Vorwand, es sei engstirnig gedacht und zeuge von einem Mangel an intellektueller Aufgeschlossenheit und Neugier, diese unsauberen, perversen Vergnügungen nicht zu kosten. Handelt es sich aber um Erfahrungen höherer Natur, begnügen sie sich immer mit Zitaten wie: »Buddha, Moses, Platon, Jesus haben dies und jenes gesagt«, ohne diese Behauptungen selbst zu überprüfen. Warum denn nachprüfen? Das ist doch nicht interessant. Aber ihre Irrtümer, ihre Leidenschaften und Laster, die müssen sie alle erfahren, alle kosten. Wie lange wollen die Menschen denn noch Erfahrungen sammeln, die sie bereits in einer langen Reihe von Inkarnationen unter dem gleichen Vorwand ausprobiert haben?

Es gibt einen anderen Bereich zu erforschen, den der höheren Licht bringenden Erfahrungen, die den Menschen aus Irrtum, Finsternis und Leid herausholen. Die Eingeweihten weigern sich, jahrtausendealte Irrtümer ständig zu wiederholen. Diesbezüglich begnügen sie sich mit intellektuellem Wissen von diesen Dingen und zitieren nur. Sie brauchen die Erfahrungen der Säufer, Pervertierten und Verbrecher nicht selbst zu machen, um sie zu verstehen. Handelt es sich aber um göttliches Erleben, sagen sie sich: »Das wollen wir auch versuchen« und geben sich nicht damit zufrieden, dass Jesus, der heilige Paulus oder der heilige Johannes diese Erlebnisse hatten, sie möchten sie ihrerseits nachprüfen!

Es gibt also zweierlei saturngeprägte Menschen: solche, die lichtvolle Erfahrungen seelischer Art wagen und jene, die »in der Leber« verweilen und die giftigen Substanzen ausprobieren. Zweifelsohne ist es vorteilhafter in der Geisteswelt Erfahrungen zu sammeln und sich in der niederen Welt mit Zitaten zu begnügen.

Kommen wir nun zu den Ohren zurück! Wir haben gesehen, dass das Gleichgewichtszentrum im Innenohr liegt. Es gibt dreierlei Arten von Gleichgewicht: das stabile, das instabile und das indifferente. Nehmen wir an, wir hängen einen Gegenstand an seinem oberen Ende auf. Er ist damit oberhalb seines Schwerpunktes befestigt, und sein Gleichgewicht daher stabil; wenn man ihn aus diesem Zustand bringt, fällt er alsbald wieder in seine Ausgangsstellung zurück. Befestigen wir jedoch den Gegenstand unterhalb seines Schwerpunktes, so ist sein Gleichgewicht instabil. Wenn er umkippt, findet er nicht mehr in die Ausgangsstellung zurück. Hängt man den Gegenstand an seinem Schwerpunkt auf, so dass Befestigungspunkt und Schwerpunkt identisch sind, so bleibt er in jeder Stellung im Gleichgewicht. Dieses Gleichgewicht nennt man indifferent.

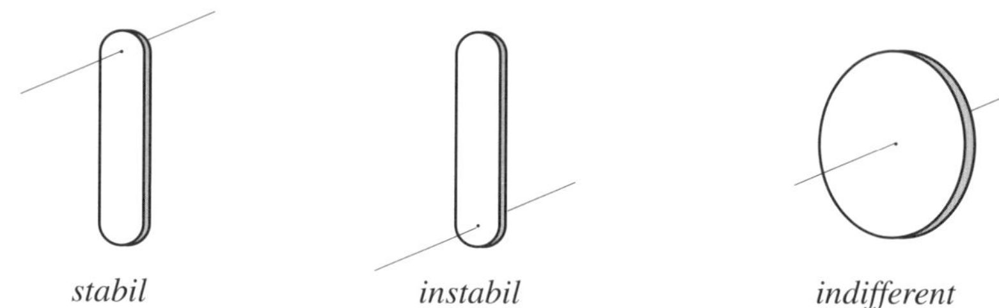

stabil *instabil* *indifferent*

Diese drei Arten des Gleichgewichts finden wir auch in uns. Im Falle des stabilen Gleichgewichts ist der Aufhängepunkt der Kopf und der Schwerpunkt der Magen. Ein Mensch, dem Vernunft und Weisheit mehr bedeuten als der materielle Besitz, gerät nie aus dem Gleichgewicht. Er ist stabil, weil er einen Leitgedanken hat, auf den er sein Leben ausrichtet. In seinen Schwerpunkt legt er lediglich die zum Leben erforderliche Nahrung. Er begegnet natürlich im Laufe seines Lebens auch Leid und Schwierigkeiten, die ihn erschüttern, aber er gewinnt immer wieder sein Gleichgewicht zurück.

Denkt ein Mensch, das Lebensziel liege in der Befriedigung seiner Triebe, dann hat er seinen Aufhängepunkt in den Magen und seinen Schwerpunkt in den Kopf verlegt. Sein Gleichgewicht ist instabil, und bei den geringsten Schwierigkeiten, dem kleinsten Hindernis, verliert er es völlig. Der Trunkenbold zum Beispiel, dessen Schwerpunkt im Kopf und dessen Aufhängepunkt im Magen liegt, kommt wankend daher.

Der Mensch, der in der Intuition lebt und sich von seiner inneren Stimme leiten lässt, ist wie die Erde, die um die Sonne kreist, fest in seinem Gleichgewicht. Sein Aufhängepunkt und sein Schwerpunkt sind eins und sitzen im Solarplexus, dem Sitz der Intuition und des vollkommenen Gleichgewichts. Das wahre Gleichgewicht liegt nicht in den vergänglichen, veränderlichen Dingen wie Erde oder Wasser... Stellt euch einen Mann und eine Frau vor, die sich auf dem Wasser treffen, jeder in einem Boot. Sie versprechen einander. »Ich liebe dich, ich werde dir ewig treu bleiben!« Doch dann kommt Wind auf, er trennt die schaukelnden

Boote. Weit abgetrieben von den Wellen ruft der Mann: »Du bist untreu!« und die Frau ruft: »Du hast mich betrogen!« Jedoch weder der eine noch der andere ist schuldig: Sie hatten sich ihr Versprechen ja auf dem Wasser gegeben!

Die Hörschnecke ist auch ein interessanter Teil des Innenohres. Sie setzt sich aus aneinander gereihten Fasern zusammen, die mit den Saiten eines Musikinstrumentes verglichen werden können. Stellt euch die Saite einer Geige vor, die man zum Schwingen bringt, indem man sie in der Mitte anzupft und plötzlich loslässt. Es erklingt ein Ton, der umso stärker ist, je höher die Saite gezogen wurde. Der Ton verstärkt sich also je nachdem wie weit die Saite weggezogen wurde, behält aber den selben Klang. Wird die Saite verkürzt und erneut zum Schwingen gebracht, dann erklingt nicht mehr derselbe, sondern ein höherer Ton. Greifen wir nun zu einem anderen Instrument, einer Gitarre z.B. und bringen abwechselnd eine Gitarrensaite und eine Violinsaite zum Schwingen, so stellen wir einen Unterschied in der Klangfarbe fest. Man kann also sagen, dass der Ton drei grundlegende Charakteristika hat: die Tonstärke, die Tonhöhe und die Klangfarbe, die vom Cortischen Organ unterschieden werden. Die Tonstärke hängt von der Amplitude der Schwingungen ab, die Tonhöhe von der Schwingungszahl innerhalb einer bestimmten Zeitspanne (je höher die Frequenz, desto höher der Ton) und die Klangfarbe von der Art und Beschaffenheit des Instruments.

Das Vermögen, Töne zu unterscheiden, ist eine Fähigkeit Saturns und zwar seine beste. Für die Eingeweihten ist das Universum eine unbeschreiblich herrliche Symphonie. Und wer sich mit Astrologie beschäftigt, kann diese Symphonie erfassen, wenn er Tonstärke, Tonhöhe und Klangfarbe ermittelt; denn die Tonstärke verrät die Kraft der physischen Elemente, die Tonhöhe die moralischen Qualitäten und die Klangfarbe offenbart das eigentliche Wesen der betrachteten Dinge.

Untersuchen wir nun anhand dieser Gegebenheiten, was ein Horoskop ist. In einem Geburtsbild gibt es Planeten, Tierkreiszeichen und Häuser.

1. Die Planeten entsprechen der jeweiligen Klangfarbe, da jeder Planet, ob Jupiter, Saturn oder Venus, besondere Merkmale und Eigenarten aufweist.
2. Die Tierkreiszeichen, in denen der Planet weilt, entsprechen der Tonhöhe, wodurch er entweder seine guten oder schlechten Eigenschaften zum Ausdruck bringt.
3. Das Haus, in dem der Planet steht, bestimmt die Tonstärke, die Kraft, mit der er sich auswirkt.

Die Lage der Planeten in den Tierkreiszeichen zeigt die psychischen Eigenschaften an und ihre Lage in den Häusern zeigt an, inwieweit der Mensch seine Fähigkeiten auf der physischen Ebene verwirklichen wird. Steht der Planet in einem guten Zeichen, jedoch in einem schlechten Haus, so kann er sich trotz aller guten Eigenschaften in dem von ihm beherrschten Bereich auf der physischen Ebene nicht auswirken. Steht ein Planet dagegen in einem Zeichen im Exil oder im Fall, hingegen in einem günstigen Haus, so kann er sich, selbst ohne gute Eigenschaften, in dem ihm entsprechenden Bereich auf der physischen Ebene verwirklichen. Dies ist häufig der Fall und erklärt, warum manche Leute für begabt gehalten werden, obwohl sie es gar nicht sind. Wenn beispielsweise Jupiter in Schütze oder in den Fischen im zwölften Haus steht, bleiben selbst die besten Eigenschaften verborgen; steht Jupiter hingegen in den Zwillingen oder in der Jungfrau im zehnten Haus, so werden seine Fähigkeiten immer hervorgehoben und gelobt.

Wenn ich von guten oder schlechten Häusern spreche, heißt dies keineswegs, dass die Häuser an sich gut oder schlecht sind. Manche Häuser sind, entsprechend der Planeten, ganz einfach mehr oder weniger günstig. Zum Beispiel wirkt sich Jupiter im zweiten Haus, dem Haus des Vermögens, des Geldes, äußerst günstig auf die Finanzen aus, wohingegen Saturn im zweiten Haus einen entschieden negativen Einfluss ausübt oder die günstigen Einflüsse hemmt. Die Kombinationsmöglichkeiten der bisher entdeckten Planeten – und es werden später noch andere Planeten entdeckt werden – mit den zwölf Konstellationen und den zwölf Häusern sind zahllos. Außerdem bestehen zwischen den Planeten wichtige geometrische Beziehungen, welche die Astrologen »Aspekte« nennen. Ein Aspekt ist der Abstand zwischen zwei Planeten im Tierkreis.

Die wichtigsten Aspekte sind: das Trigon △, das Sextil ⚹, das Halbsextil ⚺, die Konjunktion ☌, die Opposition ☍, das Quadrat □, das Halbquadrat ∟.

Trigon (Gestirnswinkel 120°), Sextil (Gestirnswinkel 60°) und Halbsextil (Gestirnswinkel 30°) gelten als harmonisch und günstig.

Opposition (120°), Quadrat (Gestirnswinkel 90°) und Halbquadrat (Gestirnswinkel 45°) gelten als unharmonisch, als ungünstig.

Die Konjunktion, der weniger als 10° betragende Abstand zwischen zwei Planeten, gilt gleichfalls als sehr stark und bedeutsam. Entsprechend der Natur der Planeten, mit denen er die Konjunktion bildet, ist sie günstig oder ungünstig.

Auch bei den Aspekten können wir Tonstärke, Tonhöhe und Klangfarbe wiederfinden. Betrachten wir irgendeinen Aspekt: Seine Klangfarbe hängt ab von den Planeten, die ihn bilden; seine Tonhöhe hängt ab von dem Tierkreiszeichen, in dem die Planeten stehen, und seine Tonstärke von dem Haus, in dem er in Erscheinung tritt.

Meine Aufgabe heute besteht nicht darin, euch die ganze Astrologie zu erklären, sondern euch einige Schlüssel zu geben. Es wird immer von der himmlischen Harmonie gesprochen, aber die wenigsten wissen, dass ihre grundlegenden Gesetze in den Ohren, bzw. im Cortischen Organ aufgezeichnet sind.

Wie ich sagte, ist die wichtigste Eigenschaft Saturns das Unterscheidungsvermögen. Der Weise weiß Tonstärke, Tonhöhe und Klangfarbe der Dinge zu unterscheiden, den Wolf vom Schaf, die Bienen von den Wespen, die Quellen von den Sümpfen, das Spirituelle vom Materiellen. Weisheit bedeutet, das Richtige in jedem Moment zu erkennen. Das Organ für das Unterscheidungsvermögen, von dem ich vorhin sprach, ist das »dritte Ohr«. Aber ja, genau wie es ein drittes Auge gibt, gibt es ein drittes Ohr, das die Eingeweihten entwickelt haben. Dieses dritte Ohr befindet sich im Hals, auf der Höhe der Schilddrüse. Damit es sich entfaltet, muss man wissen, wie man in der Stille lebt. In der Vergangenheit zogen sich die Eingeweihten, Asketen und Eremiten in die Einsamkeit zurück, um die innere Stimme zu hören. Wie Saturn blieben sie allein, um lauschen zu können. Wenn ihr die innere Stimme hören wollt, so zieht euch in euer Inneres zurück und horcht!

Man erkennt den Weisen allein an der Art wie er zuhört. Zuhören ist eine Kunst. Jeder meint, er verstehe sich darauf. Aber nein, es gibt nur wenige Menschen, die zuhören können. Es sind die echten saturngeprägten Menschen. Sie reden nicht viel, sondern hören zu.

Ich sagte, wir müssen die Wölfe von den Schafen, die Wespen von den Bienen unterscheiden lernen. Aber manchmal ziehen wir die Tonstärke der Tonhöhe vor und sagen: »Nun, er ist ein Wolf. Aber er ist mächtig« und kapitulieren vor diesem Wolf. Die Schafe sind schwach, das ist wahr, sie sind jedoch höher entwickelt als die Wölfe. Den Wolf erwartet keine gute Zukunft. Es wird weder Obdach noch Speise für ihn bereitet, sondern jeder ist nur darauf bedacht, ihn zu verfolgen und zu töten. Die Schafe hingegen gehen einer guten Zukunft entgegen, und auch die Bienen, weil sie zu geben wissen. Wer egoistisch und geizig ist, wird nichts bekommen.

Es war einmal ein eingefleischter Geizhals in der Hölle gelandet. Aber die Engel hatten Mitleid mit ihm und wollten etwas zu seiner Errettung tun. Sie gingen zu Petrus; der zog sein großes Buch zu Rate und schaute nach, ob der Geizhals in seinem Leben nicht irgendetwas Gutes getan hatte. Da fand er nach langem Suchen, dass der Geizige einmal einem Armen einen Rettich geschenkt hatte. Das genügte, um seine Rettung einzuleiten. Der Rettich wurde also geholt, an ein Seil gehängt und in die Hölle hinuntergelassen. Als der Geizige den Rettich erblickte, packte er ihn mit beiden Händen; sofort zogen der heilige Petrus und die Engel das Seil hoch und hoben den an den Rettich geklammerten Geizhals nach oben. Als seine Kameraden in der Hölle sahen, dass er auf diese Weise entkam, klammerten sie sich verzweifelt an ihn, um ebenfalls gerettet zu werden. Als der Geizige aber sah, dass noch andere aus dieser unverhofften Rettung Nutzen zogen, schrie er: »Lasst mich los, dieser Rettich gehört mir...!« Sofort zerriss das Seil – und alle fielen in die Hölle zurück. Ihr seht, man darf niemals sagen: »Das gehört mir... Das ist mein alleiniges Eigentum«, sonst fällt man in die Hölle zurück.

Die echten saturngeprägten Menschen können die Stimme Gottes hören. Ihr fragt: »Wie klingt denn Gottes Stimme? Wie hört man sie?«[5] In der Bibel heißt es, der Prophet Elias habe sich, als er vor der Königin Jezabel floh, lange Zeit in der Wüste versteckt, bis endlich Gottes Stimme sich in ihm manifestierte. Zuerst wütete ein heftiger Sturm, der die Berge zerschmetterte und die Felsen zerbrach, aber Gott war nicht im Sturm. Dann folgte ein Erdbeben, aber Gott war nicht im Erdbeben. Darauf brach eine Feuersbrunst aus. Aber Gott war nicht im Feuer. Nach dem Feuer wurde ein leises, sanftes Säuseln hörbar und in diesem Säuseln war Gott. Ihr seht, Gott war weder im brausenden Sturm noch im Erdbeben oder im Feuer, sondern in einem Säuseln. Gottes Stimme macht keinen Lärm, deshalb muss man sehr aufmerksam hinhören, um sie zu vernehmen.

Auch der Prophet Jonas hatte Gottes Stimme gehört, die ihm befahl: »Geh nach Ninive und sage der Stadt, dass ich sie ihres Ungehorsams wegen zerstören werde.« Aber Jonas fürchtete sich und wollte nicht nach Ninive, sondern schiffte sich nach Tarsis ein. Auf hoher See jedoch erhob sich ein gewaltiger Sturm. In ihrer Todesangst beschlossen die Schiffer, durch das Los zu erfahren, wer schuld an diesem Sturm sei. Das Los fiel auf Jonas, und sie warfen ihn ins Meer. Da wurde er von einem Walfisch verschluckt und verblieb drei Tage in dessen Leib. Dort dachte er nach und bat schließlich: »Herr, verzeih mir, nun werde ich tun, was du von mir verlangst!« Da wurde er vom Wal ausgespuckt und gerettet. Es ergeht uns wie Jonas, wenn wir nicht tun wollen, was die Stimme Gottes von uns verlangt. Wir stoßen auf Haie und müssen mehrere Tage in deren Bauch ausharren. Wie vielen Haien begegnen wir im Laufe des Lebens... Haie aller Größen und Farben! Wären wir etwas aufmerksamer und hätten mehr Unterscheidungsvermögen, so würden wir gewahr, dass vor jeder wichtigen Unternehmung im Leben, ob es sich um eine Reise, eine Arbeit oder eine anstehende Entscheidung handelt, eine sanfte Stimme tief im Inneren zu uns spricht; aber wir hören nicht darauf. Da wir Lärm und Stürme lieben, muss das Wesen, das zu uns spricht, schon sehr laut schreien. Wenn es leise spricht, hören wir nicht auf es. Doch man muss wissen, dass die hohen Geistwesen nur wenige Worte sagen, und diese mit kaum wahrnehmbarer Stimme. Stößt uns durch eigene Schuld ein Unglück zu, so denken wir: »Ach ja, eine Stimme hatte mich davor gewarnt, aber sie war so leise, so sanft...« Wir hörten nicht auf sie, weil wir es vorzogen, jenen Stimmen zu folgen, die viel und laut auf uns einredeten, um uns in die Irre zu führen. Gott spricht leise und ohne Nachdruck. Er sagt die Dinge, einmal, zweimal... dreimal und schweigt dann. Die Intuition beharrt nicht weiter darauf, und wenn wir nicht sehr aufmerksam zuhören und diese Stimme nicht unterscheiden können, weil wir Lärm, Gewalt und Stürme vorziehen, werden wir unaufhörlich auf Irrwege geraten.[6] Die Stimme des Himmels ist unsagbar leise, sanft, melodisch und eindringlich. Ein Mensch, der uns wohlgesinnt und von Gott gesandt ist, lässt sich auf dreierlei Weise erkennen: Durch das Licht, das er in uns entzündet, durch ein Gefühl der Wärme und der Liebe, das unser Herz weit macht und schließlich durch die Freiheit, die wir in seiner Gegenwart empfinden, wobei der Entschluss in uns rege wird, edel und uneigennützig zu handeln.

Derjenige, der euren Geist erleuchtet, euer Herz erwärmt und euren Willen freimacht, wer immer er auch sei, ob reich oder arm, ob gelehrt oder unwissend, ist ein Gottgesandter. Hütet euch aber vor Leuten, die euren Sinn verwirren, euer Herz verkrampfen, euch einengen und der Lust berauben, schöne und sinnvolle Dinge zu tun. Flieht vor ihnen, geht ihnen aus dem Wege! Und wären sie auch noch so gelehrt, bedeutend und berühmt, sie bringen euch nur Unheil und Verderben.

Warum heißt es von Saturn, er bringe nur Unheil? Weil er die hochmütigen, ungerechten und unredlichen Leute nicht mag. Er mag die nicht, die sich durch Reichtum, Ruhm und Vergnügungen den Kopf verdrehen lassen. Er zerstört alles, wälzt alles um, denn er wurde von der Natur als Zollschranke an die Grenze der Siebenheit* gestellt. Wer diese Grenze überschreiten will, zu dem sagt Saturn: »Was suchst du hier? Du hast zu viel Stolz, du bist von der Last deiner Besitztümer niedergedrückt; du kannst die Grenze nicht überschreiten!« Keiner kann diese Grenze überschreiten, wenn er nicht rein ist. Saturn ist einer der Aspekte des Hüters der Schwelle und auch Hüter der Archive. Alle Archive der Welt und der Menschheitsgeschichte werden von Saturn überwacht. Er ist der Archivar der Natur, denn die Zeit ist seine Domäne. Er vermerkt die Ereignisse in der Kausalwelt. Und wenn wir rein sind, haben wir zu diesem Archiv Zugang. Die Eingeweihten stellten Saturn als Skelett dar, weil es das Widerstandsfähigste am Körper ist. Alles andere verwest, nur die Knochen bleiben. Der physische Körper, der Astral- und Mentalkörper sterben, doch der Kausalkörper bleibt unsterblich.

Solange ein Skelett da ist, besteht die Möglichkeit, die Knochen mit Fleisch zu überziehen und zu beleben. An einer Stelle des Alten Testamentes heißt es, der Herr habe den Propheten Hesekiel zu einem mit Knochen übersäten Feld gebracht und zu ihm gesagt: »Weissage von diesen Gebeinen und sprich zu ihnen: Ihr verdorrten Gebeine, höret des Herrn Wort! So spricht der Herr von diesen Gebeinen: Siehe, ich will einen Odem in euch bringen, dass ihr sollt lebendig werden. Ich will euch Adern geben und Fleisch über euch wachsen lassen und euch mit Haut überziehen und will euch Odem geben, dass ihr wieder lebendig werdet; und ihr sollt erfahren, dass ich der Herr bin.« Derselbe Gedanke wird auch auf der zwanzigsten Tarot-Karte, dem »Gericht«, veranschaulicht. Mit seiner Posaune erweckt ein Engel die Toten. Diese Karte beinhaltet tiefe Geheimnisse, die

* Mit »Siebenheit« sind die 7 Planeten gemeint, die in der Antike bekannt waren.

auf bestimmte Ereignisse im Leben des Schülers und der ganzen Menschheit hinweisen. Christus sagt im Evangelium: »Verwundert euch des nicht. Denn es kommt die Stunde, in welcher alle, die in den Gräbern sind, die Stimme hören werden. Wahrlich, es kommt die Stunde, und ist schon jetzt, da die Toten die Stimme des Sohnes Gottes hören werden, und die sie hören, werden leben.«

Überall in der Welt rufen jetzt die Eingeweihten: »Wacht auf, schon erhebt sich die Sonne über der Welt und verbreitet überall ihr Licht, ihre Wärme. Vereint euch alle im Geist der Liebe und des Lichtes! Das Dunkel schwindet; das neue Leben beginnt. Kommt, arbeitet mit uns zusammen und wir werden euch die Reichtümer des Lebens zeigen.« Aber wie ich vorhin sagte, die höheren Wesen sprechen weder laut noch lange in uns. Sie sagen nur: »Seid wachsam, liebt, lernt... Verbindet euch mit dem Himmel... Seid rein... Öffnet Gott euer Herz... Bewahrt euren Frieden...« Die anderen hingegen reden Tag und Nacht auf uns ein und bringen alle möglichen Argumente vor, um ihren Willen durchzusetzen. Wenn Lichtwesen in uns sprechen, können wir verstehen was sie sagen, doch sie machen sich nur in tiefer Stille bemerkbar. Die Eingeweihten fasten häufig, um Stille in sich zu schaffen. Wenn der Mensch sich satt gegessen hat, entsteht in ihm ein lautes Stimmengewirr, denn die inwendigen Tiere fangen an, Radau zu machen. Sie sehen die Nahrung ankommen und schreien: »Her damit! Das ist für mich!« – Wer fastet, staunt über den tiefen Frieden, der sich in ihm ausbreitet; erst in diesem inneren Frieden kann man die Stimme Gottes hören.

Wir sollten von jetzt an in ein freundschaftliches Verhältnis zu Saturn treten. Solange wir ihn nicht mögen, ist unser Verhältnis zu ihm getrübt. Lieben wir ihn aber, das heißt, lieben wir Weisheit, Stille, Meditation und Ausdauer, ist uns Saturn gewogen. Saturn repräsentiert ein System, das dem Sonnensystem mit den Planeten Mars, Jupiter, Erde, Mond usw. gleicht. Und zwar so sehr, dass es in diesem System auch ein genaues Abbild unseres Planeten Erde gibt. Jeder von uns hat auf der Saturnerde seinen Doppelgänger.

Saturn beobachtet alles und zeichnet all unser Tun auf. Ob ihr ungerecht, unehrlich oder böswillig seid, ob ihr dem göttlichen Gesetz zuwider handelt oder aber euch bessert, ob ihr vernünftiger, nachsichtiger oder anderen gegenüber verständnisvoller und großzügiger werdet, Saturn weiß es und zeichnet es sofort in euren Handlinien ein.

Nun will ich euch noch etwas verraten. Manche Eingeweihte früherer Zeiten konnten eine Flüssigkeit herstellen, die sie »Universalgeist« nannten. Diese Flüssigkeit wurde aus der Atmosphäre, dem Schnee, dem Regen und dem Tau gewonnen. Sie ist ein Konzentrat des Geistes der Natur, der alles belebt.[7] Wenn jemand, der etwas von dieser Flüssigkeit besaß, wissen wollte wie es einem Freund ging, gab er einen Tropfen von dessen Blut hinein; war der Freund bei guter Gesundheit, bildet sich diese Form ⊙, die einer Zelle mit dem Zellkern gleicht. Ruhte er, so änderte sich nichts in der Flüssigkeit, sie war lediglich leicht getrübt. War der Freund krank, so leuchtete der Blutstropfen nicht, und wenn er während des Experimentes starb, zerbrach der Behälter. Genau wie dieser Universalgeist, kann Saturn alle Dinge sehen und deren Zustand erkennen. Darum ist Saturn derjenige, der belohnt oder bestraft. Er verkörpert das Schicksal. Doch wir können unser Schicksal ändern, wenn wir imstande sind, das Gute vom Schlechten und die Stimme hochstehender Wesen von der niederer Wesenheiten zu unterscheiden, wenn wir wissen, wie wir uns in einen Zustand geistigen Gleichgewichts bringen können.[8]

Heute hat mir mein Meister einen wundervollen Spruch mitgeteilt. Wenn ihr gerne möchtet, sage ich ihn euch. Er wird in Bulgarien täglich um acht und um zwanzig Uhr von der ganzen Bruderschaft wiederholt. Es ist ein wirksamer Spruch, der die Verbindung mit der Weißen Bruderschaft herstellt. Er lautet:

»Ich werde nach dem Gesetz der Liebe leben, so wie Christus es lehrte. Möge mein Leben sich durch die Liebe verbessern!... Ich werde nach dem Gesetz Gottes leben, möge mein Leben sich so verwandeln, wie es Gott gewollt hat!«

Lasst uns in Liebe und Weisheit leben! Seien wir gütig und duldsam, öffnen wir unsere Herzen und unsere Seelen der Liebe, die uns täglich mit Wärme und Leben erfüllt! Öffnen wir unseren Intellekt und unseren Geist der Weisheit, die uns erleuchtet und erhellt und uns auf den Weg der Wahrheit führt! Sind wir Kinder des Lichtes, so werden wir gesund, glücklich, schön und stark sein, das Bild und Gleichnis des lebendigen Gottes. So sei es!

Paris, den 19. Februar 1938

Anmerkungen

1. Siehe Band 235 der Reihe Izvor »Im Geist und in der Wahrheit«, Kapitel 9: »Die Haut, Organ der Erkenntnis«.
2. Siehe Band 3 der Reihe Gesamtwerke »Die beiden Bäume im Paradies«, Kapitel 3: »Was das menschliche Gesicht offenbart«.
3. Siehe Band 17/18 der Reihe Gesamtwerke Band 18: »Erkenne dich selbst«, Kapitel 3: »Die Kraft des Denkens, Teil 1«.
4. Siehe Band 241 der Reihe Izvor »Der Stein der Weisen«, Kapitel 2: »Was zum Mund hineingeht, das macht den Menschen nicht unrein...«.
5. Siehe Band 229 der Reihe Izvor »Der Weg der Stille«, Kapitel 12: »Stimme der Stille, Stimme Gottes«.
6. Siehe Band 213 der Reihe Izvor »Die menschliche und göttliche Natur in uns«, Kapitel 8: »Die Stimme der göttlichen Natur« und Izvor 229 »Der Weg der Stille«, Kapitel 14: »Das stille Kämmerlein«.
7. Siehe Band 241 der Reihe Izvor »Der Stein der Weisen«, Kapitel 12: »Der Mai-Tau«.
8. Über Saturn sei nebenbei bemerkt, dass Anatomie und Kernphysik das Wissen der Eingeweihten in mehreren Punkten bestätigen. Meister Omraam Mikhaël Aïvanhov betonte schon immer, dass die Kabbalisten mit dem Sephirothbaum die dem Universum getreueste schematische Darstellung geliefert haben. Er hat sehr oft über dieses Thema gesprochen. Im Sephirothbaum ist der Planet Saturn, den der Meister mit den Ohren in Verbindung bringt, der Sephira Binah zugeordnet, wo die 24 Ältesten über das Schicksal aller Geschöpfe bestimmen. Binah ist die Sephira der Beständigkeit; unter den Metallen wird ihr das Blei zugeordnet. Eine erste Bestätigung dieser Entsprechung wird durch die Zahl 24 erbracht, die im Aufbau des Ohres zweimal auftritt; Die Länge des Gehörgangs beträgt 24mm, und das für das Registrieren der Töne wesentliche Cortische Organ hat 24.000 Saiten. Andererseits ist Blei das letzte Glied in den Zerfallsreihen der drei radioaktiven Hauptklassen. Blei ist in den Reihen dieser Uranide jenes Element, das nicht vom natürlichen radioaktiven Zerfall betroffen ist. Das Blei ist also durchaus ein Symbol der Beständigkeit. Vermutlich finden sich in dieser Hinsicht noch weitere Bestätigungen. (Anmerkung des Herausgebers)

Kapitel 5

Der Mund kündet von der Liebe

Freier Vortrag

»Wahrlich, wahrlich, ich sage euch: Wer glaubt, der hat das ewige Leben. Ich bin das Brot des Lebens. Eure Väter haben in der Wüste das Manna gegessen und sind gestorben. Dies ist das Brot, das vom Himmel kommt, damit, wer davon isst, nicht sterbe. Ich bin das lebendige Brot, das vom Himmel gekommen ist. Wer von diesem Brot isst, der wird leben in Ewigkeit. Und dieses Brot ist mein Fleisch, das ich geben werde für das Leben der Welt.«

Da stritten die Juden untereinander und sprachen: »Wie kann dieser uns sein Fleisch zu essen geben?« Jesus sprach zu ihnen: »Wahrlich, wahrlich, ich sage euch: Wenn ihr nicht das Fleisch des Menschensohns esst und sein Blut trinkt, so habt ihr kein Leben in euch. Wer mein Fleisch isst und mein Blut trinkt, der hat das ewige Leben, und ich werde ihn am Jüngsten Tage auferwecken. Denn mein Fleisch ist die wahre Speise, und mein Blut ist der wahre Trank.

Wer mein Fleisch isst und mein Blut trinkt, der bleibt in mir und ich in ihm. Wie mich der lebendige Vater gesandt hat und ich lebe um des Vaters willen, so wird auch, wer mich isst, leben um meinetwillen.«

(Joh 6, 47-57)

»Wer mein Fleisch isst und mein Blut trinkt, der hat das ewige Leben.« Das Fleisch Christi essen und sein Blut trinken ist natürlich symbolisch gemeint und bedarf der Erklärung.

In der christlichen Tradition vollziehen die Gläubigen die Kommunion mit dem Fleisch und dem Blut Christi in Gestalt von Brot und Wein; dem Brot, das aus Weizen hergestellt wird und dem Wein, der aus Trauben gemacht wird.

Das Brot ist das Fleisch und der Wein ist das Blut. Brot und Wein sind Symbole, die man in jeder Einweihungslehre wiederfindet.

Sicherlich habt ihr in der Genesis den Bericht von Abrahams Begegnung mit dem Priester des Lebendigen Gottes, mit Melchisedek, dem König von Salem gelesen: »Als Abraham zurückkam von seinem Sieg über Kedor-Laomer und die mit ihm verbündeten Könige, ging ihm der König von Sodom entgegen in das Tal, das Schawe hieß, was das Tal des Königs bedeutet.

Melchisedek, der König von Salem, brachte Brot und Wein. Er war Hohepriester des allerhöchsten Gottes. Er segnete Abraham und sprach: Gesegnet seist du Abraham, vom allerhöchsten Gott, dem Herrn des Himmels und der Erde. Gelobt sei Gott der Höchste, der deine Feinde in deine Hand gegeben hat! Und Abraham gab ihm den Zehnten von allem.«

Der Name Melchisedek bedeutet »König der Gerechtigkeit« und entstammt dem hebräischen »melek«, König und »tsedek«, Gerechtigkeit. Das Wort Salem, der Name der Stadt, deren König er war, hat dieselbe Wurzel wie »schalom«, der Friede. Melchisedek ist der König der Gerechtigkeit und des Friedens. Eine sehr geheimnisvolle Gestalt, über die nur wenig bekannt ist. Lediglich die großen Eingeweihten wissen einiges über ihn. Er wird im Neuen Testament nur noch an einer einzigen Stelle erwähnt, und zwar im Brief an die Hebräer (Heb 7, 1-3). Darin steht: »Dieser Melchisedek aber war König von Salem, Priester Gottes des Höchsten; er ging Abraham entgegen, als der vom Sieg über die Könige zurückkam, und segnete ihn; ihm gab Abraham auch den Zehnten von allem. Erstens heißt er übersetzt: König der Gerechtigkeit; dann aber auch: König von

Salem, das ist: König des Friedens. Er ist ohne Vater, ohne Mutter, ohne Stammbaum und hat weder Anfang der Tage noch Ende des Lebens. Er ist verglichen mit dem Sohne Gottes und bleibt Hohepriester in Ewigkeit. Sehet aber, wie groß der ist, dem Abraham, der Patriarch, den Zehnten gab von der eroberten Beute!« – Über Melchisedek werden wir ein andermal sprechen.

Im von Jesus eingeführten Abendmahl wird Melchisedeks Darbietung von Brot und Wein wiederholt. Johannes sagt übrigens auch, Jesus sei ein Hohepriester gewesen, gemäß dem Orden Melchisedeks.[1] Auch die Legende vom heiligen Gral bezieht sich auf die Symbole Brot und Wein. Der Weizen, der auf dem Felde wächst und die Traube, die am Weinstock reift, sind Symbole für die beiden Prinzipien des Männlichen und des Weiblichen, die man in allen Einweihungslehren wiederfindet; das heißt, sie stehen symbolisch für Weisheit und Liebe. Der Weinstock ist das Herz und der Wein das Blut, die Gefühle. Das Feld dagegen ist der Kopf, der Intellekt, und der Weizen, das sind die Gedanken. Wenn wir also die aus dem Geist stammende Weisheit essen und die aus dem Herzen strömende Liebe trinken, werden wir das ewige Leben haben. Nur durch die Liebe und die Weisheit erlangt man das ewige Leben.

In früheren Vorträgen verglich ich den Menschen mit einem Dreieck, bestehend aus den drei Seiten: Intellekt, Herz und Wille. Ich sagte euch auch, dass das Ideal des Verstandes die göttliche Weisheit ist, das Ideal des Herzens die göttliche Liebe und das des Willens die göttliche Freiheit; wir entdeckten dieses Dreieck auf allen Gebieten. Ich erklärte euch, dass die Augen der Wahrheit und die Ohren der Weisheit entsprechen. Heute nun soll vom Mund die Rede sein, der die Liebe repräsentiert. Ihr möchtet auch wissen, was die Nase darstellt? Gebt euch für den Augenblick mit dem Wissen zufrieden, dass in ihr der ganze Mensch zusammengefasst ist. Sie ist einem Manometer vergleichbar, das den Druck eines Gases anzeigt. An ihr kann man die Intensität des inneren Lichtes eines Menschen erkennen, die Verteilung der Energie. Sie besteht aus drei Teilen. Doch darauf komme ich ein andermal zurück.

Heute befassen wir uns mit dem Mund, der die Gefühle, den Gemütszustand, Sinnlichkeit und Triebleben verrät. Der Mund gehört, wie ihr wisst, mit zum Verdauungssystem. Mit ihm nehmen wir die Nahrung auf. Astrologisch gesehen steht der Mund mit Venus, dem Planeten der Liebe, und der Zunge wegen, die so geschickt Gutes oder Böses stiftet, mit Merkur in Beziehung. Der Mund mit der Zunge repräsentiert also die Vereinigung von Venus und Merkur in einer ihrer irdischen Formen. Die Zunge ist Merkur, der sich verwandelnde Gott, der Götterbote Hermes, der einmal als Saturn, einmal als Mars, Uranus oder Mond auftritt.

Der Mund ist der Sitz des Geschmackssinns und des Wortes, das ihm lebendig und wirksam entspringt. Tatsächlich sagt man, die Zunge habe keine Knochen, könne aber Knochen zermalmen; sie habe kein Schwert, könne aber die Herzen durchbohren... Auf ihrer Oberfläche sitzen die Geschmacksknospen, an der Unterseite die Speicheldrüsen.

Wer die esoterische Wissenschaft studieren will, muss, wie ich neulich sagte, damit beginnen, seinen eigenen Körper zu erforschen, da sämtliche Wissenschaften in uns vertreten sind. Wer also die Alchimie erforschen will, muss zuerst in sich selbst forschen, seinen eigenen Mund und dessen Funktion erforschen, sowie die Nahrung, die er täglich zu sich nimmt. Sie enthält alle chemischen und alchimistischen Elemente.

Für die Astrologen sind Stier ♉ und Waage ♎ die Zeichen der Venus. Daher ist der Mund mit dem Stier, dem Hals – ihr seht, das Zeichen hat die Form einer Zunge – und mit der Waage, den Nieren, verbunden. Merkur zugeordnet sind die Zeichen Zwillinge ♊ und Jungfrau ♍. Die Zwillinge stehen in Beziehung zu den Armen, die Jungfrau zu Solarplexus und Darm. Im Altertum galt Merkur, den die Griechen Hermes nannten, als der gewandte, findige Gott, der Magier, der heilt und mit seinem Magierstab, dem Hermesstab, Wunder vollbringt.Der Hermesstab ist ein von zwei Schlangen umwundener Stab.[2] Diese beiden Schlangen stellen die linke und die rechte Hand dar. Das bedeutet, sie sind auch die beiden das Universum durchziehenden Ströme Liebe und Hass, Anziehung und Abstoßung, Leben und Tod, Elektrizität und Magnetismus, Wärme und Kälte, Licht und

Dunkelheit, auf deren Kenntnis die ganze Magie beruht. Der Eingeweihte heilt und wirkt Wunder mit den Händen, von denen jede einer aufgerollten Schlange gleicht.* Die durch die Hände strömenden Kräfte kommen aus dem Solarplexus. Ihr seht also den Zusammenhang zwischen den Zwillingen und der Jungfrau, den beiden Häusern Merkurs.

Was immer wir essen und trinken muss die Nieren durchlaufen, und wenn wir uns nicht sachgemäß ernähren, können die Nieren die Abfallstoffe nicht mehr ausscheiden, und alle möglichen Krankheiten treten auf (Nierensteine, Harngries usw.). Die Niere funktioniert ähnlich wie die Leber. Diese reinigt das Blut und verarbeitet die Giftstoffe; die Nieren stellen den Urin her, ein Gift, das ausgeschieden werden muss. So, wie der Gesundheitszustand an der Zunge feststellbar ist, lässt sich das allgemeine Befinden eines Menschen am Urin ablesen.

Wir haben schon darüber gesprochen, dass das Gleichgewichtsorgan im Ohr liegt, in den drei Bogengängen, die den drei Dimensionen des Raumes entsprechend angeordnet sind. Ein anderes Gleichgewichtszentrum befindet sich in den Nieren. Die in der Mitte des Körpers liegenden Nieren haben die Aufgabe, die Blutzusammensetzung konstant zu halten. Die Astrologen ordnen die Nieren der Waage, dem Tierkreiszeichen des Gleichgewichts zu, mit dem auch die Ohren verbunden sind, denn sie stehen unter dem Einfluss des in der Waage erhöhten Saturn. Hinsichtlich des Vergleichs zwischen Ohren und Nieren wäre noch zu bemerken, dass die für das Gleichgewicht verantwortlichen, in der Endolymphe schwimmenden Kalkkörnchen in den Ohren am richtigen Platz sind, die Steinchen in den Nieren hingegen schwerwiegende Gesundheitsschäden hervorrufen.

Als wir die aus Verstand, Herz und Wille gebildeten Dreiecke in Verbindung mit den Farben schilderten, stellten wir fest, dass das Gelb dem Gehirn, das Blau der Lunge und das Rot dem Magen entspricht. Auf dem sechszackigen Stern ist jede Farbe mit der ihr gegenüberliegenden Farbe verbunden; das Rot mit dem Grün, das Blau mit dem Orange, das Gelb mit dem Violett (Abbildung 1).

* Siehe Kapitel: »Geboren aus Wasser und Geist« in diesem Buch.

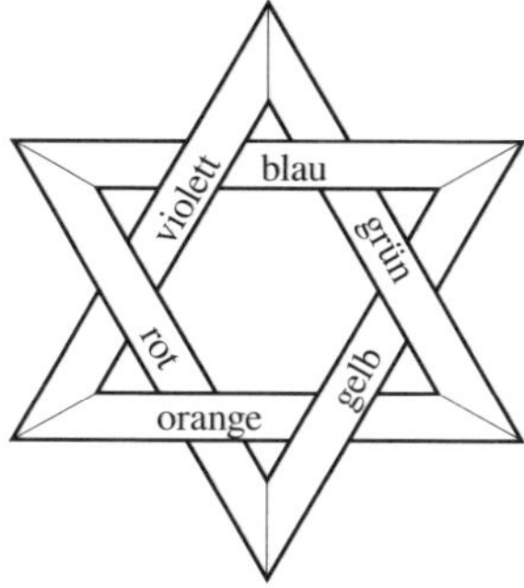

Abb. 1

Rot und Grün sind in den Sexualorganen und im Magen tätig; das Rot manifestiert die Lebenskraft und das Grün die Verdauung. Blau und Orange wirken auf Lunge und Herz. Das Orange ist die aus der Atmung erwachsende Gesundheit, das Blau der Friede. Gelb und Violett wirken im Kopf. Das Gelb ist die Farbe des Intellekts und der Weisheit und das Violett die des mystischen Empfindens, der Anbetung des Schöpfers.

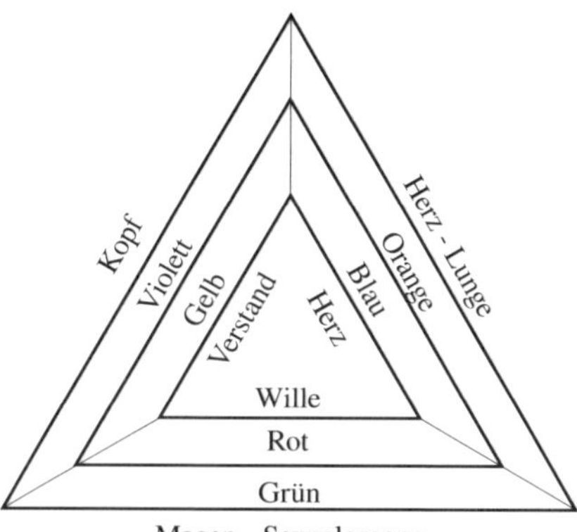

Werfen wir nun einen Blick auf die Pflanzen. Auf der Unterseite ihrer Blätter befindet sich eine Unzahl winziger Öffnungen, die Spaltöffnungen – kleinen Mündern vergleichbar – die den Austausch von

Gasen und Luftfeuchtigkeit zwischen dem Blatt und der Außenwelt ermöglichen. Durch diese Öffnungen vollziehen sich Transpiration, Atmung und Assimilation. Die Assimilation vollzieht sich durch Umwandlung der in der Luft enthaltenen Kohlensäure in Kohlenstoff, den die Pflanze als Nahrung aufnimmt und in Sauerstoff, den sie wieder abgibt. Diese Assimilation erfolgt unter der Einwirkung des Lichts dank der drei in den Blättern enthaltenen Pigmente, dem Xanthophyll, dem Karotin und dem Chlorophyll. Das Xanthophyll ist gelb, das Karotin orangerot, das Chlorophyll grün. Da die Komplementärfarben von Gelb, Orange und Grün das Violett, das Blau und das Rot sind, finden wir hier das Dreieck von vorhin wieder.

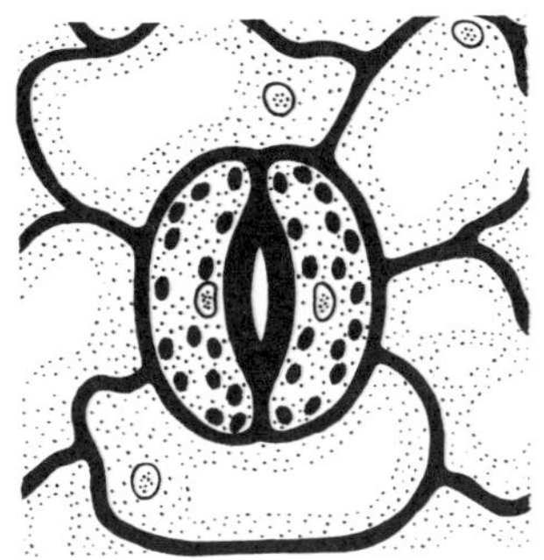

Bei mindestens drei Gelegenheiten verstehen sich die Menschen aufs beste. Das ist, wenn sie beim Essen zusammensitzen, wenn sie miteinander singen und wenn sie gemeinsam beten. Seht ihr, damit kommen wir erneut auf das sechsfarbige Dreieck zurück, und es lässt sich folgendermaßen ergänzen:

Rot – Grün	Chlorophyll	Ernährung
Blau – Orange	Karotin	Gesang
Gelb – Violett	Xanthophyll	Gebet und Kontemplation

Ihr habt zweifelsohne festgestellt, dass die Menschen im Gegensatz zu den Pflanzen stehen, denn sie atmen das ein, was die Pflanzen ausscheiden und sondern das ab, was die Pflanzen einatmen und aufnehmen. Bei den Pflanzen sitzt der Kopf unten. Tatsächlich steht ihr Kopf für die Wurzeln, das Organ, womit sie sich ernähren, und ihr Geschlechtsorgan ist die Blüte, wo die Fortpflanzung stattfindet. Wenn ihr einen Baum betrachtet, seht ihr nur die Blätter, seine Lunge, während seine Wurzeln, sein Kopf, in der Erde liegen.

Kehren wir zum Mund zurück, um seine Geschmacksknospen und seine Speicheldrüsen zu erforschen. Die durch Nervenfasern verlängerten und mit Sinneshärchen versehenen Geschmacksknospen sehen aus wie Getreideähren, die Speicheldrüsen dagegen erinnern uns an Trauben.

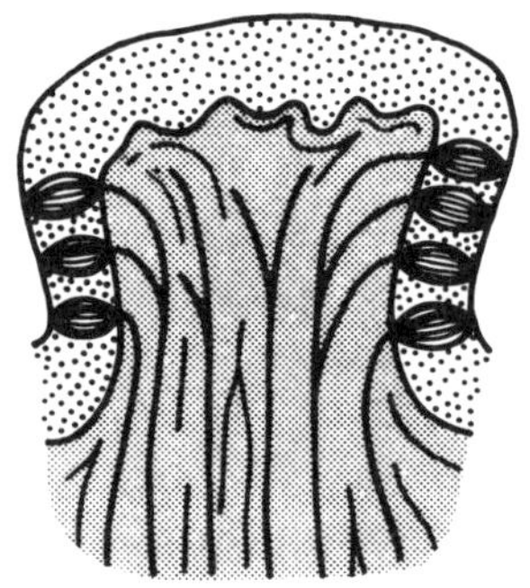

Geschmacksknospe

Speicheldrüse

Höchst eigenartig ist, dass Merkur und Venus, die den Mund beeinflussen, in Verbindung mit Jungfrau und Waage stehen: Merkur mit dem Sternbild Jungfrau, eine junge Frau, die eine Korngarbe, das Sinnbild der Ernte im August, trägt und Venus mit dem Sternbild der Waage, das den Monaten September und Oktober, der Zeit der Weinlese entspricht. Der Getreidemonat August und der Traubenmonat September folgen einander und sind die Monate von Merkur und Venus.

Jesus sagte: »Wer mein Fleisch isst und mein Blut trinkt, hat das ewige Leben.« – Wie soll denn aber dieses Fleisch gegessen und dieses Blut getrunken werden? Der Mund zeigt es uns. Die Weisheit (das Fleisch) hängt mit dem Symbol des Weizens zusammen, also mit dem Geschmackssinn, den Geschmacksknospen und die Liebe (das Blut) mit der Traube, den Speicheldrüsen. Die Weisheit* bedeutet demnach schmecken und die Liebe bedeutet Säfte absondern. In dem von den Speicheldrüsen abgesonderten Speichel sind Elemente enthalten, die mit der Nahrung dasselbe machen wie das Chlorophyll, das Karotin und das Xanthophyll, das heißt, es wirken Fermente, welche die Nahrung umwandeln. Wenn ihr automatisch und gedankenlos ohne Liebe und Dankbarkeit esst und dabei noch negative Gefühle wie Zorn und Unzufriedenheit hegt, dann wirken sich eure Gefühle und Gedanken auf die Speicheldrüsen aus. Der Speichel enthält dann eine Menge Elemente, die zur Umwandlung der Nahrung unfähig sind, so dass mit der Zeit Magen- und Verdauungsstörungen auftreten. Die Zunge spielt im Mund die Rolle eines Zöllners. Sie kostet und sagt: »Lass sehen, was du da bringst!« und sortiert die Nahrung. Fehlt diese Kontrolle oder ist sie mangelhaft, überschreiten viele schädliche Elemente die Grenze.

Wer die Nahrung unbewusst und ohne Liebe verzehrt, nimmt nur die allergröbsten, materiellsten Teile auf, die nicht am Aufbau seines geistigen Wesens teilhaben. Wer jedoch mit Liebe und ganz bewusst beim Essen dabei ist, dessen Drüsen scheiden Stoffe aus, welche die Nahrungsmittel sofort umwandeln und gut verdaulich machen. Die Nahrung enthält extrem feinstoffliche Elemente aus derselben Quintessenz wie unsere Seele und unser Geist. Das ist der Grund, weshalb ich in Stille essen und meine Gedanken auf das richten will, was ich zu mir nehme. Ihr wendet ein, so mächtig seien die Gedanken nicht,

* Der Zusamenhang zwischen »Weisheit« und »schmecken« ergibt sich aus der französischen Sprache, in welcher Omraam Mikhaël Aïvanhov sprach. Die Herkunft des französischen Wortes »sagesse« (Weisheit) wird auf das lateinische Wort »sapientia« zurückführt, das seinerseits vom Verb »sapere« (schmecken) abgeleitet ist. Anmerkung des Herausgebers

dass sie die Drüsenfunktion verändern könnten. Ich aber versichere euch, dass jeder Gedanke, jedes Gefühl und alles was wir ansehen, umgehend auf die Drüsen wirkt. Wenn ich eine Zitrone vor euren Augen auseinanderschneide und sie esse, fühlt ihr schon wie die Funktion eurer Drüsen in Gang kommt, ja, oft genügt es schon, davon zu sprechen, um dieses Phänomen auszulösen.

Jesus sagte: »An ihren Früchten sollt ihr sie erkennen.« Wer zu wenig Rot und Grün besitzt, trägt auf der physischen Ebene keine guten Früchte; wem Blau und Orange fehlen, der trägt auf der Astralebene keine guten Früchte und wem es an Gelb und Violett mangelt, der trägt auf der Mentalebene keine guten Früchte. Wer hingegen alle Farben in sich vereinigt, bringt auf allen Ebenen gute Früchte hervor. Es gibt Geschöpfe, die schmecken süß, andere salzig oder sauer... Die Astrologen bringen diese Geschmacksarten mit den entsprechenden Planeten in Verbindung: Das Bittere mit Saturn, das Würzige mit Mars, das Fade mit dem Mond, das Süße mit Venus, Salziges mit der Sonne, Saures mit Merkur...

In manchen U-Bahnstationen gibt es Rolltreppen, die durch eine Photozelle in Betrieb gesetzt werden. Beim Betreten der Treppe wird der Lichtstrahl durchbrochen, was die Photozelle alarmiert und den Mechanismus der Rolltreppe in Gang bringt. So geht es auch überall in der Natur vor sich. Das Sonnenlicht löst bei Pflanzen, Tieren und Menschen unaufhörlich eine Reihe von Vorgängen aus. In der Zukunft wird die Menschheit zur Ausführung all ihrer Projekte nur noch Sonnenenergie verwenden. Die anderen Energiequellen werden versiegen, und die Menschen werden sich der unerschöpflichen Quelle, der Sonne zuwenden. Die Eingeweihten bedienen sich längst schon der Sonnenstrahlen, allerdings der inneren Lichtstrahlen, der Tugenden; denn wer die Tugenden hat, strahlt die verschiedenen Farben aus... Es naht die Zeit, wo jeder lernen wird, das Sonnenlicht zu Heilzwecken und sogar zur Vervollkommnung anzuwenden, um gut, weise, edel und lichtvoll zu werden...

Die Natur hat alles wunderbar eingerichtet. Wenn wir denken, durchfließen unsere Gedanken unser Wesen. Denken wir falsch, dann werden die den Lichtstrahlen vergleichbaren Gedanken umgeleitet und Treppen ins Rollen gebracht, die unser Bewusstsein bis in die Hölle hinuntertragen. Hegen wir aufrechte und schöne Gedanken, so tragen uns diese Treppen zum Gipfel empor. Wer meint, er könne die Natur hintergehen, täuscht sich, das geht nicht. Noch keinem ist es gelungen, die Natur zu überlisten. Sie hat ein Gesetz geschaffen, nach dem unsere Gedanken, Gefühle und Taten bestimmte Kräfte in der unsichtbaren Welt auslösen, die dann in uns einfließen und zu wirken anfangen. Schlechte Gedanken und Gefühle rühren an uns wenig bekannte Apparate in unserer inneren »Fabrik«, an Drüsen, die Gifte absondern, und schon haben wir alle möglichen Beschwerden. Mit diesen Leiden gibt uns die Natur zu verstehen: »Warum bist du diesen Weg gegangen? Du hast eine verbotene Frucht gegessen, du hast in dir Warnsignale ausgelöst, und nun leidest du...«

Wenn wir mit Liebe essen, scheiden unsere Drüsen Säfte aus, die günstig auf die Nahrung einwirken. Schon im Mund verwandelt sich die Nahrung. Der Magen ist nichts weiter als eine tiefer gelegene, zweite Mundhöhle. Der Mund ist ein kleiner geistiger Magen. Ihr wundert euch, wie denn der Mund ein geistiger Magen sein kann? Das will ich euch sagen. Nehmen wir an, ihr hättet seit drei Tagen nichts gegessen. Ihr seid hungrig und fühlt euch schwach... Da greift ihr zu einer Frucht und fangt an zu essen. Gleich beim ersten Bissen fühlt ihr, wie Kraft euch durchdringt, obwohl ihr noch nichts verdaut und assimiliert habt. Nun, woher kommt diese Kraft? Diese geistige Assimilation geschieht bei jedem Menschen, jedoch in unterschiedlichem Maße. Obwohl alle Menschen Nahrung zu sich nehmen, so essen ein Handwerker, ein Gelehrter, ein Dichter, ein Verbrecher, ein Faulpelz oder ein Eingeweihter keineswegs auf die gleiche Weise. Beobachtet euch wie ihr esst und es wird euch dabei manches klar werden! Man könnte fast sagen: »Sage mir, wie du isst, und ich sage dir, wer du bist.«

Wenn wir mit Liebe essen, werden wir zu den größten Alchimisten. Die Alchimisten suchten nach dem Stein der Weisen, um damit alle Metalle in Gold zu verwandeln.[3] Ja, aber ein Alchimist sollte mehr sein als nur ein guter Chemiker. Der Chemiker braucht für seine Versuche nichts weiter als materielle Substanzen, der Alchimist hingegen braucht etwas mehr dazu. Darin liegt der Grund, weshalb manche von ihnen zu keinem Ergebnis kamen, obwohl sie die Formel für die Herstellung des Steins der Weisen kannten. Sie waren eben keine guten, wahren Alchimisten! Der wahre Alchimist weiß, dass zu den getreu nach der Formel zubereiteten chemischen Elementen auch noch eine von ihm ausgehende Kraft hinzukommen muss, die den Vorgang der Umwandlung auslöst. Die Menschen kennen verstandesmäßig viele Dinge, aber sie kommen zu keinen Ergebnissen, weil ihnen die Kraft und die nötigen Tugenden fehlen. Das Herstellen des Steins der Weisen ist nicht so sehr ein physischer als vielmehr ein seelischer und geistiger Vorgang. Wer den Stein der Weisen haben will, der muss die Tugenden studieren und sie in sich selbst verwirklichen. Nur unter dieser Voraussetzung gehorcht ihm die Materie. Darum ist derjenige, der aufs Geratewohl alles hinunterschlingt, ohne dass er bewusst am Ernährungsvorgang beteiligt ist, ohne Liebe für die Nahrung zu empfinden und dem Schöpfer dankbar zu sein, lediglich ein Chemiker, keineswegs ein guter Alchimist. Wer hingegen mit Liebe und Aufmerksamkeit isst, fördert den Umwandlungsprozess und verwandelt die aufgenommene Nahrung in reines Gold.

Ihr fragt: »Warum sagen Sie uns nichts von den Mysterien, den Engeln, den Erzengeln und den höheren Welten?«[4] Davon werden wir später sprechen, denn solange ihr nicht bewusst und mit Liebe essen gelernt habt, nützen euch die Offenbarungen der größten Geheimnisse nichts. Wesentlich ist, dass man sich auf allen drei Ebenen, der physischen, der astralen und der mentalen gleichzeitig ernährt. Wer nicht zu essen versteht, dem verschließen Engel und Erzengel den Zugang zu ihrem Reich und sagen: »Was suchst du hier? Mach dich davon! Lerne erst essen!« Ihr seid empört und meint, man könne auch ohne das lernen... Ja, ihr werdet lediglich die Schale der Orange kennen lernen, aber niemals ihr Fruchtfleisch kosten!

Über das Fasten sprach ich bereits. Dazu möchte ich heute noch hinzufügen: Wenn ihr niemals fastet, wenigstens 24 Stunden, werden eure Körperzellen träge, verrichten ihre Arbeit nicht mehr korrekt, und die Kanäle des Organismus werden allmählich verstopft. Wenn ihr jedoch fastet, sagen sich die Zellen: »Was ist denn los? Unser Herr lässt uns umkommen!« und sie wachen auf und fangen an zu arbeiten. Da kein Nachschub an Essen mehr kommt, wird ihnen klar, dass sie umkommen werden, wenn sie nichts tun. Die Lungen beginnen tief zu atmen, um ätherische Nahrung aus der Atmosphäre aufzunehmen. Darum empfiehlt es sich zu fasten. Ich habe es an mir selbst ausprobiert. Bei unseren Zusammenkünften spreche ich übrigens nie über Dinge, die ich in Büchern gelesen habe, sondern ausschließlich über lebendige Erfahrungen, die ich seit Jahrhunderten selbst gemacht habe und zwar schon seit mehreren Jahrhunderten. Wenn man zwei, drei und mehr Tage fastet, steigert man die Kraft der Zellen, sodass sie in der Lage sind, Nährstoffe aus der Atmosphäre aufzunehmen, die viel feiner sind als die physische Nahrung. Ebenso wird, wenn wir den Atem eine kurze Weile anhalten, unser Denken auf höherer Stufe tätig. Darum wenden die Eingeweihten bestimmte Methoden an, um ihren Atem anzuhalten und damit Kräfte im Gehirn freizumachen. Durch das Fasten steigern sie die Kraft ihrer Atmung, durch das Anhalten des Atems steigern sie ihre Denkkraft. Sie kennen sogar Methoden, das Denken abzuschalten und die Tätigkeit des Geistes in ihrem Inneren intensiver werden zu lassen.

Wenn wir uns immer satt essen, verringert sich unser Atmungsvermögen und wird immer schwächer und unser Denken wird noch schwächer. Während des Fastens wird die Atmungstätigkeit erleichtert, der Blutkreislauf verbessert und tiefer Friede breitet sich in uns aus. Wer sich darin übt, den Atem anzuhalten, kann sehr, sehr kraftvolle Gedanken in den Raum senden. Wenn ihr wollt, spreche ich ein andermal über den Kreislauf der Gedanken im All.[5]

Der Mund offenbart uns viele wichtige Dinge; er fordert uns zum Beispiel auf zu lieben und mit der Natur einen Austausch herzustellen. Jesus sagte: »Ihr seid das Salz der Erde, wenn nun das Salz kraftlos wird, womit soll man salzen? Es ist zu nichts mehr nütze, als dass man es hinausschütte und von den Leuten zertreten lasse.«[6] Das Salz ist das Kind des Vaters (der Säure) und der Mutter (der Lauge). Jesus meinte mit seinen Worten: »Ihr seid das Salz, d. h. die Wahrheit; denn die Wahrheit ist das Kind der Weisheit, des Vaters und der Liebe, der Mutter. Wenn ihr eure Kraft verliert, das heißt weder die Weisheit esst noch die Liebe trinkt, werdet ihr hinausgeworfen, weil ihr eure Kraft verliert. Bewahrt also in euch die Liebe und die Weisheit, damit ihr Wärme und Licht habt!«

Ihr denkt vielleicht, obwohl ich immer von der Liebe spreche, wüsstet ihr trotzdem nicht, wie man liebt! Es stimmt, der Mensch weiß nicht mehr, was lieben ist. Früher wusste er es, doch heute hat er es vergessen. Es gab Zeiten, da der Mensch lieben, denken und die Geheimnisse der Natur entschlüsseln konnte, aber jetzt ist dieses Wissen vergessen. Jedes seiner Verbrechen, jede seiner Sünden löschte in ihm ein Licht aus, und nun ist er nicht mehr imstande, in dem großen Buch der lebendigen Natur zu lesen, er kann nicht mehr lieben... Dabei ist es einfach, zu lieben, nur will man sich in keiner Weise anstrengen.

Ich hatte in Bulgarien einen Freund, der sehr reich, aber immer furchtbar traurig war. Eines Tages traf ich ihn auf der Straße: »Du siehst aber fröhlich aus«, sagte er zu mir, »was hast du gemacht?« – »Oh, nichts Besonderes; ich habe gerade eine Freude gekauft.« – »Du machst wohl Spaß, wie ist denn das möglich?« – »Nein, ich spaße nicht, es ist tatsächlich so; ich habe für wenig Geld eine Freude gekauft.« – »Wie? Ich habe in meinem Leben Riesensummen ausgegeben und doch nie eine Freude erlebt!« Staunend und zweifelnd schaute mich mein Freund an; er kannte mich gut genug um zu wissen, dass ich ihn nicht täuschte. Ich schlug ihm vor, mitzukommen: »Sieh her, hier ist ein Mann, der Freude verkauft.« Vor uns stand ein armer Mann, der Knöpfe, Schnürsenkel und Schnur verkaufte. »Dieser Mann war in früherer Zeit ein großer Eingeweihter, aber er beging Fehler und muss jetzt stundenlang bei Regen, Kälte und Wind auf Kunden warten. Schau ihn gut an. Geh zu ihm hin, nimm irgendetwas, zum Beispiel Schnürsenkel und frag nach dem Preis. »Zehn Levas«, wird er sagen. Gib ihm fünfzig und nimm das Wechselgeld nicht an. Er wird vor Freude sprachlos sein und denken: »Es gibt tatsächlich noch gute Menschen auf der Welt.« Sein Glaube wird zunehmen und die Freude, die er empfindet auf dich überspringen und den ganzen Tag in dir weiterschwingen und ist doch nur aus ein paar Geldstücken entstanden.« Mein Freund war glücklich; er hatte verstanden. Ich fügte hinzu: »Geh auch mal zu einem Kranken, bring ihm ein kleines Geschenk, sag ihm ein paar liebe Worte. Sag ihm, es werde ihm bald wieder besser gehen, Gott sei barmherzig...« Indem du anderen Freude und Aufmunterung schenkst, wirst du selber auch fröhlich werden. Pass allerdings gut auf, wen du aufsuchst, denn nicht alle Menschen nehmen die Freude an. Selbstverständlich kann einem Freude auch auf andere Art zuteil werden.[7]

Es bleibt mir zwar nicht mehr viel Zeit übrig, trotzdem will ich euch noch etwas über die magische Kraft des Wortes sagen.

Es gibt zweierlei Magier. Die einen üben die Magie allein durch die Kraft des Wortes aus, die anderen mittels eines Gegenstandes, zumeist eines Stabes. Erstere stehen geistig höher, denn ihr magischer Gegenstand ist ihre eigene Zunge, kein äußeres Hilfsmittel. Die anderen sind gezwungen, einen Stab in der Hand zu halten; und der Stab ist immer etwas außerhalb ihrer selbst. Der Hermesstab war das Kennzeichen Merkurs, des Gottes der Magie. Merkur herrscht über Zunge und Hände. Ihr wisst, wie das Johannesevangelium beginnt: »Im Anfang war das WORT, und das WORT war bei Gott, und Gott war das WORT. Alle Dinge sind durch dasselbe gemacht...«[8] In den Uranfängen schuf der Mensch mit dem Wort. Zu Beginn war der Mensch ein König, er brauchte nur zu befehlen, und alle seine Wünsche wurden erfüllt; denn Könige haben stets Diener, die ihre Anordnungen ausführen. Aber durch sein Hinuntersteigen in die Materie ging ihm die Kraft des Wortes allmählich verloren, und er war gezwungen, mit seinen Händen zu erschaffen. Gegenwärtig muss der Mensch die Materie bearbeiten, um sie zu formen und seinen Lebensunterhalt zu sichern, so wie Gott es Adam befohlen hatte: »Im Schweiße deines

Angesichts sollst du dein Brot essen!« Vor dem Sündenfall hatte der Mensch Diener, die alle seine Befehle ausführten; darum heißt es, er habe im Paradies gelebt, denn das Paradies ist kein Ort der Mühe und Plage. Alle jene, die den Willen Gottes nicht erfüllen, geraten in Lebenslagen, wo sie sich unter großen Schwierigkeiten ihren Lebensunterhalt verdienen müssen.

Die Welt wurde durch das Wort erschaffen... Es gibt ein Wissen, das lehrt, wie man sprechen soll, besonders, wie man zu den inneren Wesen spricht, denn unsere Untertanen, unsere Kinder sind in uns, nicht außerhalb von uns. Wir wollen andere erziehen, ihnen befehlen, doch das ist sehr schwierig. Wir müssen zunächst unsere eigenen Zellen erziehen, ihnen Befehle erteilen! Die Weisen schweigen oft, denn sie haben die Gewohnheit, zu den Wesen zu sprechen, die in ihnen wohnen... Beobachtet euch einmal; wenn ihr in Gedanken zu jemandem sprecht, bewegt sich eure Zunge im Mund dem Lauf der Gedanken gemäß. Warum wohl? Weil Gedanke und Wort miteinander verbunden sind und die Zunge dem Rhythmus der Gedanken folgt, allerdings in viel geringerem Ausmaß. Auch darauf beruht die Magie. Die Zunge ist mit unseren Gedanken weit stärker verbunden als der übrige Körper; daher lässt sich an ihr die Wirkung ersehen, die der Gedanke auf die Zellen ausübt. Die Zunge, die unseren Überlegungen folgt, liefert den Beweis, dass je nach Art unserer Gedanken die Zellen harmonisch oder disharmonisch in Bewegung gesetzt werden. Ihr sagt, das könne man nicht sehen. Vielleicht, jedoch im Feinstofflichen vollziehen sich unmerkliche Vorgänge, deren Auswirkungen wir erst viel später wahrnehmen.

Die Hände sind mit dem Tierkreiszeichen Zwillinge, der Solarplexus mit der Jungfrau verbunden, und in diesen beiden Zeichen herrscht Merkur. Somit regiert Merkur über die Hände, den Solarplexus und die Zunge. Winkelt euren rechten Arm an und legt die rechte Hand auf den Solarplexus. Dies ergibt ein Dreieck: Mund, Ellbogen, Solarplexus. Wenn ihr in dieser Haltung zu euren Zellen sprecht, hören sie euch, denn der Solarplexus lenkt den ganzen Zellenstaat und die unbewussten Vorgänge im Organismus: Drüsen-Sekretion,

Wachstum, Kreislauf, Verdauung, Ausscheidung, Atmung.[9] In dieser Haltung können wir zu unseren Zellen sprechen. Je stärker unser Glaube und die Kraft unseres Denkens ist, umso eher werden wir von ihnen gehört. Mit Hilfe der Hand können wir uns auch an andere Menschen wenden und mit den vernunftbegabten Kräften der Natur Verbindung aufnehmen.

Nur weil ich viele Jahre hindurch geforscht und Erfahrungen gemacht habe, spreche ich so zu euch. Und nun kann ich euch helfen. Ich bin für euch gewissermaßen Nahrung und ihr seid eine Art Mund, der diese Nahrung aufnimmt... Nehmt ihr meine Worte jedoch nicht mit Liebe auf, nützen sie euch nichts. Hört ihr mich kritisch, ironisch, verschlossen an oder denkt sogar, ich würde euch Dummheiten erzählen, dann nehmt ihr diese Nahrung nicht auf, und sie kann nicht in euch wirken.

Richtig essen erfordert ein umfassendes, gründliches Wissen. Es ist bedauerlich, dass sogenannte intelligente und studierte Leute überhaupt keine Ahnung davon haben und sich wie Tiere ernähren.

Ich hätte euch gerne noch das Ausmaß und die Bedeutung der Geheimnisse offenbart, die in der Ernährung verborgen liegen. Was ich über das heilige Abendmahl erwähnte, ist nichts im Vergleich zu dem, was es in Wirklichkeit bedeutet. Denn es enthält alle Geheimnisse der Kommunion.[10] Kommunizieren heißt, jeden Tag, zu jeder Stunde und mit seinem ganzen Wesen einen Austausch mit den lebendigen Kräften der Natur eingehen, mit den Steinen, Pflanzen, Bergen und Quellen, mit der Sonne und den Sternen, in dem Wissen, dass alles lebendig ist. Doch wer denkt daran? Man begnügt sich damit, hie und da in einer Kirche bei der Kommunion Brot und Wein zu nehmen und glaubt, damit sei es getan. Nein, wer wahrhaftig kommuniziert, ist in der Lage, kraft seiner Liebe und seiner Weisheit sich mit Seele und Geist aller Menschen zu vereinen. An dem Tag, an dem uns der tiefe Sinn der Kommunion klar geworden ist, können wir sagen, dass wir den Leib Christi essen und sein Blut trinken; dann wird wahres Leben die Zellen in allen Bereichen unseres Wesens durchfluten, überquellendes, reines und edles Leben. Das ist das ewige Leben, das weder Anfang noch Ende hat.

Ich wünsche euch, immer mit der Liebe und der Weisheit verbunden zu sein; denn nur wenn ihr die göttliche Weisheit esst und die göttliche Liebe trinkt, werdet ihr das ewige Leben haben.

Paris, den 26. Februar 1938

Anmerkungen

1. Siehe Band 240 der Reihe Izvor »Söhne und Töchter Gottes«, Kapitel 6: »Jesus, Hohepriester nach der Ordnung Melchisedeks«.
2. Siehe Band 237 der Reihe Izvor »Das kosmische Gleichgewicht - Die Zahl 2«, Kapitel 9: »Der Äskulap-Stab des Hermes« und Band 212 der Reihe Izvor »Das Licht, lebendiger Geist«, Kapitel 9: »Der Laserstrahl im geistigen Leben«.
3. Siehe Band 241 der Reihe Izvor »Der Stein der Weisen«, Kapitel 10: »Der Stein der Weisen, Frucht einer mystischen Vereinigung«.
4. Siehe Band 32 der Reihe Gesamtwerke »Die Früchte des Lebensbaums« und Band 236 der Reihe Izvor »Weisheit aus der Kabbala«.
5. Siehe Band 224 der Reihe Izvor »Die Kraft der Gedanken«, Kapitel 4: »Leben und Kreisen der Gedanken«.
6. Siehe Band 241 der Reihe Izvor »Der Stein der Weisen«, Kapitel 3: »Ihr seid dass Salz der Erde« und Kapitel 4: »Wenn das Salz seinen Geschmack verliert«.
7. Siehe Band 242 der Reihe Izvor »Unerschöpfliche Quellen der Freude«.
8. Siehe Band 9 der Reihe Gesamtwerke »Im Anfang war das Wort«, Kapitel 1: »Im Anfang war das Wort«.
9. Siehe Band 219 der Reihe Izvor »Geheimnis Mensch, seine feinstofflichen Körper und Zentren«, Kapitel 3: »Das Sonnengeflecht«.
10. Siehe Band 204 der Reihe Izvor »Yoga der Ernährung«, Kapitel 8: »Vom Abendmahl«.

Kapitel 6

Liebe, Weisheit, Wahrheit (Mund, Ohren und Augen)

Freier Vortrag

Heute Abend will ich noch einiges über Augen, Ohren und Mund hinzufügen, denn es gibt noch viele interessante Dinge über diese unterschiedlichen Organe zu sagen.

Jeden Tag esst ihr Brot, trinkt Wasser oder Wein, atmet die Luft ein und seid doch von dieser Nahrung niemals übersättigt oder ihrer überdrüssig. Nun, ich bin hier für euch wie der Koch. Ich habe euch bereits flüssige Nahrung für euren Mund, luftförmige Nahrung für eure Ohren und auch ätherische Nahrung für eure Augen gegeben. Heute Abend nun besteht das Menü aus einer Mischung von flüssigen, luftförmigen und ätherischen Gerichten! Ich erklärte nacheinander die Buchstaben A, U und M. Nun wollen wir diese Laute miteinander verbinden, um das Wort AUM auszusprechen.

A ist für eure Augen
U ist für eure Ohren
M ist für euren Mund

Doch greifen wir kurz auf den Satz aus dem Evangelium zurück, über den wir schon gesprochen haben: »Bittet, so wird euch gegeben, suchet, so werdet ihr finden, klopfet an, so wird euch aufgetan!« Diese drei Aufforderungen klingen sehr einfach. – Bitten zum Beispiel..., was gibt es nicht alles, worum wir bitten! Wir haben Eltern, Bekannte, Freunde, die wir lieben und verlangen für sie von Gott, der unsichtbaren Welt, der Natur, den Engeln alles nur Erdenkliche. Nun kommt es aber vor, dass wir, wie sehr wir auch bitten, das Erflehte nicht erhalten. Enttäuscht folgern wir daraus, dass sich die unsichtbare Welt uns gegenüber ungerecht verhält. Wie oft haben wir in dieser Weise umsonst gebetet. Und weshalb? Ganz einfach, weil wir die Gesetze nicht kennen!

Wollen wir in einem Geschäft einkaufen, so wenden wir uns an den Verkäufer. Aber wir müssen für das Verlangte im Tausch auch etwas geben! Wenn wir nicht bezahlen wollen, dann weigert man sich, uns auch nur irgendetwas zu verkaufen. In der Natur, in der unsichtbaren Welt, läuft es genauso ab wie in den Geschäften der irdischen Ebene. Die unsichtbare Welt sagt: »Gebt euer Herz Gott, und Er wird euch dafür alles gewähren.« Ihr aber erwidert: »Ich kann nicht, ich habe es bereits an andere verschenkt... Ich habe Frau und Kinder oder eine reizende Freundin und kann von meinem Herzen nichts mehr weggeben.« Nun, so werden eure Gebete niemals erhört. Ihr meint immer, ihr könntet etwas bekommen ohne im Tausch etwas zu geben. Das ist ausgeschlossen! »Bittet, so wird euch gegeben« setzt zuallererst ein vorheriges Geben eurerseits voraus. Ihr müsst einen Teil eurer Aufmerksamkeit, eurer Zeit, eurer täglichen Bemühungen geben, einige eurer Gedanken und Gefühle – dann werdet ihr auch empfangen...

»Suchet, so werdet ihr finden...« Jesus sagte ebenfalls: »Wandelt, dieweil ihr das Licht habt.« Demnach soll gesucht werden, solange es hell ist. Zahlreiche Wissenschaftler und Philosophen suchen aufrichtig nach Gott – aber sie suchen während der Nacht. Sie wollen die Sonne sehen, aber erst, wenn sie untergegangen ist. Wie wollen sie sie dann finden? Nach vergeblichem Herumsuchen schließen sie daraus, dass es in der Natur keine Sonne gibt; diese Feststellung, sagen sie, werde durch vierzig- oder fünfzigjährige genaue Beobachtungen bestätigt, und in der Todesstunde erklären sie: »Ich habe die Sonne nicht gefunden.« Die gegenwärtige Kultur ist größtenteils ein unaufhörliches Suchen in der Dunkelheit. Sogar das Leben der Menschen ist so eingerichtet, dass es sich hauptsächlich nachts abspielt. Ich meine dies vor allem symbolisch. Hat ein Mensch nach langen Jahren die Sonne (d.h. den Sinn des Lebens) noch nicht entdeckt, so bedeutet das, dass er ein nächtliches Dasein führt und sich bei aufgehender Sonne schlafen legt, um sie nicht zu sehen!

»Klopft an, so wird euch aufgetan.« Dieses Gebot bezieht sich auf die Ohren. Die Struktur des Ohrs ist euch bekannt. Die Töne dringen durch den Gehörgang ein und werden über das Trommelfell und die Gehörknöchelchen zum Innenohr geleitet. Ist die Tonfrequenz zu schwach (Infraschall) oder zu hoch (Ultraschall), hören wir nichts, denn unsere Ohren nehmen nur einen Teil des Schwingungsspektrums der Töne auf.

Das Cortische Organ ist aus einer Reihe Saiten von unterschiedlicher Länge geformt, von denen jede in Resonanz mit den Schallwellen derselben Frequenz schwingt. Das ist ein physikalisches, aber auch ein psychisches Gesetz. Überall im Universum schwingt jedes Lebewesen, jeder Gegenstand mit uns mit, wenn seine Schwingungen mit den unseren identisch sind. Senden wir mit unseren Gedanken, Gefühlen und Wünschen Wellen niederer Frequenz aus, so empfangen wir gleichartige. Wenn wir von Gott gehört werden wollen, müssen wir Wellen von sehr hoher Frequenz aussenden, d.h. reine, edle, uneigennützige Gedanken und Gefühle. Hegen wir Gefühle wie Hass, Eifersucht oder Zorn, werden wir von anderen Wesenheiten als Gott gehört und erhalten deren Mitteilungen als Antwort.

Es haben mir schon mehrere gesagt: »Ich habe Bitten an die unsichtbare Welt gerichtet, aber umsonst.« Oder: »Ich habe zum Herrn gebetet, weiß aber nicht ob Er mir antworten wird.« Mit anderen Worten: »Ich habe angeklopft, weiß aber nicht, ob mir geöffnet wird.« Darauf stelle ich die Frage: »Worum haben sie denn gebeten?« Der eine erwidert: »Um Reichtum«, der andere »Um Ruhm, eine hübsche Frau«, usw. Nun, in dem Fall werdet ihr lange warten müssen, denn die Verwaltung dort oben ist von zahllosen ähnlichen Bitten derart überhäuft, dass sie euch nicht sofort zufrieden stellen kann.

Jeder fordert Geld, Frauen, Vergnügungen, Macht, eine angesehene Stellung. Es mag sein, dass ihr eine der nächsten Inkarnationen abwarten müsst, bis ihr das Begehrte erhaltet! »Worum soll man denn bitten?« fragt ihr. Bittet und klopft um Dinge an, die niemand anstrebt! Alles reißt sich darum, dieselben Wünsche zu befriedigen, alle stürzen sich auf jegliche gute Sache, um sie zu erhalten und die jenseitige Welt ist durch soviel Begehrlichkeit überfordert. Das ist natürlich symbolisch gemeint, denn das Unsichtbare ist jederzeit in der Lage, euch zu geben worum ihr bittet, falls es dies für richtig hält. Trotzdem rate ich euch, anstatt immerzu materielle Güter und Vergnügen zu verlangen, lieber um Licht, Liebe und Weisheit zu bitten, womit ihr euren Freunden helfen, sie bessern und retten könnt. Bittet um die Kraft, den Willen Gottes zu tun, bittet um das Kommen seines Reichs des Friedens, der Liebe und des ewigen Lebens auf Erden!... Da solche Gebete äußerst selten sind, sagt sich die jenseitige Welt: »Endlich ein Mensch, der nicht wie die anderen ist. Kümmern wir uns erst einmal um sein Anliegen, stellen wir ihn zufrieden.« Bei allen anderen Bitten heißt es: »Nur Geduld, damit geben wir uns später ab!«

Es kommt natürlich vor, dass eure Gebete rasche Erhörung finden. Doch meist zu eurem Unglück. Angenommen, ihr wünscht euch eine bezaubernde Frau und sie wird euch gewährt. Ihr werdet keine ruhige Minute mehr haben; denn diese hübsche Frau wird einem duftenden Blumengarten gleich noch viele andere Verehrer anlocken, die sich an ihrem Duft erfreuen möchten. Ist diese entzückende Frau dazu noch oberflächlich und leichtfertig, ihr selbst aber empfindlich, eifersüchtig und misstrauisch, dann könnt ihr euch ein Bild von den Schwierigkeiten machen, in die ihr hineingeratet! Die Frau wird aus Eitelkeit ihre Schönheit zur Schau stellen wollen, und damit beginnt für euch die Katastrophe, der Weg in die Hölle. Das bisschen Freude, das sie euch brachte, kommt euch sehr teuer zu stehen. Ich habe nichts gegen hübsche Frauen, das dürft ihr mir glauben, sie schmücken das Leben und sind darum notwendig; die Schönheit ist ein Attribut des Schöpfers.[1] Stets haben schöne Frauen Maler und Bildhauer, Dichter und Musiker zum Schaffen angeregt... Bedauerlich ist nur, dass sich die meisten auf das Schöne stürzen um es zu verschlingen, anstatt es aus einiger Entfernung zu betrachten, so ist schon nach kurzer Zeit nichts mehr davon übrig.

Wer sehr rasch das bekommen möchte, wonach er sich sehnt, muss um uneigennützige Dinge bitten. Wenn jemand allzu laut und aufdringlich anklopft und sich rein materielle Dinge erbittet, denkt die unsichtbare Welt besorgt: »Was für ein unvernünftiges Kind; es wird später bittere Tränen weinen, denn es ahnt die Folgen nicht, die das Gewünschte nach sich zieht«, und sie bemüht sich, ihn nicht sofort zufrieden zu stellen. Wer seine Wünsche schnell erfüllt haben will, muss um die eigene Befreiung und die seiner Mitmenschen bitten.

Jetzt möchte ich aus anderer Sicht über die Augen, die Ohren und den Mund sprechen.

Beschäftigen wir uns zuerst mit dem Auge. Wie ihr wisst, ist dieses Organ fast kugelförmig und leicht nach vorne gewölbt; es ist aus drei Membranen gebildet: der Lederhaut, die in die Hornhaut übergeht; aus der Aderhaut, die nach außen hin die Iris bildet; und aus der Netzhaut, die in der Tiefe des Auges einen Punkt, den gelben Fleck, aufweist, der die Bilder formt. Diese drei Membrane stellen die drei Welten dar: die körperliche, die astrale und die geistige.

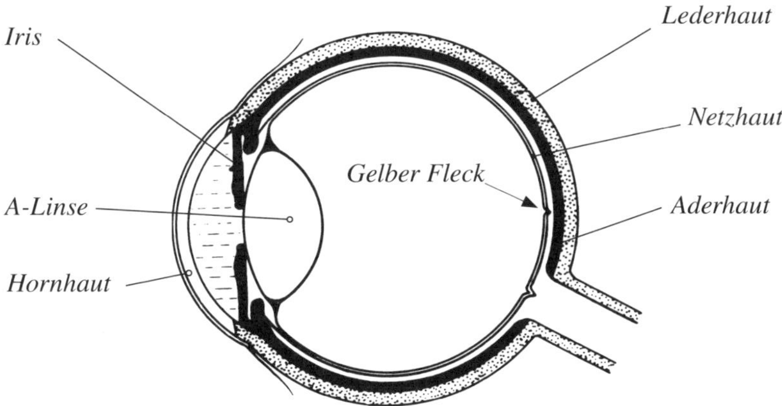

Heute wollen wir unser Augenmerk auf die lichtempfindlichen Sinneszellen der Netzhaut richten: die Zapfen und die Stäbchen.

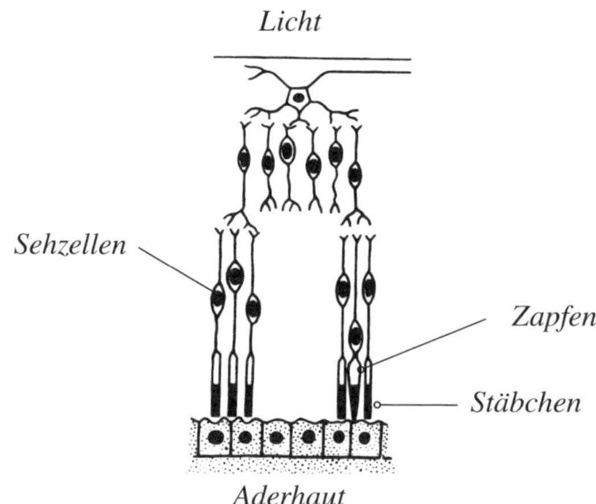

Die Stäbchen nehmen den Helligkeitsgrad der einfallenden Lichtstrahlen und die Zapfen nehmen die Farben wahr. Man hat festgestellt, dass Nachtvögel wie z. B. Eulen und Käuzchen, keine Zapfen, sondern nur Stäbchen in ihrer Netzhaut haben. Die Eule wohnt vorzugsweise in Ruinen oder verlassenen Häusern, wo sie sich unter den Dachbalken verbirgt. Die Eule steht unter dem Einfluss von Saturn. Ihr Charakter weist die schlechten Eigenschaften dieses Planeten auf. Sie kann die Glühwürmchen nicht ausstehen, die in den Sommernächten im Gras leuchten und stellt ihnen nach...

Jesus sagte: »Was siehst du den Splitter in deines Bruders Auge und wirst nicht gewahr des Balkens in deinem Auge?« Mit anderen Worten ausgedrückt: »Was blickst du auf die winzigen Fehler deiner Mitmenschen und siehst deine eigenen nicht, die riesengroß sind?« Wer in der Dunkelheit lebt, hat nur Stäbchen (Balken) in den Augen und sieht die Farben nicht. Wer aber keine Farben sieht, nimmt die Schönheit der Natur nicht wahr und begreift ihren Sinn nicht.

Die Stäbchen stellen jene Leute dar, die im Dunkeln leben, andere ständig kritisieren und zu vernichten suchen. Die Zapfen versinnbildlichen die Menschen, die nach den Gesetzen Gottes in Licht und Liebe leben.

Ihr wisst, wie früher eine Hütte gebaut wurde und auch jetzt noch: Mittels einiger horizontal und vertikal aneinander gefügter Balken und etwas Stroh. Stroh ist das, was nach der Kornernte übrig bleibt und weggeworfen wird. Das Korn stellt die Tugenden dar, das Stroh die kleinen Sünden, die der Mensch ablegen soll. Die Balken hingegen sind die schweren Sünden.

Betrachten wir nun den symbolischen Wert des Hauses. Es besteht aus einem Dreieck, dem Dach, und einem Viereck, dem Körper des Hauses.

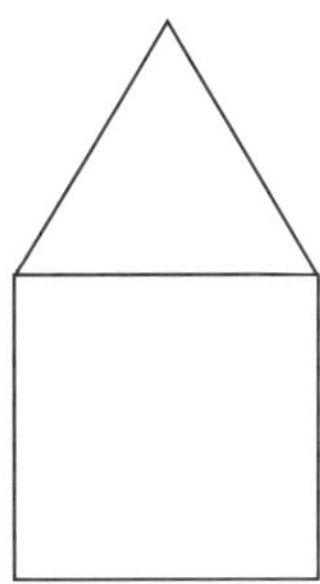

Damit werden Geist und Materie, Himmel und Erde veranschaulicht, denn die Drei ist die Zahl der göttlichen Prinzipien, die Vier die Zahl der vier Aggregatzustände. Das Dach ist oben, die Mauern unten. Das Haus stellt die Gesamtheit des Menschen dar: Die Sieben, bestehend aus Drei und Vier.[2]

Der Längsschnitt eines Kegels ergibt ein Dreieck. Der Querschnitt eines Balkens ein Viereck. Viereck und Dreieck stehen für die sich ewig bekämpfenden Lehren von Geist und Materie, d.h. von Liebe, Weisheit, Wahrheit einerseits und von Egoismus, Härte und Gewalt andererseits.

Alle jene, die sich anderen Menschen aus egoistischen, persönlichen Gründen aufdrängen, folgen der Lehre der Gewalt, der Lehre der Balken. Menschen hingegen, die immer nur darauf bedacht sind, andere aufzuklären, zu erwärmen, zu heilen, freizumachen und die Seelen zur Quelle des Lebens zu leiten, folgen der Lehre der Zapfen. Diese beiden Lehren bestehen seit Urbeginn der Welt und sind in der Natur eingeprägt. Leider denken die Menschen nicht tiefer über die Lektionen nach, welche die Natur ihnen überall in den kleinsten Dingen mitteilt.

Jesus wusste sehr genau, dass er von Menschen umgeben war, die sich der Stäbchen und Balken bedienten. Es waren die Pharisäer, Sadduzäer und Schriftgelehrten, die ihn loshaben wollten. Als sie beschlossen hatten, ihn zu kreuzigen, spotteten sie: »Du gibst vor, Gottes Sohn zu sein – nun werden wir ja sehen, wozu du imstande bist, wenn wir dich an die beiden Balken gebracht haben!« Und sie schlugen ihn an zwei Balken, die zusammen ein Kreuz bildeten. Christus antwortete ihnen: »Ihr seid gelehrt, seid mit der Kabbala vertraut und benutzt die Vier, die Zahl der Gerechtigkeit. Wenn ihr gerecht seid, ist es gut; werdet ihr jedoch vom Gesetz als ungerecht befunden, dann wisst ihr sicher, was eurer wartet.« Ein Symbol ist in allen drei Welten wirksam. Wer unrecht denkt, leidet auf der Gefühlsebene und wird auch auf der irdischen Ebene der Freiheit beraubt.

Betrachten wir die Zahl 4 in den drei Welten:

♃ in der Mentalebene
\+ in der Astralebene
(die beiden einander entgegengesetzten Strömungen)
□ Symbol der Begrenzung auf der physischen Ebene

Vier ist die Zahl Jupiters ♃, der in der Sephira Hesed wohnt, wo der Erzengel Tsadkiel (von »Tsedek«: Gerechtigkeit und »El«: Gott) über die Engelsordnung der Haschmalim regiert.[3] Deshalb ergreifen auch die unter dem Planeten Jupiter Geborenen häufig den Richterberuf.

Die Pharisäer verstanden nicht den Sinn der Worte Jesu. Aber später, nach seiner Kreuzigung, erfüllte sich seine Vorhersage. Als der römische Kaiser Titus nach Jerusalem kam, ließ er die Oberhäupter der Juden ans Kreuz schlagen. Christus hatte sie gewarnt: »Ihr arbeitet mit der Gewalt, mit den Balken und müsst die Folgen tragen!« Es geschah alles, wie er vorausgesagt hatte.

Gehen wir nun zu den Zapfen über. Ich erklärte neulich, dass die Lichtschwingungen eine ununterbrochene Folge bilden, die von der niedersten Frequenz, dem Rot (und dem darunterliegenden Infrarot), bis zu den höchsten Frequenzen, dem Violett (und dem darüberliegenden Ultraviolett) reichen. Diese Folge wird in der Farbenspirale sichtbar. (Siehe Kapitel 3 »In den Augen offenbart sich die Wahrheit«.)

Als ich euch aufforderte, auf den geistigen Berg zu steigen, machte ich euch auf die Kegelprojektion, den mit einem Mittelpunkt versehenen Kreis, aufmerksam. Der Kegel verkörpert eine Lichtspirale. Die kleinen Zapfen in den Augen stehen für die Fähigkeit, die im symbolischen Kegel enthaltene Wirklichkeit der spirituellen Welt zu sehen.

Alle Menschen tragen innerlich eine Brille; die einen Brillen mit roten oder orangefarbenen Gläsern, die anderen Brillen mit gelben oder grünen Gläsern usw. Was bedeutet das?

- Menschen mit roten Brillengläsern trinken und essen gern und gehen gern Vergnügungen nach; und wenn sie sich satt gegessen und vollgetrunken haben, sind sie bereit, Krieg zu führen.
- Menschen die orangefarbene Gläser tragen, neigen zu Individualismus und Einzelgängertum. Sie vertreten die Ansicht, der Mensch müsse ganz für sich handeln und leben, um seine Unabhängigkeit zu beweisen.
- Menschen die gelbe Gläser tragen, sind Menschen, die studieren, nachdenken, überlegen und alle Probleme mit dem Verstand lösen wollen.
- Menschen mit grünen Gläsern haben die Tendenz zu glauben, alles ließe sich mit Finanzen und Ökonomie regeln.
- Menschen mit blauen Gläsern glauben an die Notwendigkeit

einer auf die Religion gegründeten Lebensphilosophie; sie arbeiten für den Frieden unter den Menschen und lieben die Musik, weil die Musik die Gemüter friedlich stimmt.
- Jene, welche indigofarbene Gläser tragen, glauben sich von der Vorsehung dazu auserwählt, die Welt zu lenken; es sind die Könige und die Geistlichen. Indigo ist die Farbe der Königswürde und der Priesterwürde.
- Violette Gläser tragen die Mystiker, Menschen, die in Gebet, Meditation und in Anbetung des Herrn leben.

Die sieben Farben lassen sich auf alle möglichen Arten kombinieren. Daraus entstehen unendlich viele Abstufungen. Schon allein das Rot besitzt 40.000 Abstufungen!

Jede Farbe entspricht einem Gesichtspunkt, einem besonderen Bereich.[4] Doch wir sollten imstande sein, sämtliche Aspekte der Natur und des Daseins wahrzunehmen; in dem Moment stehen wir wirklich im voll entfalteten Lichtkegel, sind ein intaktes Auge, das die Dinge klar sieht; unsere Brillen haben dann ungefärbte, reine und vollkommen durchsichtige Gläser. Ideal wäre es, alle Farben auf einmal in sich zu vereinigen, so wie es die Zäpfchen unserer Augen können, anstatt wie die Stäbchen, ausschließlich die Grautöne wahrzunehmen. Ihr wisst ja, wie viele Menschen im Laufe der Jahrhunderte denen zum Opfer fielen, die zu enge Ansichten verfochten, d.h. nur eine einzige Farbe wahrnahmen. Wie viele Irrtümer wurden sowohl von Geistlichen und Spiritualisten als auch von Materialisten aus mangelnder Weitsicht begangen!

Der Mensch muss sich von begrenzten Vorstellungen freimachen und sich hoch über die Meinungsunterschiede stellen. Er muss die Dinge mit ungefärbten Gläsern betrachten. Christus sagte: »Selig, die reinen Herzens sind, denn sie werden Gott schauen.«[5] Ein reines Herz ist gleichbedeutend mit den farblosen Gläsern. Das lehrt uns die Augenlinse. Sie ist weder gelb noch grün noch blau, sonst könnten wir die Farbenpracht der Natur nicht sehen.

»Selig, die reinen Herzens sind, denn sie werden Gott schauen...« Welcher Zusammenhang besteht zwischen Herz und Auge? Für das Herz gilt dasselbe Phänomen wie für die Linse: Es ist eine Anpassung nötig. Ist die Linse plattgedrückt, sieht der Mensch schlecht. Und ist es das Herz, das »plattgedrückt« ist, sieht man ebenfalls schlecht. Wenn man nicht liebt, sieht man weder die wundervollen Eigenschaften der anderen noch die Schönheiten der Natur, sondern ist im Gegenteil auch noch ständig dabei zu kritisieren und das höchste Wesen, das alles schuf, zu korrigieren. Wie oft beklagt man sich, die Natur und das Leben seien schlecht eingerichtet und man hätte es an Stelle des Schöpfers ganz anders und weit besser gemacht! Seid gewiss, mit einer derartigen Einstellung bleibt euch der Eintritt in das Reich der Mysterien verwehrt, denn im Gegensatz zu der allgemeinen Auffassung ist die Natur unaussprechlich vernünftig und weise eingerichtet!

Ihr solltet nur nach den guten Eigenschaften der anderen suchen. Sagt mir, was hat es euch bisher eingebracht, immer nur nach ihren Fehlern zu suchen? Ihr müsst wissen, indem ihr eure Gedanken auf die Fehler anderer richtet, steigert ihr sie bei ihnen nicht nur, sondern zieht sie auch noch auf euch! Nur wenige Menschen wissen, wie verheerend sich die Gewohnheit auswirkt, immer nur die negative Seite an Menschen und Dingen anzusehen. Vor allem die Menschen in der westlichen Welt sind der Meinung, Kritik üben sei ein Beweis hoher Intelligenz. Viele Freundschaften und Beziehungen zerbrachen aufgrund dieser Neigung, nur Unzulänglichkeiten und zu sehen und mit Vergnügen im Leben der anderen danach zu wühlen. Ein Weiser hingegen versucht, beide Seiten gleichzeitig zu sehen, sowohl das Gute als auch das Schlechte. Damit kann er Unerfreulichem aus dem Wege gehen, Negatives vermindern und die positive Seite stärken. Er ist nicht blind und lässt sich nicht täuschen, doch er schätzt das Gute als das Wesentliche an den Lebewesen und den Dingen. Dadurch, dass er seine Aufmerksamkeit auf dieses Gute richtet, zieht er dessen Kräfte herbei und steigert sie in sich selbst und in den anderen. Deshalb fühlen sich auch alle Lebewesen unwillkürlich zu einem solchen Menschen hingezogen. Sie spüren, dass in seiner Nähe die Keime der göttlichen Natur sprießen und wachsen.

Es ist vielleicht ein Vergnügen, die Mängel anderer Leute aufzuspüren, nur, dieses Vergnügen zieht schwere Folgen nach sich. Wer sich dazu hinreißen lässt, bedeutet eine Gefahr für seine Umgebung und nicht zuletzt für sich selbst. Er ist dauernd unzufrieden, bauscht die winzigsten Unzulänglichkeiten auf und ist gegen alles und jeden aufgebracht. Bittet man ihn darum, seine Meinung über das zu äußern, was er für das Beste hält, stellt sich heraus, dass die von ihm vorgeschlagenen Lösungen weit unbrauchbarer sind als das, was er kritisiert! In Bulgarien wird erzählt, in ferner Vergangenheit hätten die Zigeuner Gott darum gebeten, den Winter abzuschaffen, der viel Leid über sie brachte. Gott erfüllte ihre Bitte... Anfangs verlief alles gut, die Zigeuner waren sehr zufrieden. Jedoch, durch die fehlende Kälte starben die Insekten nicht mehr und vermehrten sich zusehends. Sie wurden sehr groß und richteten solche Verheerungen an, dass die unglücklichen Zigeuner Gott anflehten, den Winter wieder einzuführen... Auch La Fontaine schreibt in einer Fabel zu diesem Thema: Ein Bauer fand, in der Natur seien die Dinge schlecht bestellt, weil die Eiche mit ihrem mächtigen Stamm nur winzige Eicheln trägt, während ein dünner Stängel den riesigen Kürbis hält. Als ihm aber eines Tages eine Eichel auf die Nase fiel, begriff er, was geschehen wäre, wenn ein Kürbis aus solch einer Höhe heruntergefallen wäre. Und er gab zu, dass die Natur wahrhaftig klüger ist als er.

Um dieser schädlichen Gewohnheit ständiger Kritik an allem und allen zu entfliehen, müssen wir den geistigen Berg erklimmen, dessen symbolische Darstellung der Kegel ist, damit wir die Dinge vom Gipfel aus betrachten lernen! – Nehmen wir an, ihr seid ein gelehrter Professor und Vater eines kleinen Jungen, der zufällig auf einen Baum geklettert ist... Von dort aus ruft er plötzlich: »Papa, Papa, ich sehe zwei Personen, die auf dem Wege zu uns sind.« Ihr fragt: »Erkennst du, wer es ist?« »Ja, es sind mein Onkel und meine Tante. Sie sind bepackt und bringen sicher Geschenke mit!« Das Kind ist kleiner als ihr und weiß auch noch nicht sehr viel, ist jedoch in der Lage, Dinge zu sehen, die ihr von der Stelle aus, an der ihr steht, nicht seht. Was bedeutet das? Dass manche Philosophen einen so schlechten Standpunkt eingenommen haben, dass ihnen ein Großteil der Wirklichkeit entgeht. Dagegen gibt es Menschen, die keine Schule besucht haben, dafür aber an einem Punkt stehen, von wo aus sie Tatsachen sehen, die den Wissenschaftlern verborgen bleiben. Es heißt im Evangelium: »Ich preise Dich, Vater und Herr des Himmels und der Erde, dass Du solches den Weisen und Klugen verborgen und es den Kindern offenbart hast.« Wieso? Weil die Kinder gerne auf Bäume klettern... Man trifft auch Menschen, die nicht studiert haben, die Wahrheit jedoch erfassen, sie erfühlen. Ich, zum Beispiel, gleiche einem zwölfjährigen Kind; ich habe nicht wie ihr hervorragende intellektuelle Fähigkeiten, doch man hat mich auf einen hohen Gipfel gestellt, von dem aus ich sehr viel sehen kann.

Die Sicht, aus der wir die Dinge beurteilen, ist oftmals wichtiger als ausgedehntes Wissen. Liegt unser Gesichtspunkt zu tief, sind wir nicht in der Lage, die Schöpfung richtig zu erkennen und zu erfassen, trotz unserer Intelligenz und unseres Wissens. Dagegen ist es manchem »Unwissenden« seines Gesichtspunktes wegen möglich, die Wunder der Natur zu schauen. Überprüft also, wo ihr steht! Ein richtiger Standpunkt ist mehr wert als alles enzyklopädische Wissen.[6]

Diesbezüglich möchte ich auch noch auf die Gefahr hinweisen, die es bedeutet, beim Anblick von Dingen zu verweilen, die zur Neige gehen: die untergehende Sonne, fallende Herbstblätter usw. Man bewundert den Sonnenuntergang und sagt: »Welch herrlicher Anblick!« Aber jeden Morgen den Sonnenaufgang anzusehen, findet man albern. Wundervoll wehmütig findet man es, wenn im Herbst die Blätter fallen, aber im Frühjahr bewundern nur wenige die sprießenden Knospen... Das ist ein Beweis dafür, dass man Gott in der Nacht sucht. Die Natur hat nämlich Tage und Nächte; bis Mittag waltet der Tag, nach Mittag geht es bereits der Nacht zu. Seht euch die Natur tagsüber an, solange sie im Zustand des Gebens ist! Möchtet ihr eintauchen in eine reine und belebende Fülle und ihre Reichtümer aufnehmen, dann müsst ihr morgens hinausgehen, so früh wie möglich! Deshalb empfiehlt unsere Lehre, im Frühling und Sommer dem Sonnenaufgang beizuwohnen.[7]

Doch nun noch einige Worte zum Ohr. – Die Ohren versinnbildlichen die Weisheit; sie sind passiv, im Gegensatz zu den Augen und dem Mund, die abwechselnd aktiv und passiv sind. Das Aktiv-Sein des Mundes (vor allem der Zunge!) ist euch bekannt. Die Augen können ebenfalls manchmal sehr aktiv sein, vor allem wenn es darum geht, jemanden zu verführen oder niederzuschmettern... Die Ohren sind niemals aktiv, es sei denn beim Zuhören, und selbst in diesem Fall ist ihre Aktivität passiver Natur, denn sie fangen die Töne nur auf.

Ich sah Leute zu Meister Peter Danov kommen, die, anstatt ihm zuzuhören und von ihm zu lernen, mit ihrem eigenen Wissen prahlten und die zahllosen Bücher aufzählten, die sie gelesen hatten. Der Meister hörte sie immer mit bewundernswerter Geduld an und lächelte sanft. In manchen Fällen hatte er nicht einmal die Gelegenheit, auch nur ein Wort anzubringen. Nach einiger Zeit jedoch merkten die Betreffenden endlich, dass nur sie allein sprachen und auf diese Weise wirklich nichts erfahren würden. Da schwiegen sie endlich und ließen den Meister reden. Wie groß war ihre Verwunderung, von ihm innerhalb weniger Minuten mehr zu erfahren als in langen Studienjahren! Aus dem einfachen Grunde, weil sie sich in einen Zustand der Empfänglichkeit versetzt hatten, wodurch sie aufnehmen konnten was der Meister ausstrahlte.[8]

Der Schüler muss lernen, wie er sich in diesen Zustand versetzen kann, den wir »passiv« nennen, was aber auf keinen Fall mit Faulheit und Trägheit verwechselt werden darf. Dieser Zustand ist nur dem Anschein nach passiv; in Wirklichkeit ist er der denkbar aktivste, den es gibt. Nur wenigen Menschen gelingt es, sich in diesen Zustand zu versetzen. Dies erfordert viel Disziplin und psychologisches Wissen. Wer ihn in sich herstellen kann, ist imstande, sogar mitten im Alltagsgetöse, die Stimme seiner Seele zu hören, die nichts anderes ist als die Stimme Gottes.

Ein passiver Zustand kann für uns schädlich oder förderlich sein; je nach den Umständen in denen wir uns befinden und den Einflüssen, die auf uns einwirken. Dieser Zustand gestattet uns, gute oder schlechte Einflüsse unsrer Umgebung anzuziehen, einzusammeln und aufzunehmen, während wir im Zustand der Aktivität versprühen, ausstrahlen, die Umgebung beeinflussen. Den Umständen entsprechend gilt es also, sich einmal aktiv (emissiv), einmal passiv, aufnehmend (rezeptiv) zu verhalten.[9] In eine Umwelt hineingestellt, wo unheilvolle Einflüsse wirken, müsst ihr aussendend sein, positiv, um euch gegen diese Einflüsse zu wehren. In Gegenwart heilbringender Einflüsse dagegen müsst ihr aufnehmend sein, da ihr sonst nichts empfangt. Einem bösen Menschen, einem Verbrecher gegenüber müsst ihr euch aktiv, positiv, aussendend verhalten, jedoch einem reinen, edlen, gütigen Wesen, einem Eingeweihten gegenüber, müsst ihr aufnehmend sein. Unglücklicherweise tut ihr sehr oft gerade das Gegenteil, und dann wundert ihr euch, dass eine so große Verwirrung in euch herrscht und so viele gute Bedingungen zunichte gemacht sind.

Das Cortische Organ zeigt uns, dass wir auf die Schwingungen, die Gefühle und Gedanken der anderen reagieren müssen, um sie zu hören und zu verstehen, das heißt, wir müssen in Einklang mit ihnen schwingen. Solange wir nicht mit den großen Meistern in Einklang schwingen, verstehen wir sie nicht. Im Gleichklang mit ihnen schwingen wir erst dann, wenn wir die kurzen Saiten unserer Seele frei erklingen lassen; denn dann sind wir fähig, die feinsten Schwingungen des Universums wahrzunehmen. Wer so zu hören versteht, hört wirklich, vertieft sich und nähert sich den feinstofflichsten Kräften und Wesen, die in der Schöpfung schwingen.

Weise sein heißt auf die sehr sanfte Stimme horchen, die in uns spricht. Auf die laute Stimme des knurrenden Magens oder des Geschlechts, die ein Opfer fordern, hören wir sehr wohl, aber wenn ein leises Stimmchen warnt: »Tu das nicht!« entgegnen wir: »Sei du still!« Das ist der Augenblick, in dem der dritte Lehrmeister auftritt: Der Stock... Der erste Lehrmeister, das Licht der Sonne, unterrichtet uns durch die Augen, er zeigt uns die Wahrheit, um an unsere

Vernunft zu rühren; aber wir erwidern: »Wer sagt mir denn, ob das tatsächlich die Wahrheit ist? Vielleicht ist das nur Schein!«, und wir setzen unsere bisherige Lebensweise fort. Der zweite Lehrmeister, die Liebe, kommt und rührt an unser Herz, aber auch ihn verstehen wir nicht. Den dritten Lehrmeister hingegen kennen wir alle, das ist Saturn; er ist mit einem dicken Knüppel (einem Balken!) ausgerüstet, um uns einen Denkzettel zu erteilen. Alle Prüfungen des Lebens stammen von dem dritten Lehrmeister. Wer die Weisheit unmittelbar versteht und ihr Gehör schenkt, braucht nicht mehr zu leiden, wer aber nicht auf sie hört, dem müssen die Ohren lang gezogen werden! Warum sagt man zu jemandem, der nicht hört, man »ziehe ihm die Ohren lang«? Woher kommt dieser Ausdruck? – Um Leiden, Kummer und Unglück zu entgehen, die der dritte Lehrmeister stets mit sich bringt, gibt es kein zuverlässigeres Mittel, als sich selbst jeden Tag an den Ohren zu ziehen und sich zu sagen: »Hör gut zu!« Dadurch werden wir allmählich vernünftiger. Ihr denkt, das sei kindisch. Keineswegs!

Jetzt kommt der dritte Lehrmeister auf die Erde*, und alle Welt wird erfahren, wie streng und unerbittlich er ist: Er bewirkt Erschütterungen, verpasst den Hochmütigen Fußtritte, bringt riesige Bauwerke zum Einsturz, die man für festgegründet hielt, wirft noch so fest verankerte Glaubenssätze und Ansichten über den Haufen. Seuchen und Kriege, Hungersnöte und Krankheiten sind ebenfalls von ihm. In Wirklichkeit ist er gar nicht bösartig; es schwebt ihm im Gegenteil der wundervolle Gedanke vor, die aufrührerischen Kinder zu einem besseren Verständnis zu bringen, sie zum Himmlischen Vater, zu Seiner Weisheit und Seiner Liebe hinzuführen. Meistens werden die Warnungen der Eingeweihten, alle guten Ratschläge der Weisen in den Wind geschlagen; tritt aber der dritte Lehrmeister mit seinen Knüppeln auf, dann gelangen die Kinder zur Einsicht!

* Dieser Vortrag wurde im Jahre 1938 gehalten und Meister Onraam Mikhael Aivanhov spielte dabei vermutlich auf den Zweiten Weltkrieg an (Anmerkung des Herausgebers).

Der Himmel hat schon zahlreiche Meister und Eingeweihte zu den Menschen gesandt, um diese zu belehren, aber jeder entgegnet: »Entschuldigen Sie bitte, ich bin beschäftigt, ich habe keine Zeit Sie anzuhören... ich habe Frau und Kinder und dringende Geschäfte...« Genau wie im Gleichnis von dem Reichen, der ein Gastmahl geben wollte, zu dem er alle seine Freunde durch seine Diener einladen ließ. Der erste ließ ausrichten: »Eben habe ich ein paar Ochsen gekauft, ich muss sie auf dem Feld ausprobieren...«, der zweite sagte: »Ich habe eine hübsche Frau kennen gelernt und heirate heute.« Alle waren mit scheinbar sehr wichtigen Dingen beschäftigt, die in Wirklichkeit zweitrangig waren. Auch ihr seid häufig mit belanglosen Dingen beschäftigt, die euch daran hindern, auf das zu hören, was ein Eingeweihter euch lehrt, wenn er euch helfen will.

Hört euch nun einige Seiten der Geschichte meines Heimatlandes Bulgarien an. Im Laufe der Jahrhunderte sandte der Himmel eine Reihe von Eingeweihten nach Bulgarien. Vor neun Jahrhunderten waren es die Bogomilen, aber man hörte nicht auf sie; sie wurden fortgejagt, verfolgt und getötet. Bulgarien wurde deswegen schwer bestraft; denn diese Eingeweihten waren die Lichter unseres Landes und diese wollte man auslöschen. Wo Licht brennt, gehen die Diebe nicht hin, weil sie fürchten, gesehen zu werden. Sie warten, bis die Lichter alle gelöscht sind und die Einwohner schlafen; dann erst wagen sie, in das Haus einzudringen. So ist es auch in einem Land und ebenso im Menschen. Wenn ihr die inneren Lichter – damit sind die Tugenden gemeint – auslöscht, werden sich Diebe einschleichen und euch in Fesseln schlagen, d. h. ihr werdet eurer Freiheit und aller Kostbarkeiten beraubt. Diese Diebe sind Krankheiten, Leid, negative Gedanken, Kummer usw. Das Licht allein kann uns schützen! Es ist der einzig wirkliche Wächter, nichts kann sich ungesehen an uns heranmachen...

Bulgarien war, nachdem es die Bogomilen verjagt und damit seine Lichter ausgelöscht hatte, das Opfer von Dieben geworden und musste fünf Jahrhunderte lang unter türkischer Herrschaft leben. Zu Tausenden wurden Köpfe abgeschlagen und Menschen gehängt. Schließlich sagte die unsichtbare Welt: »Geben wir Bulgarien seine Freiheit zurück!«... Zu jedem Volk kamen zu bestimmten Zeitpunkten seiner Geschichte bedeutende Menschen, die von Liebe und Licht kündeten, aber es wurde nicht auf sie gehört, und die Katastrophen brachen herein. – Dieses eine müssen wir uns merken: Wo auch immer wir das Licht verlöschen lassen, sei es in uns, in unserer Seele, in unserem Organismus oder in unserem Land, dort fallen Diebe ein.

Vor Beginn des Vortrags wurde mir die Frage gestellt: »Wie können wir Hellsichtigkeit entwickeln?«

Wirkliches Hellsehen ist die Fähigkeit, Gott überall in der Natur[10] wahrzunehmen, Seine Weisheit, Seine Schönheit, Seine Liebe. So viele Menschen, sogar Wissenschaftler, klagten darüber, Gott umsonst überall gesucht zu haben. Wenn sie natürlich von der Erwartung ausgingen, Ihm in irgendeiner Gestalt zu begegnen, wurden sie enttäuscht. Gott ist überall gegenwärtige Wahrheit, Weisheit, Liebe, Schönheit – und wir können Ihn sehen, sofern unsere Augen nicht verschlossen und voller Balken sind! Suchen wir bei Nacht, werden stets Balken unsere Sicht versperren, den Blick verdüstern. Wir müssen nicht nur in den Augen Zapfen haben, sondern auch in der Seele!

In Bulgarien lebte eine Hellseherin namens Cortez. Sie war dem Meister begegnet und war eine bemerkenswerte Frau, die in Vergangenheit und Zukunft lesen konnte. Wenn sie auf der Straße ging, geschah es ab und zu, dass sie einen Vorübergehenden anhielt, um ihm ins Gewissen zu reden. Sie war stets von einer Menschenmenge umringt. Ich war damals noch zu jung, um zu begreifen, aber meine Mutter wohnte mehreren Auftritten bei, wie dem folgenden: Eines Tages hielt die Cortez einen Mann an, der eben mit seinen beiden Kindern vorbeiging. »Warte mal«, rief sie ihm zu, »das sind doch deine Kinder, nicht wahr?« – »Jawohl«, sagte der Mann etwas geniert. – »Und sie sind stumm?« – »Ach ja«, – »Weißt du denn auch, warum sie stumm sind?« – »Nein«, sagte der Mann, »das weiß ich nicht.« – »Nun, ich weiß es!

Vor der Geburt dieser Kinder hast du Verbrechen begangen, du hast gestohlen. Einmal hast du Schafe geraubt und musstest mit ihnen eine Ortschaft durchqueren. Da du fürchtetest, dass die Schafe durch ihr Blöken dich entlarven würden, hast du ihnen die Zunge herausgeschnitten. Das ist der Grund, weshalb deine Kinder stumm geboren wurden! Dafür sollst du jetzt Buße tun und den Himmel um Vergebung bitten.« Darauf erklärte die Hellseherin dem Mann, dass er Ochsen kaufen und sie dem Bauern, den er damals beraubt hatte, übergeben solle. Andernfalls würde er eine neue Strafe erleiden. Der Mann befolgte den Rat der Hellseherin, und die Kinder erhielten ihre Stimme zurück.

Man kann die Gabe des Hellsehens entwickeln, aber nicht bevor man die Reinheit erlangt hat! Christus sagte: »Selig, die reinen Herzens sind, denn sie werden Gott schauen.« Wer nicht rein ist, kann wohl hellsichtig werden, aber was er sehen wird, ist nicht die göttliche Welt, sondern er gewahrt um sich her und in seinen Mitmenschen lauter Schreckgestalten; er wird sehen, dass die Menschen oft falsche Freunde sind, dass Verrat und Lüge in ihrem Herzen lauern und er wird herannahende Katastrophen sehen. Anders ausgedrückt: Er kann nur das sehen, was sich auf der von ihm selbst erreichten Stufe befindet oder kaum mehr. Die beste Methode aber, um die wahre Hellsichtigkeit zu erlangen, eine Hellsichtigkeit, die das Schauen der göttlichen Welt erlaubt, ist, geistige Liebe und Reinheit in sich zu entwickeln.[11]

Ich weiß wohl, es werden noch viele andere Methoden empfohlen, z. B. das Betrachten von Kristallkugeln und magischen Spiegeln, das Verwenden bestimmter in Mexiko oder anderswo wachsender Pflanzen, die Hypnose usw. doch alle diese Methoden sind nachteilig oder gefährlich. Ich rate euch nicht dazu. Warum will man immer magische Kräfte oder wahrsagerische Fähigkeiten erwerben, wo man noch schwach, aufbrausend, eifersüchtig, geizig und habgierig ist? Die Wesen der unsichtbaren Welt mögen es gar nicht, von unwürdigen Eindringlingen bei ihrer Arbeit beobachtet und gestört zu werden. Manche sind dem Menschen zugetan und empfangen sie mit Wohlwollen. Aber viele andere sind ihnen feindlich gesinnt und verfolgen alle jene, die aus mehr oder weniger zweifelhaften Gründen gewaltsam in ihr Reich eindringen wollen. Unerwünschte Eindringlinge ziehen sich stets den Unwillen der unsichtbaren Wesen zu.

Weil sie Geld scheffeln oder als Hellseher, Eingeweihte und Magier hohes Ansehen genießen wollen, enden viele Okkultisten auf jämmerliche Weise. Denn sie wissen nicht, wie sie sich wehren sollen gegen die Angriffe der Wesen, die sie verärgert haben durch ihre Neugier und das Verlangen, sie sich dienstbar zu machen zur Befriedigung ihrer Begehren. Diese Angriffe treten zunächst in Form von widernatürlichen, perversen Verlangen auf, sodann in anderer Weise, die bis zum Wahnsinn führen kann. Den Wesen der unsichtbaren Welt sind schon viele zum Opfer gefallen. Man hat viel zu viele Bücher über okkulte Literatur verbreitet; das ist verheerend. Unter dem Vorwand, dem Menschen Kräfte zu verleihen, hat diese Literatur Mittel und Methoden unter die Leute gebracht, wie man in gefährliche Regionen vordringt und mit deren Bewohnern in Verbindung tritt und auf diese Weise Unheil aller Art über ihre Anhänger gebracht. In den Jahrbüchern der esoterischen Wissenschaft wird bestätigt, dass schon mehrere Kulturen infolge teuflischer Praktiken untergegangen sind. Eine ähnliche Katastrophe bahnt sich für die Erde an, hervorgerufen durch die niederen Beweggründe, denen die Menschen gehorchen. Das Schicksal von Atlantis wird sich auf andere Weise in der heutigen Epoche wiederholen. Der damalige Kontinent wurde vom Wasser überflutet; diesmal wird das Feuer in vielfältiger Gestalt der Vollstrecker sein.

Nicht länger mehr dürfen die Menschen in überholten Methoden vergangener Zeiten unterrichtet werden, sie müssen jetzt zu einem neuen Verständnis und neuem Wissen geleitet werden. Beschwört die Bilder der Vergangenheit nicht herauf, wirbelt den Staub der Unterwelt nicht auf, sonst werden schlummernde Kräfte freigesetzt, welche die gleichen Katastrophen auslösen wie einst! Man wird der Menschheit keine neue Kultur bringen, indem man archäologische Forschungen in alten Gräbern durchführt, noch durch das Verfassen zahlloser Bände über das großartige Wissen vergangener Zeiten, noch durch das Aufstöbern von Spinnen und Skorpionen in finsteren Krypten. Die Unwissenheit der Forscher über diese Fragen hat zur Folge, dass unbewusst fluidale Kräfte von gewaltiger Stärke entfesselt werden. Einmal freigeworden, breiten sich diese Kräfte aus, dringen in schwache Gehirne und labile Gemüter ein, rufen vergangenes Erleben in ihnen wach und bewirken, dass sie einst begangene Fehler wiederholen. Ich bin der wissenschaftlichen Forschung nicht feindlich gesinnt; doch die archäologischen Forschungen bringen uns nicht viel Nützliches für unsere Weiterentwicklung.

Es gibt andere Methoden, um unmittelbar mit vergangenen Kulturen Verbindung aufzunehmen, als deren Trümmer und verstreuten Überreste zu untersuchen. Aber die Menschen, die von diesen Verfahren nichts wissen, sind gezwungen, zu unvollkommenen Mitteln zu greifen, die sie nur noch mehr in die Irre führen, anstatt ihnen wirklich etwas zu vermitteln. Die wahren Schüler brauchen nicht in den Trümmern zu wühlen, um Einblick in die Geschichte der Menschheit zu gewinnen.

Also lasst beiseite, was längst tot, verstaubt, vermodert und begraben ist! Greift zu dem, was lebendig ist, was lichtvoll ist. Jeden Tag ist die Sonne wieder neu, und auch die Natur. Wenn etwas bereits in Trümmern liegt, beweist das allein schon, dass in ihm nicht die Wahrheit liegt. Das Wahre ist unzerstörbar, es hält dem Angriff der Zeit stand. Jahrhunderte, Jahrtausende gehen spurlos an dem vorbei, was ewig ist und was wir suchen. Das Wahre existiert lange vor uns, um uns, in uns. Wenn wir die neuen Ströme erfassen, die sich täglich in der Welt manifestieren und uns beleben, werden wir von zahlreichen, angeblich wissenschaftlich bewiesenen Scheinwahrheiten Abstand nehmen.

Um nun aber zur Erlangung der Hellsichtigkeit zurückzukommen, wiederhole ich noch einmal: Es ist ratsamer, zuerst an sich selbst zu arbeiten und sich zu reinigen, weil sich dann, sobald wir verwandelt sind, die vollständige Hellsicht ohne unser Zutun von selbst einstellt. Wenn Gott gibt, gibt Er im Überfluss.

Es wird erzählt, dass ein Meister einen Schüler hatte, der gerne die erste Lektion der Einweihung lernen wollte. Der Meister sprach zu ihm: »Geh hinaus auf den Friedhof und beschimpfe die Toten, sage ihnen, sie seien dumm, böse, usw. Berichte mir anschließend, was sie darauf geantwortet haben!« Der Schüler begab sich auf den Friedhof und beschimpfte die Toten – die aber blieben stumm. Zurückgekehrt, erklärte er seinem Meister, die Toten hätten nicht geantwortet. »Vielleicht hast du dir nicht genug Gehör verschafft«, sagte der Meister. »Geh nochmals hin, aber sage ihnen dieses Mal das Gegenteil. Schmeichle ihnen, mach ihnen Komplimente!« Der Schüler kehrte also auf den Friedhof zurück; aber auch auf die herrlichsten Lobreden hin blieben die Toten stumm. »Sie gaben mir auch diesmal keine Antwort«, sagte der Schüler als er zurückkam. »Ausgezeichnet«, erwiderte der Meister »damit hast du die erste Lektion der Einweihung verstanden. Wirst du beschimpft, dann schweige; wird dir geschmeichelt, schweige ebenfalls. Verhalte dich wie die Toten, bleibe Kritik und Komplimenten gegenüber taub und stumm.« Wahrhaftig, eine großartige Lektion!

Vorigen Samstag, als ich über den Mund sprach, sagte ich, die Blätter der Bäume hätten auch kleine Münder, die Spaltöffnungen, dank derer sich der Austausch mit der Umwelt vollzieht. Dank des in den Blättern enthaltenen Chlorophylls, Xanthophylls und Karotins wird der aus den Wurzeln aufsteigende rohe Saft unter der Einwirkung des Lichts in bearbeiteten Saft umgewandelt. Dasselbe vollzieht sich in unserem Mund, wo Drüsen dem Chlorophyll, Xanthophyll und Karotin vergleichbare Substanzen ausscheiden. Wenn wir beim Essen unsere Gedanken und unsere Liebe auf die Nahrung lenken, wird sie dadurch umgewandelt. Essen wir jedoch gedankenlos und ohne Liebe zum Schöpfer, der uns diese Nahrung geschenkt hat, vollzieht sich keine geistige Erneuerung und wir nehmen lediglich die rohen, unbearbeiteten Bestandteile der Materie auf. Wer in Lärm, Unordnung und Hetze isst, kennt nichts weiter als den physikalischen und chemischen Prozess der Ernährung. Wer hingegen in Stille, erfüllt von Liebe und Dankbarkeit isst, betritt damit bereits die Ebene der Alchimie und Vergeistigung.[12]

So verhält es sich im Leben mit allen Dingen, selbst mit unserer Arbeit und dem Studium, das wir betreiben. Wenn wir nicht aufmerksam sind und wenn wir an dem, was wir lernen keinen Gefallen finden, bleibt das ganze Studium ohne Nutzen für uns.

Nehmen wir nun an, das Leben führe uns einem Menschen zu, der uns irritiert. Geistig gesehen ist das ein Rohmaterial. Wir beschweren uns über ihn – unser Mund kann ihn, symbolisch gesprochen, nicht aufnehmen. Sind wir aber innerlich von jener Wärme erfüllt, die Liebe heißt, und von jener Kraft, Licht genannt, dann funktionieren unsere geistigen Drüsen und dieser Mensch wird uns schließlich erträglich, er bedeutet keine seelische Belastung mehr. Bestehen wir jedoch darauf, ihn ohne Licht und Wärme verdauen zu wollen, wird uns das schwächen und erschöpfen. Mit Wärme und Licht können wir alles verändern, was im Rohzustand auf uns zukommt, seien es nun Nahrungsmittel, Menschen, Einflüsse oder Gegenstände usw. Solange wir aber nicht mit Licht und Wärme arbeiten können, empfindet unser geistiger Mund diese Rohstoffe als widerlich und ungenießbar; aber mit Hilfe der Wärme und des Lichts sind wir in der Lage sie zu verwandeln.

Beobachten wir die Natur, so sehen wir, dass die Pflanzen die Mineralien essen, die Tiere die Pflanzen fressen, und die Menschen die Tiere verzehren... Nun drängt sich die Frage auf: Von wem werden dann die Menschen gegessen? – Die Menschen sind die Nahrung der Engel! Aber ja, daran habt ihr wohl noch nie gedacht! Natürlich werden wir von den Engeln nicht wirklich aufgegessen, doch sie ernähren sich von unseren Früchten, anders ausgedrückt von unseren Gedanken und Gefühlen, genauso wie wir die Produkte der Tiere essen, die Milch, den Honig, die Butter, die Eier... Haben wir ihnen jedoch keine bekömmlichen Speisen zubereitet, kommen sie nicht mehr zum Essen zu uns; sind unsere Früchte außerdem noch schlecht, weiden sich andere Engel an uns, die Engel der Finsternis.

Als Christus die schrecklichen Ereignisse voraussagte, die im Anzug waren, fragte ihn einer seiner Jünger, an welchem Ort sie geschehen würden und Christus gab zur Antwort: »Wo das Aas ist, da sammeln sich auch die Geier.« Das ist genau dasselbe Gesetz, von dem ich gerade gesprochen habe. Wenn man Aas in sich hat (gärende Gefühle, verwesende Gedanken), bietet es eine willkommene Nahrung für die Geier, die niederen Wesen der unsichtbaren

Welt.[13] »Aber wie können diese niederen Wesen solche Gefühle und Gedanken erspüren?« fragt ihr. Wenn in eurer Küche etwas Honig vertropft wurde, wie stellen es die Fliegen und Ameisen an, ausfindig zu machen, dass dort etwas für sie zum Naschen steht? Wie haben sie das gefühlt? Sie verfügen über Antennen, sie sind die ersten Erfinder des Radioempfängers. Die Ameisen stammen wie die Bienen vom Planeten Venus; es sind außergewöhnliche Geschöpfe... Sollte euer Haus auch voller Ameisen sein, bleibt ganz ruhig; sie jagen trotz ihrer Winzigkeit den Schlangen panischen Schrecken ein! Dort wo Ameisen sind, gibt es keine Schlangen. Haben wir Ameisen in uns, fliehen auch dort die Schlangen vor ihnen. Das ist natürlich ein Symbol, das man deuten muss.

Die Bienen hingegen lieben die Blumen sehr. Die Biene versinnbildlicht den fortgeschrittenen Schüler, der weiß wie er Nektar in seinem Inneren herstellt. Deshalb besuchen die Engel seine Seele, ernten diese Nahrung, bereiten sie auf und wandeln sie in Honig um. Es steht geschrieben, die Gebete der Heiligen steigen zu Gott auf wie ein Duft, und dieser Duft ist für Ihn Nahrung. Vorerst könnt ihr das noch nicht so recht verstehen, aber später werdet ihr begreifen, dass im Universum alle Dinge mit subtilen Banden untereinander verbunden sind.

Abschließend noch einige Worte über Augen, Ohren und Mund. Wir nehmen das Licht über die Augen auf, den Ton über die Ohren. Welch wunderbare Beziehungen bestehen zwischen Augen und Ohren! Wenn ihr erforscht, wie sich das Licht im Universum fortbewegt, stellt ihr fest, dass es frei und ungehindert durch den leeren Raum eilt, etwas weniger leicht durch die Luft und noch viel weniger leicht durch das Wasser, worin es gebrochen und auf dessen Oberfläche es teilweise reflektiert wird; noch viel mehr wird sein Lauf durch die festen Stoffe gehemmt. Beim Ton ist es umgekehrt: Im leeren Raum breitet er sich nicht aus, dafür jedoch in der Luft, viel mehr noch im Wasser und am besten werden Tonschwingungen durch feste Stoffe geleitet. Vergleicht man nun Geschwindigkeit und das Ausbreitungsmedium, ist das Licht das Gegenteil zum Ton. Das Licht fließt von den feinstofflichen zu den immer dichter werdenden Bereichen, bis es die Materie erreicht. Sein Lauf wird allmählich immer mühsamer. Der Ton geht umgekehrt von der Materie aus, schwingt sich hinauf und verliert an Intensität, bis er im leeren Raum verklingt.

Vor dem Ton (Wort), der stark ist in der Materie, strahlt das Licht, das in der Welt des Geistes stark ist. Aus diesem Grunde wurden Ohr und Auge nach unterschiedlichen Gesetzen erschaffen; das eine der Weisheit und das andere der Wahrheit entsprechend. Das Licht macht die Formen und Farben sichtbar, wodurch die Schönheit sich offenbart, und die Schönheit ist Ausdruck der Wahrheit, welche die Augen bildete. Der Ton (das Wort) ist mit dem Ohr verbunden, das Ohr mit der Weisheit und die Weisheit mit dem Mund, da der Mund die Worte spricht. Mund, Ohren und Augen bilden zusammen ein Dreieck. Zwischen ihnen gibt es zahllose Kombinationsmöglichkeiten. Die Augen sehen, die Ohren hören und der Mund erzählt, was die Augen gesehen und die Ohren gehört haben. Hier liegt das Geheimnis von der innigen Verwandtschaft der drei Tugenden Liebe, Weisheit und Wahrheit.

Nun gebe ich euch folgende Übung auf: Öffnet morgens beim Erwachen sofort bewusst die Augen und lenkt den Blick auf das innere Auge. Dann horcht auf das, was in euch spricht. Ihr werdet dabei das Programm des beginnenden Tages hören. Damit alle drei Spitzen des Dreiecks in Aktion treten, soll auch euer Mund an dieser Übung teilnehmen, indem ihr sprecht: »Ich danke Dir, oh Herr, dass ich heute bei guter Gesundheit bin. Möge mein Tag gesegnet sein! Hilf mir, Deinen Willen zu erfüllen!«

Gewöhnlich sind die ersten Worte beim Erwachen Klagen. Der Mann murrt: »Wo hast du mein Hemd hingelegt? Wo sind meine Socken, meine Manschettenknöpfe?... Warum ist mein Kaffee noch nicht fertig?« Schon beim Erwachen wird gemurrt, das ist eine sehr üble Gewohnheit.

Es war einmal ein König, der zwei Töchter hatte. Die eine war furchtbar hässlich, verstand es aber, wundervolle, reizende Dinge zu sagen. Die zweite war ausnehmend schön, hatte jedoch eine böse Zunge und wurde nicht müde, die Leute zu verärgern. Der

Vater war in einer schwierigen Situation und schämte sich vor den Königen der Nachbarreiche, solche Töchter zu haben. Natürlich fragte er sich, wie er sie verheiraten sollte. Da holte er sich Rat bei einem Weisen, der ihm sagte: »Majestät, schickt morgen früh einen Boten los mit dem Befehl, die beiden ersten Männer, die er am Tor zum Palast findet, zu Euch zu bringen. Mit diesen beiden Männern verheiratet Ihr Eure Töchter.« Am folgenden Morgen schickte der König einen Boten aus, der die beiden ersten Passanten anhielt. Als sie vor den König geführt wurden, geriet dieser in große Verlegenheit, denn der eine war blind und der andere taub! Erneut bat der König den Weisen um Rat. Der sprach: »Das ist ja wie gewünscht! Verheirate den Blinden mit der Hässlichen und den Tauben mit der Hübschen!« So wurde es getan. Der Blinde, der mit Entzücken den Worten seiner Gemahlin lauschte, bedauerte, die Schönheit ihres Antlitzes nicht bewundern zu können, die er sich so herrlich vorstellte, wie die Schönheit ihrer Worte. Der Taube hingegen bewunderte das schöne Gesicht seiner Frau und bedauerte, die lieblichen Worte nicht zu hören, die sicherlich ihrem Mund entflossen. Was aber wäre wohl geschehen, wenn der Blinde hätte sehen und der Taube hören können?

Manchmal ist es ein Glück, etwas kurzsichtig oder schwerhörig zu sein, wenn man unangenehmen Dingen gegenübergestellt ist! Die Leute mögen im Allgemeinen die Wahrheit nicht. Der Mann beschwört seine Frau: »Sag mir, dass du mich liebst... Ich weiß wohl, dass es nicht stimmt, sage es mir aber trotzdem, es klingt in meinen Ohren angenehm!« Er sagt auch: »Ich weiß wohl, du bist nicht sehr hübsch, aber streiche dir ein bisschen Farbe ins Gesicht, das wird meine Augen erfreuen!« Nein, nein, die Menschen lieben die Wahrheit nicht. Jedoch sollten wir, wenn wir in einem Spiegel unsere Augen sehen, danken und uns sofort mit der Wahrheit verbinden. Wenn wir mit unseren Ohren hören, sollten wir uns mit der Weisheit verbinden. Und wenn wir mit dem Mund kosten, sollten wir uns mit der Liebe verbinden. Dadurch schaffen wir ein lebendiges Dreieck. Die Weisen können uns an diesem Dreieck erkennen. Aus der Form des Mundes, der Ohren und der Augen, aus deren Größe und Lage im Verhältnis zur Normalstellung, erkennen sie unsere Verbindung zur Liebe, zur Weisheit und zur Wahrheit.

Jeder weiß, dass der Mensch zwei Augen, zwei Ohren und einen Mund hat. Aber in Wirklichkeit haben wir drei Augen, drei Ohren und drei Münder. Das dritte, das mystische Auge, liegt auf der Stirnmitte. Das dritte Ohr liegt in Höhe der Kehle, der zweite Mund liegt auf dem Scheitel. Es ist das Sahasrara, das tausendblättrige Chakra.[14] Mit diesem zweiten, höheren Mund können wir in den geistigen Regionen sprechen und essen. Gebet und Kommunion sind nichts anderes als eine Art und Weise, in der göttlichen Welt zu sprechen und sich zu ernähren. Vom dritten Mund sage ich heute nichts. Unser Planet besitzt ähnliche Organe wie wir. Sein höherer Mund sind die Hochgebirge, denn die Erde ist dank der höchsten Berggipfel mit dem Himmel verbunden.

Lasst uns eins werden mit der Liebe, der Weisheit und der Wahrheit!

Mit dem Mund werden wir die Liebe Gottes kosten,
Mit den Ohren werden wir die Weisheit Gottes hören,
Mit den Augen werden wir die Wahrheit Gottes sehen.

Paris, den 5. März 1938

Anmerkungen

1. Siehe Band 17/18 der Reihe Gesamtwerke »Erkenne dich selbst - Jnani-Yoga« Band 18, Kapitel 1: »Die Schönheit«.
2. Siehe Band 241 der Reihe Izvor »Der Stein der Weisen«, Kapitel 9: »Die alchimistische Arbeit: Die 3 über der 4«.
3. Siehe Band 236 der Reihe Izvor »Weisheit aus der Kabbala«, Kapitel 3: »Die Engelshierarchien«.
4. Siehe Band 10 der Reihe Gesamtwerke »Sonnen-Yoga«, Kapitel 11: »Die Geister der 7 Lichtstrahlen«.
5. Siehe Band 7 der Reihe Gesamtwerke »Die Reinheit – Grundlage geistiger Kraft«, Teil I, Kapitel 10: »Selig, die reinen Herzens sind«.
6. Siehe Band 235 der Reihe Izvor »Im Geist und in der Wahrheit«, Kapitel 1: »Das Gerüst des Universums«.
7. Siehe Band 10 der Reihe Gesamtwerke »Sonnen-Yoga«.
8. Siehe Band 207 der Reihe Izvor »Was ist ein geistiger Meister?«, Kapitel 8: »Der Schüler vor dem Meister«.
9. Siehe Band 14/15 der Reihe Gesamtwerke »Liebe und Sexualität« Band 15, Kapitel 17: »Leere und Fülle: Der Gral« und Band 228 der Reihe Izvor »Einblick in die unsichtbare Welt«, Kapitel 3: »Der Zugang zur unsichtbaren Welt: Von Jesod nach Tiphereth« und Kapitel 4: »Die Hellsichtigkeit: Aktivität und Rezeptivität«.
10. Siehe Band 238 der Reihe Izvor »Der Glaube versetzt Berge«, Kapitel 12: »Gott in der Schöpfung«.
11. Siehe Band 228 der Reihe Izvor »Einblick in die unsichtbare Welt«, Kapitel 6: »Liebt, und eure Augen werden sich auftun« und Kapitel 9: »Die höchsten Entwicklungsstufen der Hellsichtigkeit«.
12. Siehe Band 229 der Reihe Izvor »Der Weg der Stille«, Kapitel 4: »Eine Übung: In Stille essen«.
13. Siehe Band 5 der Reihe Gesamtwerke »Die Kräfte des Lebens«, Kapitel 7: »Die unerwünschten Wesen«.
14. Siehe Band 219 der Reihe Izvor »Geheimnis Mensch, seine feinstofflichen Körper und Zentren«, Kapitel 6: »Die Chakras«.

Kapitel 7

Peter Danov, der Meister der Universellen Weißen Bruderschaft in Bulgarien

Meister Peter Danov

Freier Vortrag

Heute Nachmittag möchte ich von meinem Meister Peter Danov erzählen. Ein Vortrag ist längst nicht ausreichend um alles zu berichten, was es über ihn zu sagen gibt, aber ich will versuchen, euch so einfach und klar wie möglich anhand erlebter Begebenheiten und Tatsachen ein getreues Bild von ihm zu geben.

Meister Peter Danov ist ein Mensch von höchster Spiritualität, dessen Leben ein Vorbild an Reinheit, Weisheit und Vernunft ist. Er weilt seit mehreren Jahren in der Nähe von Sofia, wo er in einem Ort namens Izgrev (was auf deutsch »Sonnenaufgang« heißt) lehrt. Eine große Anzahl seiner Schüler wohnt dort in freundlichen, hellen Häuschen, die umgeben sind von ungezäunten Blumengärten, so dass es aussieht, als ständen sie alle in einem großen Park.

Die mächtige Ausstrahlung des Meisters, seine Worte, sein lebendiges Beispiel sind wunderwirkend: Tausende von Männern und Frauen in Bulgarien und im Ausland sind seine Schüler geworden. Seine Lebenslehre gründet sich auf die harmonischen Gesetze der Natur und bietet zahlreiche psychologische und pädagogische Anleitungen, die jedem helfen, sein Dasein sinnvoller zu gestalten. Seine Vorträge, von seinen Schülern jeweils mitstenographiert, sind bereits in siebzig Bänden gesammelt und veröffentlicht.

Musik und Gesang nehmen einen wichtigen Platz in der Lehre des Meisters ein, denn Musik gilt als eines der wirksamsten Mittel, sich mit den belebenden Naturkräften zu verbinden und das seelisch-körperliche Gleichgewicht wieder herzustellen. Der Meister selbst hat zahlreiche Lieder komponiert und einen rhythmischen Tanz, die Paneurhythmie geschaffen, der von mehreren hundert Schülern im Kreis um ein Orchester durchgeführt wird. Die Paneurhythmie wird morgens nach Sonnenaufgang im Freien getanzt. Sie wirkt sich überaus heilsam auf das Nervensystem aus. Die Bewegungen sind einfach und von einer starken plastischen Schönheit. Sie beruhen auf dem eingehenden Wissen um die seelisch-geistige Natur des Menschen und auf den akustischen Gesetzen.[1] Zudem hat der Meister auch Gymnastikübungen angegeben, die morgens, möglichst vor der Paneurhythmie, durchgeführt werden. Diese Bewegungen bringen die Körperzellen in harmonischen Einklang, kräftigen den Organismus und verbessern die Gesundheit.

Der Meister empfiehlt das Fasten. Seine Schüler fasten jede Woche von Donnerstag mittag bis Freitag mittag. Während dieser 24 Stunden nehmen sie keinerlei feste Nahrung zu sich, sondern trinken nur abgekochtes, warmes Wasser, das die Ausscheidung der Schlacken fördert und damit zur Reinigung des Körpers beiträgt. Wer fünf, zehn oder mehr Tage fastet, tut es auf Anraten des Meisters und unter seiner Leitung.

Des Meisters Lehre schließt Tabak, Alkohol und Fleisch aus. Die vegetarischen Mahlzeiten, die gemeinsam eingenommen werden, lassen die Schüler den Segen brüderlichen Verhaltens immer mehr schätzen.

Die Bruderschaft verbringt den Sommer in den Bergen von Rila. Der Meister hat diesen Aufenthaltsort gewählt, weil geologisch gesehen diese Gipfel die ältesten der Erde sind. Seit Menschengedenken erhoben sich auf diesen Bergen Tempel der höchsten Einweihung. Aber infolge von Ereignissen, auf die einzugehen jetzt zu viel Zeit rauben würde, sahen sich die Eingeweihten gezwungen, ihre Tempel nach Tibet zu verlegen. Mehrere Wochen lang zeltet die Bruderschaft, wie gesagt, in der Nähe der sieben Seen von Rila. Es ist eine lange Wanderung bis dorthin...

Stellen wir uns nun vor, wir seien unter den Brüdern und Schwestern, die sich hinauf zum Lagerplatz begeben. Wir kommen gerade aus dem Wald, und nach siebenstündigem Aufstieg erreichen wir den ersten See, von dem aus wir den höher oben gelegenen steilabfallenden Rand des Lagerplatzes erblicken. Einige Brüder und Schwestern sind schon dort angelangt und bereiten für die Nachkommenden alles vor: heißes Wasser zum Trinken und Waschen, Feuerstellen, Essen, Zelte. Nun entdecken sie uns und winken grüßend herab. Sie stimmen zu unserem Empfang Lieder an, Jubelrufe erschallen; mit einem Gefühl riesiger Freude erklimmen wir den letzten Hang zum Lager.

In den folgenden Tagen gesellen sich noch mehrere andere Gruppen zu uns. Unter den Ankömmlingen sind junge Leute aber auch Greise, die nicht zögerten, den langen Marsch zurückzulegen, um im Kontakt mit ihrem Meister verjüngende und beglückende Tage zu erleben. Im Morgengrauen, wenn noch alles in den Zelten schläft, vernehmen wir auf einmal Geigenklänge und werden mit dem Lied »Bruder erwache, wohne dem Sonnenaufgang bei!« sanft aus dem Schlaf geholt. Wir stehen auf, waschen uns und steigen schweigend auf dem schmalen Pfad zu einer Anhöhe, dem sogenannten »Gebetshügel«, von dem aus man die Sonne aufgehen sieht. Die Luft ist klar, mit zartem Hauch färbt die Morgenröte den Himmel.

Es ist ergreifend, die lange Kette der still bergan steigenden Brüder und Schwestern zu sehen. Auf dem Gebetshügel angekommen, stehen wir auf einer Art felsiger Plattform. Jeder sucht sich einen Sitzplatz und wartet in innerer Konzentration auf den Sonnenaufgang. Wenn der Meister kommt, stehen wir zum Zeichen des Willkomms alle auf; meditieren und beten dann weiter, in dem Bestreben, die vom Horizont her fließenden Ätherkräfte aufzunehmen. Sobald die Sonne erstrahlt, stimmen wir ihr zu Ehren ein Lied an, wobei unsere Seele von unsäglicher Freude erfüllt ist. Die ganze Natur ringsum, die Felsen, Bäume, Flüsse und Seen schwingen im Einklang mit der allbelebenden Kraft, die aus der Sonne strömt. Wir beten gemeinsam und erheben unsere Seelen zu Gott. Das Gebet wird leichter erhört, wenn man es in der reinen Bergluft mit wachem Sinn und freudigem Herzen spricht. Nach dem Singen und Beten hält der Meister einen Vortrag, worin er den Schülern die Schönheit eines sinnvollen Lebens nahe bringt und ihnen die Weisheit aufzeigt, die in den unscheinbaren

Dingen der Natur verborgen ist, und auf das hohe Ideal hinweist, das jeder Mensch zu verwirklichen berufen ist: ein Mitarbeiter des Himmels, ein Träger göttlichen Lebens zu werden.

Am Ende des Vortrages kehren wir zum Zeltlager zurück und führen dort die Atemübungen durch, die der Meister zur Entfaltung der physischen und psychischen Fähigkeiten empfohlen hat. Dann machen wir alle zusammen unsere Gymnastikübungen und tanzen anschließend auf einer großen Wiese am See die Paneurhythmie, wobei mehrere hundert Schüler singend und tanzend einen großen Kreis bilden, in dessen Mitte sich das Orchester und der Meister befinden. Dieser ist jetzt 74 Jahre alt, übertrifft seine Schüler jedoch weitaus an Schönheit, Lebenskraft und Beweglichkeit. Seine Gebärden sind sanft und harmonisch, und es geht eine wohltuende Strahlung von ihm aus, die für jeden fühlbar wird. Des Meisters Anwesenheit in der Mitte des Kreises erfüllt die Schüler mit freudigem Schwung. Nach der Paneurhythmie kehren wir zum Lagerplatz zurück, und jeder ist von da an frei, entweder zu frühstücken, spazieren zu gehen oder zu arbeiten.

Gegen Mittag treffen wir uns alle wieder und versammeln uns in der Mitte des Lagerplatzes zu einem Kreis. Einige Schüler, die abwechselnd für die Zubereitung der Mahlzeiten verantwortlich sind, verteilen aus riesigen Kesseln und Töpfen die Speisen. Wir essen in der Stille, mit dankbarer Freude und innerer Sammlung. Nach beendeter Mahlzeit sind wir wieder frei. Nachmittags hält der Meister einen Vortrag oder macht mit uns einen Ausflug auf andere Gipfel der Rila-Bergkette. Es ist vorgekommen, dass wir dabei an einem Tag 14 Stunden marschierten; doch dank einer Methode, die der Meister angegeben hatte, konnten wir lange Strecken zurücklegen, ohne müde zu werden; wir waren nach diesen langen Wanderungen niemals erschöpft.

Nach der Abendmahlzeit wird in der Mitte des Lagerplatzes ein großes Feuer entfacht. Wir setzen uns alle darum herum, sprechen Gebete und singen im Chor einige vom Meister komponierte Gesänge. Wir wünschen uns sehnlich, er möchte von der obersten Anhöhe, wo sein Zelt steht, heruntersteigen und zu uns ans Lagerfeuer kommen. Voll Inbrunst singen wir in die Nacht hinein und spähen von Zeit zu Zeit nach des Meisters Zelt, in der Hoffnung, einen Lichtschein zu erblicken, der uns die Erfüllung unseres Wunsches verheißt. Plötzlich strahlt das erwartete Zeichen auf; von unsäglicher Freude bewegt, stimmen wir das Lied »Gruß an den Meister« an und singen: »O Herr, du mein Meister, auf deinen Schritten lenke mich!« Das von der Hand eines Bruders hochgehaltene Licht bewegt sich durch die Nacht und kommt langsam den Pfad herab, der zum Lagerfeuer führt. Endlich gelangt der Meister in die Nähe unseres Kreises; dieser öffnet sich, um ihm einen Platz am Feuer anzubieten und schließt sich hinter ihm wieder. Von neuem werden Lieder angestimmt. Still und weit wölbt sich über uns der tiefblaue Himmel mit den funkelnden Sternen – geheimnisvoll hat die Nacht teil an unserer mystischen Ergriffenheit. Einige Brüder und Schwestern sagen noch Gedichte auf, spielen Geige oder Gitarre... Schon ist es zehn Uhr. Der Meister erhebt sich zum Gebet; wir sprechen es alle mit und danken für die Segnungen, die wir an diesem Tag empfangen durften – dann trennen wir uns und gehen zum Schlafen in unsere Zelte.

Einige bleiben noch am glimmenden Feuer sitzen und betrachten den Sternenhimmel und den glitzernden Mondschein auf dem stillen See.[2] Tiefer Friede senkt sich in ihre Seele; sie fühlen ihr Einssein mit dem Universum, und ihr Leben bekommt einen außergewöhnlichen Sinn, der ihnen unvergesslich bleiben wird. Etwas später, wenn im Lager schon alles schläft, kehren auch sie in ihre Zelte zurück, bis sie in der Frühe von den Geigenklängen geweckt werden, und ein neuer Lichttag beginnt.

Während der Zeit, die wir im Gebirge verbrachten, nahm uns der Meister mehrmals bei Regen und Schnee auf den Gipfel des Mussala mit. Er stellte damit unsere Ausdauer, unseren Glauben auf die Probe. Ringsum tobten Gewitter; Felsen und Boden waren mit kaum erträglicher elektrischer Spannung geladen; der Regen prasselte auf uns hernieder, aus unseren Haaren und den Bärten einiger Brüder sprühten Funken. Ohne zu klagen schritten wir weiter, geführt von dem unerschütterlichen, frisch vorangehenden Meister. Wie soll man die Gefühle beschreiben, die wir damals empfanden? Nur jene, die ähnliche Stunden körperlicher und seelischer Anspannung erlebt haben, vermögen nachzufühlen, wie sehr Seele und Geist dadurch gestählt werden.

Nach ein oder zwei Monaten eines solchen Lebens fühlen wir uns erneuert und verwandelt. Wenn wir dann in die Städte zurückkehren und unsere täglichen Pflichten wieder aufnehmen, sind wir in der Lage, anderen Menschen durch unsere Ratschläge und unser Beispiel wirksamer zu helfen. Wir zeigen ihnen, dass alle Menschen gemeinsam in der Lage sind, das Reich Gottes auf Erden herbeizuführen, wenn sie nur erkennen, dass guter Wille, Liebe und Brüderlichkeit die unverzichtbaren Grundlagen des Daseins sind.*

Was ist ein Meister?[3] Ein Mensch, dem es gelungen ist, sein Denken, Fühlen und Handeln zu beherrschen. Ihr mögt einwenden, das sei nicht viel... In Wahrheit umfasst dies alles. Die Beherrschung der eigenen Gedanken, Gefühle und Taten setzt eine Schulung voraus, eine besondere Verhaltensweise und Disziplin, sowie eine gründliche Kenntnis von der Struktur des Menschen und den in ihm strömenden Kräften, die zwischen seinem ganzen Wesen (seinen Organen, und seinen verschiedenen Körpern) und den verschiedenen Naturreichen existieren. Selbstbeherrschung setzt auch voraus, die Wesenheiten der unsichtbaren Welt und den Aufbau des Universums zu kennen. Ein Meister ist ein Mensch, der die grundlegenden Lebensfragen gelöst hat: Er ist frei, verfügt über einen starken Willen, ist aber vor allen Dingen auch von Liebe, Güte, Sanftmut und Licht erfüllt. Wie viel Arbeit, Studium und Beharrlichkeit sind erforderlich, um ein Meister zu werden!

* Infolge des Machtwechsels haben die bulgarischen Behörden im Jahr 1946 das Gelände von Izgrev zum Bau von Botschaften beschlagnahmt und den Anhängern des Meisters Peter Danov verboten, sich in Rila zu versammeln. Aber unter der Führung des Meisters Omraam Mikhaël Aïvanhov setzt die Universelle Weiße Bruderschaft ihre Arbeit in Frankreich fort (ihr Sitz ist in Sèvres, in der Umgebung von Paris, und wird, wie in Bulgarien, »Izgrev« genannt). Auch in anderen Teilen Frankreichs und in zahlreichen Ländern der Welt haben sich Zentren gebildet.

Jeder, der uns etwas beibringt, ist uns ein Lehrer, und insofern haben alle Menschen einen oder mehrere Lehrmeister. Im Westen redet man häufig Rechtsanwälte, Professoren, Kunstmaler oder Schriftsteller mit »Meister« an... Das ist schon in Ordnung, diese Menschen besitzen ja meist auch ein Talent und Kenntnisse, jedoch haben viele von ihnen die wesentlichen Fragen des Daseins nicht gelöst, sind nicht Herr über ihr Schicksal, führen ein zielloses Leben und sind oft gezwungen, ihren Begierden und niederen Trieben nachzugeben. Darum sind sie im Sinne der Einweihung keine echten Meister.

Wahre Meister sind mächtig, weil sie ihre Philosophie mit ihrem Verhalten in Einklang gebracht haben. Was sie lehren, wenden sie als erste in ihrem eigenen Leben an. Sie leben das vor, was sie lehren...[4] Ein lebendiges Vorbild ist einer Quelle gleich und eine Quelle, das sagte ich im ersten Vortrag, zieht Pflanzen, Tiere und Menschen an. Deswegen scharen sich denn auch Schüler um einen Meister. Meister Peter Danov hat in Bulgarien vierzigtausend Anhänger. Es haben sich in jeder Stadt Bruderschaften gebildet, aus Menschen, die nach den Gesetzen der Liebe, der Weisheit und der Wahrheit leben.

Wenn in einem Konzert ein bedeutender Solist spielt, fühlt man sich tief gerührt und bewegt und wünscht sich heimlich ihm gleich zu werden. Auch ein Maler, ein Dichter versetzen einen zuweilen in ähnliche Verfassung. Wie der Künstler wirkt ein echter Meister mit unaussprechlicher Macht auf die Seele anderer Menschen ein, denn er lebt das spirituelle Leben, wie der Poet die Poesie lebt und der Musiker die Musik.[5] Aus ihm strahlt eine Welt, die jedem fühlbar wird, der sich ihm nähert. Es ist außergewöhnlich kostbar, einem solchen Meister zu begegnen; aber weit kostbarer ist es, an sich zu arbeiten, um ihm gleich zu werden.

Der denkbar größte Segen für die Menschen ist es, einen Meister zu haben, der sie lenkt, führt und aufklärt. Aber sie hören leider nur selten auf ihn. Wie viele Meister wurden in vergangenen Zeiten verbrannt und hingerichtet! Wie viele waren gezwungen, aus der Welt zu scheiden und diese ihrem Leid zu überlassen... Gewaltiges Unheil wird über die Menschheit hereinbrechen, weil sie sich weigerte, den großen Meistern Gehör zu schenken. Man prangerte sie an und machte sie lächerlich; und nun fehlen der Menschheit verlässliche Führer, die fähig wären, ihr aus den Schwierigkeiten herauszuhelfen.

Vor zehn Jahrhunderten erstand in Bulgarien eine Geisteslehre von tiefgreifender Bedeutung, die sich über fast ganz Europa verbreitete: die Bogomilen-Bewegung. Die Bogomilen waren überaus reine, tugendhafte Menschen, bereit, sich eher foltern und verbrennen zu lassen, als ihren nach dem Evangelium ausgerichteten Lebenswandel aufzugeben. Eingeweihte und hohe Weißmagier waren unter ihnen, denen das Volk vertraute und folgte. Seit jeher wurden die Erleuchteten jedoch von den Kurzsichtigen, die in Dunkelheit, Unwissenheit und Habsucht leben, als störend empfunden. Die Bogomilen wurden verfolgt und viele von ihnen getötet. Andere verließen Bulgarien und ließen sich teils in Italien, teils in Frankreich nieder, wo sie die Bewegung der Katharer und Albigenser gründeten. Manche fanden Zuflucht in Deutschland und England; die umfassendste geistige Bewegung entfaltete sich aber unter dem Einfluss der Bogomilen in Frankreich.

Bulgarien wurde wegen der gegen die Bogomilen verübten Verbrechen grausam bestraft. Fünf Jahrhunderte lang musste es unter türkischer Herrschaft leiden, wobei Tausende erwürgt, gehängt wurden oder in qualvoller Sklaverei lebten.

Heutzutage gibt es praktisch keine Glaubensverfolgung mehr. Jedoch tritt durch die Gegenwart reiner, heiliger Menschen die Eitelkeit, Habgier und Bosheit aller anderen deutlicher hervor, was selbstverständlich deren Unwillen erregt. Wenngleich Regierungen und Kirchen in dieser Hinsicht keine Ungerechtigkeiten mehr begehen dürfen, missbrauchen dennoch manche Leute die Macht ihrer einflussreichen Stellungen dazu, um gegen die Interessen ihres Landes und ihrer Religion persönliche Vorteile zu erlangen. Ein derartiges Verhalten ist leider keine Seltenheit. So wie damals der reine Lebenswandel der Albigenser ungewollt die weltlichen Beweggründe der Päpste und Kardinäle ins Licht rückte, verdeutlicht auch heutzutage das Leben eines wahren Meisters das

Allzumenschliche im Verhalten mancher Christen und Priester, die zwar alle das von Christus versprochene geistige Erbe für sich beanspruchen, dabei aber häufig weit weniger ehrenhaft leben als mancher Atheist. Darum stoßen die Meister auf ihrem Weg zwangsläufig auf die hartnäckige Verfolgung durch übel gesinnte Menschen.

Auf dieses Hindernis stieß auch der Meister, als er in Bulgarien zu lehren begann. Er brachte das neue Leben, zeigte den Menschen, wie sehr sie von der wahren Lehre Christi abgekommen waren. Das missfiel natürlich den Bischöfen der orthodoxen Kirche, und es gelang ihnen, bei der Regierung die Verbannung des Meisters aus Sofia zu erwirken. So wurde er nach Varna verwiesen, wo ich wohnte. Es war Ende des Jahres 1917. Des Meisters Verbannung nach Varna war für mich eine glückbringende Begebenheit, denn diesem Umstand ist es zu verdanken, dass ich ihn kennen lernte und mein Leben dadurch eine endgültige Neuorientierung erfuhr. Der Meister blieb mehrere Monate in unserer Stadt und war sehr bald von klugen, ergebenen Leuten umgeben, die ihm große Zuneigung bekundeten.

Ich kann euch hier nicht im Einzelnen von den Wanderungen erzählen, die wir frühmorgens bei Sonnenaufgang auf die Hügel von Varna machten. Unbeschreiblich schön waren die Farben des Morgenhimmels und die Pracht der über dem Schwarzen Meer aufgehenden Sonne. Wie oft verweilten wir beide, der Meister und ich, unter den liebkosenden Sonnenstrahlen! Wir traten aus unserem Körper heraus, und der Meister nahm mich ins Jenseits mit, damit ich die Wirklichkeit der unsichtbaren Welt erfahre. Doch das sind unendlich kostbare Erlebnisse – ich glaube nicht, dass die Zeit schon gekommen ist, davon zu euch sprechen.

Nachdem er mehrere Monate in Varna verbracht hatte, wurde der Meister nach Sofia gerufen. Wenn jemand ein reines Wesen angreift, so wird die ganze ausgeschickte Böswilligkeit von dessen strahlender Aura zurückgewiesen, und alles Übel fällt auf den zurück, der es ausgesandt hat.

Im Psalm 91 heißt es:

»Ob Tausend fallen zu deiner Seite
und Zehntausend zu deiner Rechten,
so wird es doch dich nicht treffen.
Ja, du wirst es sehen mit eigenen Augen
wirst schauen, wie den Gottlosen vergolten wird.
Denn der Herr ist deine Zuversicht,
der Höchste ist deine Zuflucht...«

Diese Verheißung trifft allerdings nur für jene zu, die den Willen Gottes erfüllen; Gott von ganzem Herzen und ganzer Seele, mit allen ihren Gedanken und Kräften lieben, und ihr Leben einzig der Errichtung des Gottesreiches auf Erden weihen.

Ihr sehnt euch alle danach, einmal in eurem Leben einem Meister zu begegnen, der euch die Wahrheit enthüllt; aber ihr wisst zugleich auch, dass dies äußerst selten eintrifft. Manche sind sogar fest davon überzeugt, dass sich die hohen Meister in Tibet, Indien, Japan oder Afrika verborgen halten und keine in Europa leben. Darum sind wir in Bulgarien wirklich bevorzugt, einen Meister so hohen Ranges unter uns zu haben. Wir freuen uns innig über die Gnade, in dem Kraftfeld eines so strahlenden, liebreichen und gütigen Menschen leben zu dürfen, seine Weisungen zu hören, ihn bei den einfachsten Begebenheiten des Alltags sehen und hören zu können. Es ist eine unschätzbare Segnung, einen Meister zu haben, der über die verborgensten Geheimnisse der Seele[6] und der übersinnlichen Welten mit ihren Bewohnern[7] Bescheid weiß. Der Aufschluss darüber gibt, in welcher Weise der Mensch an dem Weben und Walten der Naturkräfte[8] und der Genien anderer Planeten[9] teilhabt und dank Ernährung[10], Atemübungen[11] und Reinigungsübungen[12] seine Gesundheit bewahren oder wiederherstellen kann.

Wenn der Meister in Izgrev weilt (er wohnt dort inmitten der Bruderschaft), merkt man dies sofort. Es ist, als vibriere die Luft anders. Die Brüder und Schwestern drängen sich um ihn herum; es herrscht eine gesteigerte Regsamkeit, die von weitem vernehmbar ist. Von morgens bis abends kommen täglich Leute den Meister besuchen und holen sich bei ihm Rat für ihre persönlichen Anliegen. Dreimal in der Woche hält er Vorträge und zwar in völlig ungewohnter Art. Er liest sie nämlich nicht ab, noch zitiert er irgendwelche Autoren, wie die Redner es tun, sondern er spricht völlig frei, indem er sich von seiner Eingebung leiten lässt. Da er alles fühlt, was seine Zuhörer beschäftigt, antwortet er auf ihre unausgesprochenen Fragen und hilft ihnen die Lösung ihrer Probleme zu finden. Beim Heimgehen haben viele den Eindruck, der Meister habe eigens für sie gesprochen.

Ich habe mehrere Male Freunde zum Meister geführt, damit sie ihn kennen lernten. Unterwegs zu ihm erörterten wir alle möglichen Fragen; nun griff der Meister bei unserem Eintreten die Unterhaltung genau an der Stelle wieder auf, an der wir sie unterbrochen hatten. Er stellte meinen verblüfften Freunden sehr genaue Fragen über die Ansichten, die sie soeben geäußert hatten. Dies geschah sehr oft. Alle Schüler des Meisters wissen, dass er die Gedanken liest. Ihr habt unter euch eine französische Schwester, die in Bulgarien war und den Meister gesprochen hat. Sie stellte mit Verwunderung fest, dass er jede Einzelheit aus ihrem Leben, selbst die Namen ihrer Bekannten und Freunde in Frankreich wusste. Sie war auch tief beeindruckt von des Meisters jugendlich strahlendem, lebhaftem Antlitz. Sie wird euch bald einmal erzählen, was sie in der bulgarischen Bruderschaft alles gesehen und erlebt hat.

Welches ist der Unterschied zwischen den Kenntnissen, die man an einer Universität und dem Wissen, das man bei einem Meister erwirbt? An der Universität werden lauter Dinge gelehrt, die das äußere Leben betreffen. Nach mehreren Jahren dieses Studiums ist man immer noch derselbe, mit denselben Schwächen und Lastern behaftet. Natürlich ist man vielleicht ein angesehener, vornehmer Gelehrter geworden und versteht es, mit Apparaten umzugehen, Zitate herzusagen, eine kunstvolle Sprache zu sprechen und dadurch eine Menge Geld zu verdienen. Aber die Möglichkeiten, das Denken anderer Menschen in falsche Bahnen zu lenken, ist ebenfalls gestiegen. – Wer hingegen bei einem Meister in die Schule gegangen ist, hat vielleicht weder Reichtum noch Berühmtheit erlangt, aber er stellt nach einiger Zeit eine tiefgehende Wandlung bei sich fest: Sein Urteilsvermögen, seine Charakterstärke, seine Fähigkeit, anderen zu helfen, sind gewachsen.

An der Universität studieren heißt, eine Frucht auf ihre physikalischen und chemischen Eigenschaften hin im Labor untersuchen, heißt herausfinden, aus welchen Bestandteilen Schale, Fruchtfleisch und Kerne zusammengesetzt sind – aber ohne jemals selber die Frucht zu kosten und ihre Wirkung anhand der uns von Gott verliehenen, natürlichen Möglichkeiten zu verspüren. Bei einem Meister erwirbt man keine trockenen Theorien, sondern man verzehrt die Frucht und spürt alsbald, wie sämtliche Körperfunktionen belebt und ins Gleichgewicht gebracht werden. Dann kann der Kopf besser denken, das Herz mehr lieben und der Wille sinnvoller handeln. Dank dieser Fähigkeiten ist der Schüler eines geistigen Meisters nun in der Lage, das große Buch der Natur zu erforschen. Er findet darin die physikalischen, chemischen, astronomischen Zusammenhänge weit anschaulicher dargelegt als in den Abhandlungen der Akademiker und er erkennt die wahren Verbindungen.

Glaubt ja nicht, ich sei ein geschworener Feind der Hochschulen. Ich bin selbst lange Jahre Student gewesen und hatte mehrere Fächer belegt. Nachdem ich in Psychologie und Pädagogik promoviert hatte, hörte ich auch noch Vorlesungen über Mathematik, Physik und Chemie. Man nannte mich ironisch den ewigen Studenten. Dann habe ich aber eingesehen, wie viel Zeit ich verloren hatte und versuchte, bewusst vieles wieder zu vergessen, denn ich merkte, dass sich das angelernte Wissen wie ein Schleier trennend zwischen mein inneres Sein und die Wirklichkeit schob. Es ist gewiss nützlich, einen Einblick in mehrere Gebiete zu gewinnen – jedes enthüllt einen besonderen Aspekt des Lebens und des Universums. Aber so wie heute studiert wird, lernt man nur die tote Seite der Dinge kennen. Man wird eines Tages merken, dass jede Wissenschaft belebt werden muss, d.h. sie in allen Naturreichen und in sich selbst wiederzufinden. Dann werden die mathematischen Formeln, die geometrischen Formen und Gesetze anders zu uns sprechen; man wird entdecken, dass auch unsere Gedanken, Gefühle und Handlungen von denselben Gesetzen geleitet werden. Diese allumfassende, lebendige Wissenschaft allein betrachte ich als die wahre. Man weiß gegenwärtig viel zu viel über Astronomie, Anatomie, Mathematik... Es fehlt jedoch die innere Verbindung mit dem Leben und mit den anderen Wissenschaften. Man sammelt nur vereinzelte unzusammenhängende Kenntnisse, die für das Leben von keinerlei Nutzen sind.

Ihr müsst mich recht verstehen: Ich habe nichts gegen das Wissen und die Professoren, aber für mich stehen jene Kenntnisse an erster Stelle, die die hohen Meister vermitteln, weil sie allein den ganzen Wert einer Wissenschaft des Lebens verstanden haben, die allen Menschen das Licht, das Glück und die Fülle bringt.

Bei meinem Meister erlernte ich die Kunst, denen zuzuhören, die mich etwas lehren können. Ein Stück Eisen, das eine Zeit lang neben einem Magneten liegt, erwirbt selber magnetische Kraft. Mit einem Schüler, der aufnahmebereit vor seinem Meister weilt, verhält es sich ebenso: Er wird von dessen Geisteskraft und Magnetismus durchdrungen und kann später seinerseits anderen Menschen helfen. Einem Eingeweihten soll man aufnahmebereit und aufmerksam lauschen, denn die leiseste Bemerkung von ihm kann uns Klarheit über unsere Zukunft bringen. Leider erinnert man sich seiner Worte meist erst dann wieder, wenn das Unglück schon passiert ist.

In den östlichen Ländern allein wissen die Menschen, die höheren Wesen wirklich zu schätzen. Die Schüler orientalischer Meister verhalten sich ihrem geistigen Lehrer gegenüber empfänglich, ohne zu fürchten, ihre Persönlichkeit und Freiheit einzubüßen. Die Angst, Sklave seines Meisters zu werden, kennt der Orientale nicht. Er ist im Gegenteil fest davon überzeugt, dass er nur auf diesem Wege zu seinem wahren Selbst, seiner geistigen Freiheit finden kann. Mit der inneren Aufnahmebereitschaft des Schülers gegenüber seinem Meister meine ich nicht nur das Aufgeschlossensein den Eingeweihten gegenüber, sondern auch der Sonne, den Quellen, Flüssen, Sternen, der ganzen Natur sowie allem Schönen und Erhabenen gegenüber. In dem Augenblick werden wir erst fähig, die Arbeit, die die höheren Wesen in der unsichtbaren Welt ausführen, zu begreifen und zu erfühlen.

In fast allen Ländern Europas, besonders in Frankreich, meint jeder, wenn er alle und alles kritisiert und gering schätzt und so tut, als sei er über alles erhaben, beweise er damit seine Persönlichkeit. Jedoch die überhebliche Art, mit welcher heutzutage im Westen ein jeder seine Unabhängigkeit kundtut, verrät nur die Faulheit von Leuten, die sich nicht im geringsten darum bemühen, ihre niederen Neigungen zu zügeln; und außerdem ihren Mangel an psychologischer Kenntnis, da sie die jämmerlichen Folgen ihres Verhaltens nicht sehen.

Tatsächlich trifft man im Westen nur wenige Meister, denn die allerorts verbreitete Gewohnheit, auf den Bühnen von Theater und Kabarett und auf offener Straße alles Heilige ins Lächerliche zu ziehen, hat sie vertrieben. Im Westen leben nahezu keine Meister mehr und wenn, leben sie zurückgezogen, um nicht gestört zu werden. Die meisten von denen, die sich als Meister ausgeben, sind nicht nur außerstande ihren Mitmenschen zu helfen, sondern können sich nicht einmal selbst aus dem Morast befreien, in den sie sich hineinmanövriert haben.

Die Menschen im Westen vertrauen viel zu sehr auf die Wirkung der Worte, sind überzeugt, dass lange Reden alles in Ordnung bringen und nehmen es mit der Verwirklichung, dem Umsetzen in die Tat, nicht sehr genau. Die Meister glauben auch an die Macht der Worte, aber sie reden nicht viel, sagen nur das Wesentliche und sind vor allen Dingen darum bemüht, Wort und Tat aufeinander abzustimmen. Die westliche Welt hat die innere Tiefe verloren, in der die Weisheit zuhause ist, und sich in eine leichtfertige Oberflächlichkeit hineinentwickelt, wo pausenlos geredet wird. Die meisten Leute, die man antrifft, erzählen einem äußerlich sehr viel, teilen jedoch innerlich nichts mit. Sie machen viele Worte, von denen in der Seele nichts haften bleibt. Ein Eingeweihter spricht vor allem aus innerster Seele; deshalb vergisst man sein ganzes Leben lang nicht mehr, was er einem gesagt hat.

Ein Beispiel wird dies deutlicher machen. Ein Student hört die Vorlesungen berühmter Professoren, eignet sich viel Wissen an. Da tritt eines Tages ein junger Lehrer auf, der nicht studiert und berühmt, dafür aber auffallend schön und anmutig ist: ein bezauberndes Mädchen. Der Student fühlt, dass viel Angenehmes, Tiefgreifendes, Poetisches von diesem Mädchen auf ihn überstrahlt und bittet um die Gunst, sich von ihr unterweisen zu lassen. Die gelehrten Professoren sprachen von Literatur, Biologie, Astronomie, doch ihr Unterricht erweckte in ihm keinerlei Emotionen, weswegen ihm auch der tiefere Sinn davon verschlossen blieb. Die herrlichsten Werke der Literatur ließen ihn kalt; jetzt hingegen verfasst er selbst wunderschöne Gedichte... Die Astronomie fand er langweilig – jetzt betrachtet er auf einmal die Sterne und vergleicht sie mit den leuchtenden Augen seiner jungen Lehrerin. Trotz des Hygiene-Unterrichts kam er oft ungewaschen, schlecht rasiert und nachlässig gekleidet daher; jetzt aber – oh Wunder! – achtet er peinlich auf Sauberkeit, trägt eine sorgfältig gebundene Krawatte, ist ordentlich gekämmt, glatt rasiert und tadellos gekleidet. Seine Eltern und Freunde sind erstaunt. Früher machte er sich lustig über die Psychometrie, denn er fühlte nichts und verachtete diejenigen, die feinfühlig waren. Nun aber legt er das kleinste Zettelchen, das er von seiner jungen Lehrerin bekommt, auf Augen, Mund und Herz, um dessen geheimnisvolle Schwingungen wahrzunehmen. Er fühlt mit einem Mal feinstoffliche Strahlungen; das Übersinnliche ist für ihn Wirklichkeit geworden. Früher glaubte er nicht an Homöopathie; doch jetzt wird er durch zahlreiche Erfahrungen mit ihr vertraut. Das junge Mädchen gewährt ihm nämlich nur unendlich kleine Dosen: ein leichtes Augenzwinkern, ein kaum wahrnehmbares Lächeln, einen flüchtigen Händedruck, und er entdeckt deren wundersam-herrliche Wirkung.

Erstaunlich ist es auch, welch wohlgeschulter Jurist die junge Lehrerin ist. Sie lehrt ihren Schüler durch ihr Verhalten das erste Gebot ihrer Schule: »Du sollst außer mir keine andere Gottheit anbeten! Nur mich allein sollst du lieben und deine Blicke auf keinen anderen jungen Lehrer meiner Art wenden«... Manchmal wird sie sehr anspruchsvoll – stets im Interesse des unternommenen Studiums. Der Student fühlt sich als Ritter; er will die vom Drachen (dem Vater des Mädchens) gefangen gehaltene Prinzessin befreien! So geht das Abenteuer immer weiter.

Wer sich fragt, warum es auf der Welt so viele Verliebte gibt, dem antworte ich: Weil die alten Professoren ihrem Unterrichtsstoff allzu große Bedeutung beimessen, und sich zu viel von der Wirksamkeit ihrer Lehrmethoden versprechen. Als die weise Natur mit wachem Auge in den Hochschulen, Akademien, Seminaren die vielen Professoren sah, die im Namen einer unzulänglichen Psychologie und Pädagogik Verhaltensregeln und Vorschriften aufzwangen, welche weder mit den Gesetzen der Natur, noch mit denen eines normalen, vernünftigen Lebens übereinstimmten, wurde ihr Angst, und sie schickte in aller Eile jugendliche Professoren beider Geschlechter auf die Erde, damit sie einander gegenseitig zu Liebe und Aufopferung erziehen.

Ich möchte zwar nicht behaupten, dass diese jungen Professoren so überaus weise sind. Sie machen, wie jeder Lernende, noch eine Menge Dummheiten und Fehler, aber das ist eine andere Frage. Auch den betagten Professoren werfe ich nichts vor. Alt sein heißt in der Symbolsprache weise sein. Jung sein bedeutet ein Kind der Liebe sein. Jugend und Alter sind zwei Pole, zwei verschiedene Ausdrucksweisen: die eine veranschaulicht die Liebe, die andere die Weisheit. Bitte versucht, mich recht zu verstehen, wenn ich solche Beispiele anführe.

Viele beurteilen ihre Mitmenschen allein nach dem Ausmaß ihrer Kenntnisse und messen der Kraft und Zuversicht, die sie ausstrahlen, dem Lebensmut, den sie auf andere übertragen, nur wenig Bedeutung zu. Sie gleichen denen, die dem Brot, dem Wasser, der Luft keinerlei Beachtung schenken... Was nützen dem Menschen Philosophie, Wissenschaft und Kunst, wenn er nicht genährt und lebendig ist? Am Leben und bei Kräften zu sein, ist demnach die Hauptsache; dann erst mag, wer Zeit und Lust dazu hat, sich mit Philosophie und Wissenschaft befassen. An den Hochschulen wird den Studenten Wissenschaft und Philosophie gelehrt, aber sie werden dabei nicht genährt. Darum stehen sie, symbolisch gesprochen, auf wackligen Beinen, haben ein leeres Herz und einen getrübten Blick.[13] In den Einweihungsschulen werden die Schüler dagegen zunächst wohl genährt; wenn sie stramm und kräftig geworden sind, gibt man ihnen einen Pflug, erklärt ihnen, wie man damit den Erdboden pflügt und lässt sie arbeiten. Mit dem Erdboden meine ich jene Erde, die jeder Mensch als Eigentum besitzt: Kopf und Gehirn. Wer guten Samen in seine Erde sät, wird das ganze Leben lang reichlich zu essen haben; andernfalls werden lauter Disteln, Stacheln und Dornenhecken wuchern, die ihm nichts einbringen und ihm und den anderen obendrein schaden.

Die Professoren, die lediglich die Außenwelt erforschen, vergaßen, sich mit jener Erde zu befassen, die Gott ihnen gab. Dahinein pflanzten sie wahllos aufs Geratewohl irgendetwas zu irgendeinem Zeitpunkt. Der Weise hingegen, der seine eigene Erde erforscht und mit Bedacht bepflanzt, ist in der Lage mit den Früchten, die er erntet, die ganze Welt zu ernähren. Hier liegt der winzige Unterschied zwischen den einen und den anderen Lehrern. Ungeheuer sind die Folgen! Dieser kleine Unterschied ist es nämlich, der die Menschheit in jenes teuflische Leben abgleiten ließ, wo jeder jeden bestiehlt, hintergeht und umbringt.

Trefft ihr heute einen Menschen an, der eure Lebensfreude steigert, aus dessen Unterhaltung ihr Mut und Hoffnung schöpft, so wisst, dass diese Empfindung weit wertvoller ist, als wenn ihr abstrakte Kenntnisse erworben hättet, die euch meist doch nur austrocknen und ermüden. Wenn ihr in froher Stimmung und von Liebe erfüllt seid, Freude und Begeisterung im Herzen tragt, dann strömen euch die wahren Erkenntnisse von alleine zu. Ich versichere euch, ich verbringe meine Tage viel lieber mit Menschen, die mich beschwingen, in mir Schaffensfreude und die Liebe zu den Dingen erwecken, als mit solchen, die gleich wandelnden Enzyklopädien über alles Bescheid wissen, aber außerstande sind, mir Mut und Vertrauen ins Leben zu vermitteln.

Viele bewundern nur die reichen, gelehrten und angesehenen Leute, sie halten gute, großzügige und verständnisvolle Menschen für dumm und meinen, wenn diese intelligent wären, würden sie sich anders verhalten. Das ist eine völlig verkehrte Ansicht. Wenn es nämlich auf unserer Erde keine solchen Menschen gäbe, würde längst alles in Trümmern liegen. Das Fortbestehen der Welt verdanken wir ihnen. In Gegenwart reiner, edler, großer Menschen fühlt ihr, dass lichtvolle Kräfte von ihnen ausgehen, die euch helfen. Dagegen fühlt ihr euch bei unreinen, ungerechten, kriminellen Menschen bedroht. Der Volksmund sagt: »Wo der Böse vorübergeht, wächst kein Gras mehr.« Tatsächlich verbreitet er zerstörende Kräfte und Schwingungen. Gegenwärtig werden gute, ehrenhafte und tugendreiche Menschen nicht mehr geschätzt. Aber es kommt eine Zeit, wo sie mehr als alles geachtet werden.

Nun will ich euch eine Begebenheit erzählen, die sich in den ersten Monaten, da ich den Meister kennen gelernt hatte, zugetragen hat. Es war in Varna, während des Balkankriegs. Ich war 17 Jahre alt und, wie öfters schon, beim Meister zu Besuch. Wenn man bei ihm ist, vergisst man die Zeit. Auch an jenem Abend hatten wir lange miteinander geplaudert, und die Sperrstunde war weit überschritten. Damals patrouillierten nämlich nachts Polizisten in den Straßen, und verspätete Passanten wurden zur Polizeistation gebracht. Ich wurde an der Straßenecke von zwei berittenen Posten angehalten: »Wohin zu dieser Stunde?« – »Ich gehe nach Hause.« – »Nun, Sie kommen jetzt zuerst mit uns!« Ich musste ihnen folgen. Im Gehen gedachte ich des Meisters und fühlte mich von dem Gespräch mit ihm so sehr beglückt, dass es mir nichts ausmachte, die Nacht im Gefängnis zu verbringen. Urplötzlich, ohne irgendwelchen Grund, änderten die Wachtposten ihre Meinung und sagten: »Gehen Sie nach Hause... wir werden Sie noch ein Stück begleiten, damit Sie nicht von anderen Posten festgenommen werden; aber vermeiden Sie es künftig, zu so später Stunde auszugehen!« Ich war sehr erfreut über diesen Gesinnungswandel und hatte am nächsten Morgen den Vorfall längst vergessen. Einige Tage darauf ging ich wieder zum Meister. Der empfing mich mit einem Lächeln und fragte: »Wie ist es dir neulich am Abend ergangen? Nicht wahr, die Wachtposten waren nett?« – »Wie, Meister, Sie wissen, was sich zugetragen hat? Was haben Sie getan?« – »Ich habe zu den Posten gesagt: Lasst ihn in Frieden heimgehen, er ist ein guter Schüler.« Nach diesem Ereignis wurde mir klar, dass es für den Meister ein Leichtes ist, im Unsichtbaren zu sprechen. Denen, die sich fragen, ob die Gedanken eine Wirklichkeit sind, ob sie sich im Raum fortbewegen und von einem menschlichen Hirn aufgenommen werden können, mag dieser Vorfall Stoff zum Nachdenken bieten. Der Meister sagte zu den Wachtposten nur: »Er ist ein guter Schüler, lasst ihn gehen«, und ihre Seelen gehorchten sofort; denn eines Meisters Bitte ist ihnen Befehl.

Bisweilen, während wir miteinander sprachen, schaute der Meister zum Himmel auf und beobachtete die Formen der Wolken; dann sagte er: »Mikhaël, heute Nachmittag kommen drei Personen aus Sofia mich besuchen.« – »Woran sehen sie das, Meister?« – »Die Wolken kündigen es mir an«, erwiderte er. In welcher Sprache, weiß ich nicht; aber ich verdanke dem Meister umfangreiche Kenntnisse zu diesem Thema. Er erklärte mir, dass man aus den Wolken, die über eine Stadt hinziehen, sogar die Wesensart der dort lebenden Seelen ablesen kann. Im Unsichtbaren gibt es Zeichen, die ein Eingeweihter zu erkennen und zu deuten versteht. Ist eine Stadt unrein, so ist sie in eine düstere Dunstschicht gehüllt, welche die heilsamen Strömungen nicht durchlässt, so dass lauter Unheil über sie hereinbricht. Dasselbe gilt für die menschliche Aura. Ist ein Mensch unrein und verdüstert, so kann nichts von dem Segen, den die Gotteswelt ihm schickt, in sein Wesen eindringen, und er leidet.

Jeder Mensch wird in der unsichtbaren Welt von Wesenheiten begleitet. Sind diese Wesenheiten segensreich, so bereiten sie auf den Wegen, die er beschreitet, alles vor. Sind es unheilvolle, dann widersetzen sie sich ihm und schaden ihm bei allem, was er unternimmt. Wer ein wahrer König ist, dem eilen auf allen Wegen Diener voraus. Auf seine Ankunft hin werden Vorbereitungen getroffen, denn er ist der König. Der Bettler, d.h. der innerlich an Tugenden Arme, darf nicht damit rechnen gute Aufnahme zu finden, wohin er auch geht. Das Geheimnis des wahren Lebens besteht darin, einzig danach zu trachten, Herr seiner selbst zu werden: Ein König der seine eigenen Gedanken, Gefühle und Handlungen meistert. Wir haben in uns ein riesiges Volk, das wir regieren müssen.

Wer tatsächlich Herr über seine Begierden und Neigungen ist, dem eilen stets Wesenheiten voraus, die alles für ihn bereitstellen. Wenn ihr ein Vorhaben ausführen wollt, dabei aber eure Gedanken und Gefühle zu überwachen vergesst, so werden die Gegner in der unsichtbaren Welt euren Plan vernichten, indem sie sich in den Kopf eurer Bekannten und Freunde einnisten und von dort her gegen euch wirken. Denkt ein wenig darüber nach, so werdet ihr erkennen, dass ihr selbst eure Gegner heraufbeschworen habt und nun kämpfen sie gegen euch aus fremden Gehirnen, in die sie eingezogen sind. Natürlich gibt es Ausnahmen. Außergewöhnliche Wesen wie z.B. die Meister, die für die Entwicklung der Menschheit arbeiten, werden oftmals angefeindet und verfolgt, weil die beiden Prinzipien des Guten und des Bösen sich bekunden und ständig in der Welt bekämpfen. Wer für das Licht arbeitet, weiß, dass er damit die finsteren Gewalten herausfordert. In dem Bestreben, die Welt zu verbessern, rührt er an die Interessen derer, denen dies unangenehm ist und die deshalb mit allen Mitteln zurückschlagen. Genau das passierte ja dem Meister auch: Sein weises Verhalten, seine Uneigennützigkeit und Aufrichtigkeit haben die Interessen vieler Leute gestört. Jenen, die in der Finsternis leben, ist das Licht stets ein Gräuel; denn wo es aufstrahlt, werden sie gesehen und erkannt.

Einmal kam ein befreundeter Schauspieler und Schüler des Meisters zu mir und rief mit zitternder Stimme: »Stell dir vor, Bruder Mikhaël, ein Theaterregisseur ist nach Varna gekommen, der dabei ist, ein Stück zu inszenieren, das einen Angriff auf unseren Meister darstellt. Du weißt ja, ich bin als Schauspieler in der Truppe dieses Theaters engagiert und somit verpflichtet, in diesem Stück mitzuspielen, worin unser Meister und die Bruderschaft lächerlich gemacht werden. Was soll ich tun?« Ich beruhigte ihn: »Sei unbesorgt, die unsichtbare Welt ist mächtig und wird schon alles in Ordnung bringen. Aber wenn es dir möglich ist, gehe immerhin zu dem Regisseur und erkläre ihm, dass er dieses Stück nicht zur Aufführung bringen darf, weil es ungehörig ist, wahrhaft gute, heilige und gerechte Menschen zu verspotten. Mache ihn auf die geistigen Gesetze aufmerksam: Über Kriminelle zu lachen ist nicht schlimm, manchmal sogar nützlich. Jedoch über reine, lichtvolle Wesen zu spotten, ist gefährlich.«

Ich war völlig ruhig und überzeugt, dass das Stück nicht aufgeführt werden würde. Mein Freund sprach mit dem Spielleiter, der ihn anhörte, die Warnung aber nicht ernst nahm und die Proben fortsetzte. Es nahte der Abend vor der Uraufführung, die Generalprobe war angesetzt... Da kam mein Freund gelaufen: »Weißt du was geschehen ist, Bruder Mikhaël? Während wir probten, erlitt der Regisseur am Hals einen Aderriss; die Ärzte versuchen gerade, mitten auf der Bühne die Blutung zu stoppen.« – »Es ist nicht schlimm«, erwiderte ich, »bestelle ihm aber, dass ich ihn sprechen möchte.« Der Regisseur war bereit, mich zu empfangen, und ich bat, ihn allein zu sprechen. Seine Frau war zwar nicht erfreut, aber sie gab schließlich nach und ließ uns allein. Als ich das Zimmer betrat, schaute ich ihn sanft an; er war sichtlich bestürzt, hatte einen Eisbeutel am Hals, konnte weder sprechen noch sich bewegen und sah mich nur an. Ich sprach zu ihm, ruhig und mit Liebe: »Sie können wieder gesund werden, wenn Sie mir versprechen, das Stück nicht zu spielen. Es gibt doch so viele andere; warum wollen Sie ausgerechnet mit diesem hier Geld verdienen? Sie richten sich mit dieser Inszenierung gegen alle jene, die etwas Reines und Lichtvolles in die Welt bringen. Sie sind nur deshalb krank geworden, weil Sie darauf beharren, dieses Stück auf die Bühne zu bringen, wozu Sie kein Recht haben.« Ich erklärte ihm einige Gesetze der Geisteswelt und wie viel er riskierte. Geschwächt und aufnahmebereit wie er war, sah er alles ein und versprach, von der Aufführung abzusehen. Ich war froh darüber und ging. Am nächsten Tag war der Regisseur wieder gesund. Aber nach ein paar weiteren Tagen begann seine Frau (die Schauspielerin war und in dem Stück auftrat), sich über ihn lustig zu machen und ihm zu erzählen, dass das gegebene Versprechen albern gewesen und mit seiner

Genesung überhaupt nichts zu tun habe. Er ließ sich überreden und beschloss, die Proben wieder aufzunehmen. Doch gleich bei der ersten wurde er von demselben Geschick getroffen. Da wurde ihm der Zusammenhang endlich klar, und er gab die Aufführung des Stücks endgültig auf. So entging den Bewohnern von Varna das Vergnügen, es zu sehen.

Eine Zeit lang wohnte ich mit einem Freund zusammen. Als ich eines Abends nach Hause kam, eröffnete er mir, während unserer Abwesenheit sei eingebrochen worden und mehreres abhanden gekommen, unter anderem ein Radio und eine Uhr, die mir gehörten. Ich überlegte und sagte zu meinem Freund: »Machen wir uns keine Sorgen. Wenn diese Sachen tatsächlich unser Eigentum sind, bekommen wir sie wieder zurück.« Ich hatte nämlich vom Meister erfahren, dass Dinge, die uns abhanden kommen, oft gar nicht wirklich uns gehören; dass sie uns deshalb entwendet werden, weil wir in einem Vorleben gegen den Dieb ungerecht waren: ihm entweder gewisse Gegenstände entwendet oder ihn daran gehindert haben, welche zu erwerben. Allerdings täuschen sich die Diebe manchmal und stehlen Sachen, die sie irrtümlicherweise als ihr Eigentum betrachten. Hat sich der Dieb geirrt, so bringt die »Polizei« der unsichtbaren Welt, welche derartige Fehlgriffe berichtigt, die Sachen wieder zurück. Nahm der Dieb aber wirklich das mit, was ihm gehörte, wird es uns nie wieder zurückerstattet. Deshalb versicherte ich meinem Freund, dass wir die Sachen wieder bekommen würden, falls sie uns gehörten; wenn nicht, dann hätten wir eben kein Anrecht darauf und keinen Grund zu klagen.

Mein kluger, aber doch sehr praktisch gesinnter Freund, der meine Scherze als unangebracht bezeichnete, fand es trotzdem besser, der Polizei eine Verlustmeldung zu machen, wozu er unsere beiden Namen meldete. Nach zwei Tagen wurde ich zum Polizeirevier gebeten, wo mich der Kommissar mit den Worten begrüßte: »Sie sind ein Schüler von Herrn Danov, nicht wahr?« – »Ja, woran erkennen Sie das?« – »Ich sehe es an Ihrem Gesicht.« – »Kennen Sie Meister Danov?« – »Und ob! Ich will Ihnen gleich erzählen wie es dazu kam.« Der Diebstahl war vorläufig vergessen. »Welch ein

Glück«, rief er aus, »einen solchen Meister zu haben! Warum ich das denke? – Es war während des Krieges; ich stand in Mazedonien an der Front. Mein Vater war damals Statthalter von Varna, und der Briefverkehr war schwierig; mein Vater hatte schon lange keine Post mehr von mir erhalten und wusste nicht, wie es um mich stand. Als er hörte, dass Ihr Meister sich in Varna aufhielt, suchte er ihn auf, um von ihm zu erfahren, wo ich mich befände. Der Meister hielt die Augen eine Weile geschlossen, um sich nach mir umzusehen und sagte dann: Ihr Sohn ist jetzt mit einigen Kameraden in einem Wald. Sie halten sich vor den Flugzeugen versteckt, die den Wald überfliegen und Bomben abwerfen; sie sind in großer Angst, weil der Ort nur ungenügenden Schutz bietet. Ein Gewässer fließt in der Nähe... eben fällt eine Bombe auf das Versteck... ihr Sohn ist verletzt – aber nicht tödlich getroffen. Beruhigen Sie sich, er ist außer Gefahr. Ich versichere Ihnen, er wird nicht sterben, sondern bald in Varna eintreffen. Holen Sie ihn am... (der Meister nannte Tag und Stunde) am Bahnhof ab, er wird an diesem Tag ankommen und als Geschenk einen Fisch mitbringen. Mein Vater war sehr bestürzt. An dem genannten Tag wartete er mit mehreren Freunden am Bahnhof – wie groß war die Freude, als ich tatsächlich ankam! Später führte der Vater mich zum Meister, damit er sich meinen Kopf ansehe (der Meister ist nämlich ein hervorragender Phrenologe). Ich erinnere mich nicht mehr an das, was er damals erwähnte; ich war ja noch zu jung und unbekümmert, um des Meisters Darlegungen zu verstehen.«

Als er geendet hatte, erkundigte sich der Kommissar nach den Einzelheiten des Diebstahls und versprach, das Nötige zu veranlassen, um den Dieb ausfindig zu machen, dann ging ich nach Hause. Ich wünschte sehnlich, meine Uhr zurückzuerhalten, denn sie war aus Silber und mindestens fünfzig Jahre alt. (Sie hatte meinem Vater gehört.) Ihr besonderer Wert lag darin, dass sie zu jeder Stunde den Stand der jeweils einwirkenden Planeten anzeigte. Ich hatte das Zifferblatt nach astrologischen Berechnungen angefertigt, so dass ein Blick darauf genügte, um den genauen planetarischen Einfluss abzulesen.

Es wäre mir darum lieb gewesen, sie wiederzufinden. Und ich bekam sie zurück! Es stellte sich heraus, dass ein armer junger Mann der Dieb war. Ich versuchte mit ihm zu sprechen, sein Herz zu bewegen und bat den Kommissar, ihn nicht schlecht zu behandeln, da er ja doch ein Opfer der sozialen Zustände und arm und hungrig sei. Meine Gründe schienen ihn zwar nicht zu überzeugen, aber er versprach, Milde walten zu lassen. Zu Hause rief ich meinem Freund zu: »Siehst Du, wie zuverlässig die unsichtbare Polizei arbeitet! Sie entdeckte, dass der Diebstahl ein Versehen war.« Er umarmte mich vor Freude, denn ihm war das meiste entwendet worden.

Eines Tages traf ich in Sofia einen berühmten und bemerkenswerten Schriftsteller. »Erzählen Sie mir über Ihren Meister«, bat er, »ich kenne ihn; er ist jetzt wohl schon recht alt – sagen Sie mir wie es ihm geht! Als ich noch auf dem Gymnasium war, gingen ein Schulfreund und ich ihn besuchen, weil wir gehört hatten, dass er ein großer Phrenologe sei. Wir wollten etwas über unsere Zukunft erfahren. Er schaute uns lächelnd an und sich zu mir wendend, sagte er: »Sie haben eine schwache Gesundheit, werden aber dennoch ein großer Schriftsteller werden.« Ich war über alle Maßen erstaunt, denn ich hegte damals den Wunsch, Kaufmann zu werden und fühlte nicht das geringste schriftstellerische Talent. Meinem Freund, der Schriftsteller werden wollte, eröffnete er, er würde später Handel treiben, worüber dieser natürlich wenig erfreut war. Alle seine Voraussagen gingen in Erfüllung! Entbieten Sie Ihrem Meister meine Hochachtung, denn ich schätze ihn sehr.«

Bisweilen, während wir im Gebirge an den sieben Seen von Rila zelteten, gab der Meister uns Übungen auf. Ich kann sie euch nicht alle im Einzelnen beschreiben, sondern möchte nur eine erwähnen, die wunderlich erscheinen mag und erst verständlich wird, wenn einem bestimmte Gesetze der Einweihungswissenschaft vertraut sind. Der Meister sagte: »Geht im See Wasser schöpfen und gießt es über die großen Steine am Ufer! Tut dies zehnmal hintereinander.« Begeistert verrichteten wir dies, denn wir wussten, dass jede vom Meister gestellte Aufgabe nützlich und sinnvoll ist.

Wir sind mit allen Naturreichen und besonders mit dem Mineralreich verbunden; jedoch sind diese Beziehungen nur von den Eingeweihten wahrnehmbar. Vielleicht haben manche z.B. eine Verbindung mit Steinen oder Pflanzen in Amerika oder Australien; werden diese versetzt oder zertrümmert, leiden die damit verwandten Menschen. Ebenso verhält es sich mit den Tieren: Man schlachtet sie, um sie zu verspeisen und verursacht damit, ohne es zu ahnen, das Leid, ja häufig den Tod vieler Menschen. Ich hatte in Bulgarien einen Freund, der einen prächtigen Garten mit den herrlichsten Blumen und Obstbäumen besaß. Er beschloss eines Tages, einige dieser Bäume zu fällen, da er an dieser Stelle ein Haus bauen wollte. Ein Bekannter von ihm hatte eine besondere Vorliebe für einen Birnbaum, der herrliche Früchte trug und unter denen war, die gefällt werden sollten. Er fühlte sich zu diesem einen Baum durch eine unerklärlich starke Zuneigung hingezogen. Als er erfuhr, dass sein geliebter Baum gefällt werden sollte, flehte er den Freund an, davon abzusehen; aber der ließ sich von seinem Vorhaben nicht abbringen, und der Birnbaum fiel mit den anderen Bäumen. Kurze Zeit danach wurde der Bekannte schwer krank und starb.

Ich wünschte, ich hätte mehr Zeit, euch noch andere Beispiele dieser Art anzuführen, denn es gibt sehr viele davon. Was nun das Begießen der Steine betrifft, das uns der Meister als Übung auftrug, bin ich überzeugt, dass damit manchen Menschen, die mit diesen Steinen verbunden waren, Hilfe zuteil wurde, ohne dass diese ahnten, woher sie kam. Sie fühlten sich möglicherweise in diesem Moment getröstet, geheilt oder belebt. Ich glaube es, denn diese Gesetze sind eine Tatsache. Im Augenblick öffne ich für euch nur ein kleines Fenster zu diesen Dingen. Denkt über die Verbindungen nach, die zwischen uns und den verschiedenen Naturreichen bestehen.

In der Bruderschaft in Sofia war eine belgische Schwester, die einen großen Hund hatte. Sein Bellen ließ alle erzittern. Er war nicht böse, aber unberechenbar. Eines Tages sagte der Meister: »Schaut euch diesen Hund an; das Geistwesen das in ihm wohnt, war vormals in Atlantis ein mächtiger Schwarzmagier, der viel Übles angerichtet hat. Seht, wie unerbittlich das Gesetz straft: Dieser Magier ist jetzt in einem Hund!« Um das zu überprüfen, zeichneten einige Brüder vor dem Hund magische Zeichen auf den Boden; tatsächlich reagierte er ungewöhnlich darauf; er gebärdete sich, als wollte er alle Macht bekunden, die er einst besaß.

Da wir vom See sprachen, will ich euch noch eine eigenartige Begebenheit erzählen, die ich nicht erklären kann. Vor einigen Jahren war ich mit einem befreundeten Musiker in die Berge von Rila gewandert; ich hatte meine Geige dabei, und bei klarem Wetter spielten und sangen wir abends im Freien. Eines Abends spielte mein Freund ein herzbewegendes Stück: die Serenade von Veniavski. Wir saßen in der Nähe eines sehr schönen Bergsees und Touristen gesellten sich zu uns, vermutlich durch die Geigenklänge angelockt. Einige setzten sich ins Gras und unterhielten sich mit uns, doch die meisten gingen an den See und badeten ihre Füße darin. Mein Freund und ich taten das nie. Morgens und abends schöpften wir Wasser aus dem See und wuschen uns im Gras. In den Bergseen leben nämlich überaus reine, empfindsame, hochentwickelte Wesen. Sind wir ihnen gegenüber nicht achtsam, fühlen sie sich belästigt. Diese Wesen sind nur einfühlsamen Menschen zugetan, die das verborgene Leben der Natur verstehen und achten. Mehrere dieser Touristen wuschen sich, wie gesagt, die Füße im See, während wir mit den anderen plauderten. Nach einer Weile machten sie sich alle wieder auf den Weg.

Am folgenden Morgen, als mein Freund und ich wieder zum See gingen, war dieser verschwunden... Tatsächlich, der See war weg! – Vor uns lag eine Fläche mit trockenen Steinen. Wir rieben uns die Augen, völlig entsetzt; traten in das, was vorher der See gewesen war, um das Loch oder die Spalte ausfindig zu machen, durch die das Wasser abgeflossen sein konnte, es war aber nichts zu entdecken. Ja, es sah aus, als wäre der See schon seit Monaten ausgetrocknet! Was war geschehen? – Wir haben lange darüber nachgedacht und fanden nur eine mögliche Erklärung: Der See war verschwunden wegen der Bosheit oder Unreinheit einzelner dieser Wanderer, die sich die Füße darin gewaschen hatten. Die unsichtbaren Naturwesen hatten ihn woanders hin verlegt. – Ihr mögt mir entgegnen, so etwas sei unmöglich; derlei Erklärungen erkenne die Wissenschaft nicht an. Vielleicht, aber die Wissenschaft hat noch lange nicht alles erforscht, kennt vieles noch nicht und findet für manches noch keine Erklärung. Ihr dürft mir glauben, ich erfinde nichts. Ich spreche vor euch und vor der unsichtbaren Welt, die mich hört und genau weiß, dass ich die Wahrheit sage. Ihr braucht meine Erklärung für dieses Ereignis jedoch nicht anzunehmen. Soviel aber ist sicher, dass der Mensch durch seine Bosheit Störungen in der Natur bewirken kann. Einige Geschichten erwähnen den schädlichen Einfluss böswilliger Menschen, die überall, wo sie vorbeikommen, die Pflanzenwelt zerstören, Tiere und sogar Menschen krank machen. Wo sie auftauchen hört normales Leben auf, geschehen Verwüstungen und Katastrophen... Derartige Wesen existieren nicht nur in den Erzählungen, man trifft sie auch im realen Leben. Für eine Familie, eine Gesellschaft, eine Nation ist es verhängnisvoll, solche Träger negativer Einflüsse unter sich zu haben.

Vor einigen Jahren berichteten die Zeitungen von einem namhaften Künstler, dessen Blick eine ungewöhnliche Kraft ausstrahlte. Er war einer der hervorragendsten Opernsänger Europas. In einer der Rollen die er sang, musste er seine Geliebte verfluchen. Bei der Erstaufführung spielte er seine Rolle mit solcher Überzeugung und Heftigkeit, dass die Sängerin von seinem Blick getroffen bewusstlos zu Boden fiel. Als man sie aufheben wollte, war sie tot. Der Sänger mochte den Zusammenhang zwischen dem Fluch und ihrem Tod geahnt haben, denn er beschloss, bei der nächsten Vorstellung seinen Blick nicht auf die Partnerin, die er verfluchen sollte, sondern zur Decke zu richten. Jedoch diesmal, als der Künstler seinen Fluch ausstieß, fiel, von seinem Blick getroffen, ein Bühnenarbeiter mitten auf die Bühne. Die Vorstellung wurde erneut unterbrochen, und ihr könnt euch die Aufregung vorstellen. Noch hatte niemand den Zusammenhang zwischen dem Fluch und dem Unfall erkannt. Doch der unselige Sänger, der sich der Ursache bewusst geworden war, nahm sich vor, das nächste Mal in eine Loge zu blicken, von der er wusste, dass sie unbesetzt war. Der Abend verlief ohne Zwischenfall. Doch nach der Vorstellung fand man in der Loge eine tote Gräfin am Boden liegen. Sie war verspätet im Theater eingetroffen und setzte sich in diese leere Loge, um niemanden zu stören. Von so vielen Todesfällen erschüttert, ließ der Theaterdirektor die Oper aus dem Spielplan streichen.[14]

Der Meister erzählte uns einmal von einem jungen Mädchen in den Vereinigten Staaten, das außergewöhnliche magnetische Kraft besaß. Ein dickes Holzstück, von mehreren Leuten gehalten, verbog sich, als das Mädchen nur mit der Hand darüber strich. Bei erneutem Darüberstreichen zerbarst das Holz in kleine Stücke!

Noch viele andere Begebenheiten zeugen in geringerem Ausmaß von der Strahlungskraft des Menschen. Bienen verlassen bekanntlich ihren Bienenstock, wenn Diebe und Verbrecher in der Nähe wohnen. Sie sind gegen die Ausströmungen schlechter Menschen äußerst empfindlich und fliehen in eine andere Gegend, um sie zu meiden. Es wird eine interessante Aufgabe für die Wissenschaftler der Zukunft sein, herauszufinden, wie es dazu kommt, dass so kleine Insekten Diebe und Lügner von ehrlichen Menschen zu unterscheiden vermögen.

Aber ich will euch noch eine andere Anekdote erzählen. Es ist schon viele Jahre her, da verbrachte ich mit einem Freund ein paar Wochen in der Nähe eines Sees, der den Namen »Altar« trägt. Wir blieben drei Wochen an diesem See, meditierten, studierten, spielten Violine, sangen... Der Meister hatte uns gelehrt, dass sich auf den Bergen sehr erhabene Wesenheiten aufhalten, die es ungern sehen, wenn die reine Atmosphäre gestört wird, in der sie schweben. Deshalb achteten wir peinlich auf unsere Gedanken, Gefühle und unser ganzes Verhalten. Diese drei Wochen strahlte das herrlichste Wetter, ein wahres Wunder; denn auf dem Gipfel, wo wir weilten, ist das Wetter im Allgemeinen sehr wechselhaft. Nach den drei Wochen aber zogen Wolken herauf, und der Himmel verdunkelte sich zusehends. Die ganze Natur schien zu sagen: »Nun ist es genug, ihr müsst gehen, wir haben andere Arbeit zu verrichten.« Schon fielen die ersten Tropfen. Wir hatten kein Zelt dabei, und uns kam der Gedanke, einige Worte an die Natur zu richten, um zu sehen, ob sie uns höre: »Ihr, die ihr unsere Freunde seid, hört uns an! Wir sind noch nicht aufbruchbereit, lasst uns Zeit zum Packen!« Zu unserem Erstaunen hörte der Regen sofort auf; wir sammelten schnell unsere Habe ein und schnürten die Rucksäcke, schon waren wir startbereit. Glücklich über den gewährten Aufschub dachten wir: »Vielleicht regnet es doch nicht, es waren nur ein paar Tropfen... wir könnten wohl noch länger bleiben«... Kaum hatten wir das gedacht, prasselte der Regen mit größter Heftigkeit nieder. Wir machten uns unverzüglich auf den Weg und mussten sechs lange Stunden in Gewitter und Kälte laufen! Die Natur ist voll weiser, gütiger, machtvoller Wesenheiten: Sie bestraften uns, weil wir ihrer Warnung zum Trotz noch länger im Gebirge bleiben wollten... Es steht euch frei, über diese Geschichte zu denken was ihr wollt.

Wie die Menschen sich gegenseitig beeinflussen oder auf Gegenstände einwirken, offenbart sich in unterschiedlicher Weise. Zum Beispiel habt ihr einen sehr reinen und unschuldigen Freund; er ist klar wie ein Bergsee – und nun schüttet ihr eure Unreinheiten in ihn hinein... Anders ausgedrückt: Ihr badet eure Füße in dem klaren Wasser dieses Sees. Wie viel innere Entwicklung ist erforderlich, um nicht mit Gier, Hunger und Begehrlichkeit über eine schöne, reine Seele herzufallen. Kein Wunder, wenn hinterher Enttäuschung, Trennung und Reue aufkommen! Äußerst wenige Menschen sind fähig, eine edle Seele heilig zu halten, um täglich durch sie inspiriert zu werden und dank ihr Schwung, Freude und Anregung zum Schaffen zu empfangen. Dabei wird man tausendmal mehr belohnt, wenn man eine reine Seele behütet, statt sie eilig zu besudeln und ihre Unschuld zu vernichten. Viele Tragödien entstehen aus der Unkenntnis dieser Tatsache.

Schönheit und Reinheit können uns glücklich machen und sogar wiederbeleben, wenn wir gelernt haben, sie zu betrachten, ohne sie zu beschmutzen. Die Menschen irren sich, wenn sie meinen, man könne das Schöne besitzen. Noch niemandem ist es gelungen die Schönheit festzuhalten. Sobald man sich ihr nähert, um sie zu berühren, zieht sie sich zurück und verschwindet.[15] Die Schönheit ist ausschließlich für die Augen geschaffen; nicht für die Hände, und den Mund. Sie wird gerne betrachtet, aber ohne dass man sie berührt. Glücklich, wer diese Grundregel für die Schönheit einsieht und beherzigt; denn Freude, Glück und Frieden hängen von der Achtung ab, die man dem Schönen und Reinen entgegenbringt. Ein andermal werde ich euch Maß, Abstand und Dosierung erklären, die im Umgang mit ihr einzuhalten sind. Wir müssen schönen und reinen Menschen gegenüber sehr behutsam sein, denn durch unser Verhalten können wir die himmlischen Wesenheiten vertreiben, die in ihnen wohnen. Wenn diese entfliehen, leiden auch wir darunter, und alle Eingebung ist dahin. Wer jeden Tag Schönes bewundert, dessen Seele singt und lebt.

Ich habe in Bulgarien einen Freund, der Professor und Historiker ist, ein sehr aufrichtiger Mensch. Der sagte eines Tages zu mir: »Bruder Mikhaël, ich möchte dir etwas anvertrauen. Ich habe es lange für mich behalten und als ein kostbares Geheimnis gehütet; nun möchte ich es dir aber erzählen. Du weißt, ich hatte eine Frau, einen Sohn und mehrere Besitztümer, die ich alle verlor. Viele Jahre hindurch war mein Leben nichts als eine Kette von Prüfungen, unter denen ich sehr gelitten habe. Ich konnte nicht verstehen, warum ich dermaßen vom Schicksal verfolgt wurde. An einem Tag, da ich besonders stark litt, ging ich unweit unseres Lagers in Izgrev in den Wald, versteckte mich zwischen den Bäumen und weinte. Da vernahm ich auf einmal Schritte hinter mir. Ich wünschte nicht, in dieser Verfassung von jemandem gesehen zu werden, doch als ich mich umschaute, erkannte ich den Meister, der ruhigen Schrittes auf mich zukam. Offenbar wusste er, dass ich hier war. Er fragte: »Was tust du hier?« – »Meister, ich weine, denn ich habe schreckliches Leid durchgemacht.« – »Ich weiß es, sei getrost, es wird alles wieder gut werden.« Er sah mich lächelnd an und fragte: »Erinnerst du dich noch, wie sehr du gelitten hast, als dir der und der Gegenstand abhanden kam?« – »Jawohl, Meister, daran erinnere ich mich genau.« – »Gut, aber nach diesem Schmerz wurde dir jenes entsprechende Gesetz bewusst.« – »Ja, Meister.« – »Nun, erinnerst du dich auch an das Jahr, da du jenen anderen Gegenstand verlorst, um den du sehr geweint hast?« – »Ja.« – »Damals bist du dir jenes anderen

Gesetzes inne geworden.« – »Ja, Meister, so ist es.« – »So wisse denn jetzt, dass ich dir diese Prüfungen geschickt habe«... Das Erstaunlichste dabei war, dass der Meister auf Ereignisse anspielte, die sich viele Jahre vorher zugetragen hatten, als mein Freund noch nicht vom Meister gehört hatte, auf Dinge, um die außer ihm und seiner verstorbenen Frau niemand wusste. Der Meister fuhr fort: »Hast du nun verstanden? Ich will dir sagen, warum ich dir diese Prüfungen sandte. Du hattest deines Karmas wegen noch schwere Schuld abzutragen; so lange diese nicht bezahlt war, hattest du keinen Zugang zu den großen Lebensgeheimnissen. Um deine Weiterentwicklung zu beschleunigen, habe ich also den Lauf deines Schicksals etwas geändert. Von nun an darfst du beruhigt sein, es wird sich alles zum Guten wenden.«

Es würde zu weit führen, wollte ich alle Fälle aufzählen, in denen große Meister entscheidend in unseren Lebenslauf eingreifen können. Gewöhnlich tun sie das nicht, sie respektieren die Gesetze des Schicksals. Greifen sie trotzdem ab und zu in ein Leben ein, dann aus Gründen, die unser Verständnis übersteigen. Wir können die Abzahlung unserer Schulden nicht umgehen, können sie zwar schneller oder langsamer begleichen, aber bezahlt müssen sie werden. Es kommt vor, dass es für unsere geistige Entwicklung vorteilhafter ist, wenn wir bestimmte Dinge früher los werden – in diesem Fall schalten sich die großen Meister bisweilen ein.

Manchmal geschieht es, dass der Meister das Schicksal gewisser Schüler ändert, um sie aus fesselnden Lebensumständen zu befreien, die das in ihnen schlummernde, gewaltige Verlangen nach Wahrheit, Weisheit und Liebe unterdrücken und hemmen. Aber um das zu verdienen, müssen die Schüler aufrichtig das Licht suchen. Ein Meister ändert nicht eines jeden Schicksal; er tut es nur für jene, die es wirklich verdienen; sonst wäre sein Unterfangen nutzlos. Mit totem Herzen und verdüstertem Verstand können wir uns selbst in der Gegenwart eines Meisters nicht wandeln.

Es ist schon viele Jahre her und ich war damals noch sehr jung, als der Meister mich den 3000 m hohen Mussala nachts besteigen ließ. Es war ein tiefer Wald zu durchqueren, ein Wald, in dem Bären,

Wildschweine und Wölfe hausen und in dem es nachts fast unmöglich ist, seinen Weg zu finden. Diese Wanderung sollte obendrein in einer mondlosen, stockfinsteren Nacht stattfinden. Die Tannen in diesem Wald sind sehr hoch und stehen dicht. Ich hatte den Mussala bei Tag schon oft bestiegen, doch wie ich in der Nacht und unter diesen Voraussetzungen den Weg finden sollte, war mir ein Rätsel. Der Meister hatte gesagt: »Bei dieser Erfahrung wirst du vieles begreifen«... Es ist wahr, dass wir die Dinge erst dann wirklich begreifen, wenn wir sie üben und dabei ohne Beistand sind. Manchmal lässt uns die unsichtbare Welt ohne alle Unterstützung, ohne Geld, ohne Freunde, ohne alles, damit wir in unserem Inneren eine Stütze entdecken: Gott.[16] In dem Moment erwachsen in uns höhere psychische Kräfte, denn je mehr wir auf die unsichtbare Wirklichkeit vertrauen, desto mehr stärken wir unsere geistigen Fähigkeiten.

Wie der Meister es wünschte, wartete ich also eine mondlose Nacht ab, nahm Proviant mit und einen Stock, nicht als Abwehr gegen die Bären, das wäre völlig nutzlos gewesen, sondern um müheloser zu marschieren und machte mich auf den Weg. Ihr könnt euch vorstellen, welche Gefühle ich hatte, als ich den finsteren Wald betrat. Es war keine Angst, denn ich hatte in des Meisters Nähe schon mehrere erstaunliche Erfahrungen gemacht und wusste genau, dass er bei mir sein und mir helfen würde. Ohne diese Gewissheit wäre ich bestimmt nicht aufgebrochen. Am meisten war ich von der Stille und der Dunkelheit beeindruckt. Wäre jemand direkt neben mir gestanden, ich hätte ihn nicht sehen können. Der Weg führte an einem Abgrund entlang, und es gab nichts, was meinen Absturz verhindert hätte. Was tun, um nicht vom Wege abzukommen? Langsam tastete ich mich in diesem Dunkel vorwärts, wobei mir meine Phantasie unaufhörlich Wildschweine, Bären und alle möglichen anderen Gefahren vorgaukelte. Irgendwann habe ich angehalten und gebetet. Ich versichere euch, in derartigen Augenblicken betet man mit besonderer Inbrunst. Ich fühlte, dass ich nie zuvor so gebetet hatte. Kurz nach diesem innigen Gebet leuchtete ein Licht auf, das den Weg auf etwa zwei Meter erhellte. Von da an marschierte ich von Freude erfüllt dem Lichtschein nach. Ich begann zu singen und fühlte eine Regung in mir, als würde ich von neuen Strömen durchflutet.

Ich war schon mehrere Stunden gewandert, als ich plötzlich zwei Hunde anschlagen hörte. Ihrem Gebell nach mussten es große Hunde sein, wie man sie in den Wäldern Bulgariens antrifft, und die einen Menschen ohne weiteres anfallen und zerreißen können. Ich hielt an und überlegte: »Zwei Hunde, was soll das bedeuten? Was tun? Umkehren? Nein, dann würden sie mich bestimmt verfolgen, und mein Wanderstock wäre zur Verteidigung ohnehin unnütz... Es bleibt mir nichts anderes übrig, als meinen Weg fortzusetzen.« Ich hörte sie heranstürmen; ihr Bellen verriet, dass sie mich gewittert hatten und mich suchten. Ich erfuhr später, dass sie unweit von der Stelle, wo ich mich befand, mitten im Wald ein Sägewerk bewachten. Ich dachte an die unsichtbare Welt, die Brüder der Weißen Bruderschaft, den Meister, das Licht und ging mit schnellen Schritten auf die Hunde zu, sicher, dass das Licht mich beschützen würde. Ich fühlte in jenem Augenblick, dass etwas Entscheidendes bevorstand.

Es begann schon zu tagen, und nun waren die Hunde so nahe, dass sie mich sehen konnten. Mit entsetzlichem Gebell stürzten sie auf mich zu... zwei, drei Meter vor mir hielten sie plötzlich und setzten zum Sprung an... Groß wie Kälber waren sie, der eine weiß, der andere grau... Nun verlief alles sehr schnell, in Worten kaum zu fassen. Mit weit geöffnetem Rachen wollten sie sich gerade auf mich stürzen, ich war voll Licht und Gottvertrauen und schleuderte nun mit unbeschreiblicher Wucht meine Hand in ihre Richtung. Es war ein entscheidender Augenblick. Ich spürte die Anwesenheit unsichtbarer Wesen und die des Meisters. Was ich nun sah reichte aus, um mir die Existenz der göttlichen Welt zu beweisen, auch wenn ich sonst nie mehr solche Beweise erhalten hätte. Als ich meine Hand vorwärts schleuderte, ertönte ein herzzerreißendes Geheul, die Hunde wurden von unsichtbarer Macht emporgehoben und einige Meter von mir weg auf den Boden geworfen. Dort blieben sie, vor Angst erstarrt, unbeweglich und stumm mit abgewendetem Blick liegen.

Ich atmete auf. Furchtlos redete ich sie an: »Es tut mir leid, euch so arg zugesetzt zu haben, aber ihr hättet den Schüler in mir erkennen und mir den Weg nicht durch euren Angriff versperren sollen.« Als ich sah, dass sie sich immer noch nicht rührten und mir kein Leid zufügen würden, überkam mich eine unaussprechliche Freude, und ich blieb noch einige Minuten stehen, um dem Himmel zu danken. Ihr müsst wissen, dass der Schüler das Recht hat, sich mit Hilfe des Lichts zu schützen. Nimmt der Gegner den Lichtstrahl, der ihn erleuchten sollte, nicht an, so fällt kraft der Reinheit und der strahlenden Macht des göttlichen Lichts, das Böse, das er in sich trägt, auf ihn selbst zurück.

Nach dieser kleinen Ruhepause befiel mich plötzlich eine große Müdigkeit, als hätten mich alle Kräfte verlassen. Mühsam setzte ich meinen Weg fort und setzte mich schließlich erschöpft auf einen Stein, um zu beten und den unsichtbaren Wesen, die mir zu Hilfe gekommen waren zu danken. Danach ging ich langsam weiter und erreichte nach mehreren Stunden den Gipfel des Mussala, genau in dem Moment, als die Sonne aufging. Ich habe innigst gedankt, als ich die Sonne erblickte...

Diese Erfahrung lehrte mich, dass uns manches Leid, manche Prüfung im Leben von der unsichtbaren Welt zugesandt wird, um uns zu zwingen, auf die geistigen Kräfte in unserem Inneren zu zählen. Wenn wir satt, reich und mit Gütern überhäuft sind, bleiben wir an der Oberfläche der Dinge, dagegen beginnen wir uns in der Einsamkeit und Traurigkeit auf den Höchsten zu stützen, der in uns lebt. Genau dies war die Rolle der antiken Einweihungen: dem Menschen den Weg nach innen zu weisen, damit er dort den wahren Reichtum, die wahre Kraft und Unterstützung finde. Früher vollzogen sich die Einweihungen in den Tempeln; heute findet die Einweihung überall im Alltag statt, in Augenblicken, wo man es am wenigsten erwartet. Jeder Einzelne wird durch Erde, Wasser, Luft und Feuer geführt.

Ich fühle, wie ihr denkt: »Warum kündigt denn die unsichtbare Welt die Prüfungen nicht an, die uns bevorstehen?« – Weil wir viel tiefer nach innen dringen und uns weit mehr anstrengen müssen, wenn die Prüfungen unvorhergesehen kommen. Ihr alle habt Prüfungen zu bestehen, aber freut euch darüber!... Wer sich in den Tempelweihen der Antike der Feuerprobe unterzog, durchquerte in Wirklichkeit nur ein künstliches Feuer. Das wusste der Schüler aber nicht, er meinte ein echtes Feuer vor sich zu sehen. Hatte er Angst, so war er der Einweihung nicht würdig und wurde zurückgewiesen. Schritt er aber standhaft, wagemutig und zuversichtlich durch das Feuer, so entdeckte er hinterher, dass es nichts als eine Illusion war. Sämtliche Prüfungen im Leben sind imaginär. Bevor wir sie durchlaufen, denken wir. »Wie fürchterlich, ich werde entsetzlich leiden.« Durchleben wir sie aber auf die richtige Weise, erscheinen sie uns nur halb so schlimm. Wenn Prüfungen kommen, sollen wir uns also darüber freuen.

Nun möchte ich abschließend noch eine Geschichte erzählen. Es war einmal ein König, der ging auf dem Markt spazieren (in den Märchen kommt so etwas vor). Während er die einzelnen Stände besichtigte, hörte er einen Händler schreien: »Weisheit, ich verkaufe Weisheit!« Erstaunt näherte sich der König dem Stand und fragte: »Du verkaufst also Weisheit? Wie viel kannst du mir davon geben?« – »Für hundert, für tausend oder zehntausend Taler«, erwiderte der Händler. Der König schmunzelte und verlangte Weisheit für zehntausend Taler. – »Wohlan, so höre denn: Tue, was du tust, aber bedenke die Folgen!« – Der König wunderte sich, dass ein so einfacher Ratschlag so teuer war, aber er lachte herzlich und kehrte in seinen Palast zurück, indem er fortwährend seinen Satz vor sich hinsagte. Auch am folgenden Morgen wiederholte er zum Spaß immer wieder: »Tue, was du tust, aber bedenke die Folgen«, bis zu der Stunde, da der Barbier hereintrat, um ihn zu rasieren. Der bereitete wie gewöhnlich alles vor, nahm das Rasiermesser und wollte eben seine Arbeit beginnen, da fiel dem König der auf dem Markt gekaufte Satz wieder ein; er wollte ein bisschen spaßen und sprach ernst und würdevoll: »Tue, was du tust, aber bedenke die Folgen!« Da sah er zu seiner großen Bestürzung wie der Barbier vor ihm auf die Knie sank und flehte: »Vergib, oh Herr, ich bin unschuldig, die Minister sind es, die von mir verlangten, dass ich dir die Kehle durchschneide. Ich wollte es nicht tun.« Der König ließ sich nichts anmerken, tat, als wäre er wohl informiert und ließ sich noch mehr über die Verschwörung verraten. Der Barbier erzählte alles, und der König bestrafte die Minister. Hätte er nicht für zehntausend Taler Weisheit gekauft, wäre er ermordet worden!

Bisweilen hilft uns ein einziger Gedanke mehr als all unser Schulwissen, falls dieser Gedanke von einem Weisen stammt. Wir müssen erkennen, welche Gedanken uns retten und welche uns ins Verderben stürzen. Täglich sind in uns Barbiere am Werk, die von einem Ministerrat entsandt wurden, um uns zu stürzen. Schon sind wir nicht mehr König. Sämtliche Leidenschaften haben sich gegen uns verbündet. Sind wir nicht geschützt, sprechen wir nicht fortwährend den Satz des Weisen, wird uns der Hals durchgeschnitten. Sprechen wir jedoch weise, tiefe Formeln, so wagen sich die todbringenden oder unheilstiftenden Wesenheiten nicht an uns heran.

Es bleibt jetzt leider keine Zeit mehr, um länger über den Meister zu berichten, dessen Lehre ich nach Frankreich bringe. Denkt aber schon einmal über all das nach, was ich heute erzählt habe – ihr werdet vieles begreifen.

Paris, den 12. März 1938

Anmerkungen

1. Siehe das Buch »Die Paneurhythmie von Peter Danov nach der Lehre von Omraam Mikhael Aivanhov« von Muriel Urech und die Musik-CD Nr. 911502 »Paneurhythmie«, beides über den Prosveta Verlag erhältlich.
2. Siehe Band 229 der Reihe Izvor »Der Weg der Stille«, Kapitel 13: »Die Offenbarungen des Sternenhimmels«.
3. Siehe Band 207 der Reihe Izvor »Was ist ein geistiger Meister?«.
4. Siehe Band 27 der Reihe Gesamtwerke »Die Pädagogik in der Einweihungslehre«, Kapitel 3: »Erziehung und Bildung – Die Macht des Vorbildes«.
5. Siehe Band 223 der Reihe Izvor »Geistiges und künstlerisches Schaffen«.
6. Siehe Band 8 der Reihe Gesamtwerke »Sprache der Symbole, Sprache der Natur«, Kapitel 1: »Die Seele« und Kapitel 2: »Der Mensch und seine verschiedenen Seelen«.
7. Siehe Band 236 der Reihe Izvor »Weisheit aus der Kabbala«.
8. Siehe Band 32 der Reihe Gesamtwerke »Die Früchte des Lebensbaums«, Kapitel 7: »Die vier Elemente« und Kapitel 8: »Abendstunden am Lagerfeuer« und Band 232 der Reihe Izvor »Feuer und Wasser - Wunderkräfte der Natur«, Kapitel 3: »Die Entdeckung des Wassers«, Kapitel 8: »Vom physischen Wasser zum spirituellen Wasser« und Kapitel 10: »Das Feuer ist das Mittel der Verwirklichung«.
9. Siehe Band 32 der Reihe Gesamtwerke »Die Früchte des Lebensbaums«, Kapitel 4: »Das Tetragrammaton und die zweiundzwanzig Planetengeister«.
10. Siehe Band 204 der Reihe Izvor »Yoga der Ernährung«.
11. Siehe Band 303 der Reihe Broschüren »Die Atmung«.
12. Siehe Band 7 der Reihe Gesamtwerke »Die Reinheit, Grundlage geistiger Kraft«, Kapitel 3: »Ergänzende Erläuterungen«, Abschnitt »Wie man sich waschen soll« und Abschnitt »Von der wahren Taufe«.
13. Siehe Band 233 der Reihe Izvor »Eine Zukunft für die Jugend«, Kapitel 6: »Studieren genügt nicht, um dem Leben einen Sinn zu geben« und Kapitel 7: »Der Charakter ist wichtiger als alles Wissen«.
14. Siehe Band 226 der Reihe Izvor »Das Buch der göttlichen Magie«, Kapitel 13: »Der Blick«.
15. Siehe Band 17/18 der Reihe Gesamtwerke »Erkenne dich selbst - Jnani-Yoga« Band 18, Kapitel 1: »Die Schönheit«.
16. Siehe Band 242 der Reihe Izvor »Unerschöpfliche Quellen der Freude«, Kapitel 4: »Gottes Antworten in sich selbst suchen«

Kapitel 8

Die lebendige Kette der Universellen Weißen Bruderschaft

Alle Lebewesen der verschiedenen Naturreiche sind miteinander verbunden. Ob wir uns dessen bewusst sind oder nicht, wir stehen mit allen Wesen, die über und unter uns sind, in Verbindung. Die Eingeweihten haben sich mit dieser Frage befasst und lehren, dass wir dank der Kenntnis dieser Beziehung zwischen den verschiedenen Naturreichen große Dinge vollbringen können; nicht zuletzt deshalb, weil das Alltagsleben mit seinen Erfolgen und Misserfolgen, seinen Leiden und Freuden uns viel klarer und verständlicher wird, wenn wir wissen, mit wem wir verbunden sind und weshalb.

Wohnen wir im achten Stock, so steht uns gewöhnlich ein Aufzug zur Verfügung, und es genügt, auf einen Knopf zu drücken, um entweder hinauf- oder hinunterzufahren. Schaut, wie die Kinder auf die Bäume klettern oder wie Flugzeuge sich in die Luft erheben... Ausnahmslos jedes Ereignis in der sichtbaren Welt entspricht einem Geschehen in der unsichtbaren Welt. Alles was zu unserem materiellen Leben gehört, ob Gegenstand, Erfindung, Bauwerk oder Beruf, hat seine Entsprechung in einem Phänomen. Unser Bewusstsein steigt oder sinkt wie ein Aufzug, nur wissen wir zumeist nicht, auf welchen Knopf wir drücken sollen, um nach oben oder nach unten zu gelangen. Manchmal drücken wir versehentlich den Knopf zur Hölle und gleiten geradewegs dort hinab. Nur die Eingeweihten wissen, welchen Knopf sie drücken müssen, um augenblicklich ins Paradies zu gelangen.

Eines der Wunder von Paris ist die Metro. Wie ihr wisst, gibt es an bestimmten Haltestellen Rolltreppen. Sie sind am Eingang mit einer Lichtschranke versehen, deren Strahl die Breite der Treppe überquert und in eine gegenüberliegende Photozelle einfällt. Wenn ein Reisender die Rolltreppe betritt, durchtrennt er den Lichtstrahl. Die dadurch alarmierte Zelle schaltet das Räderwerk ein, und die Treppe setzt sich in Bewegung. Im Menschen befinden sich ähnliche Mechanismen: Herz, Verstand, Nervensystem gehorchen analogen Gesetzen, nur wissen wir dies nicht. Wir senden manchmal bedenkenlos entsetzliche Gedanken, Gefühle oder Worte aus und kümmern uns nicht darum, welche Mechanismen dadurch ausgelöst werden und welche Folgen sich daraus ergeben. Wie viele Dinge tun wir in dieser Weise, ohne jemals die Konsequenzen vorauszusehen!

Es gibt jedoch ein genaues Wissen über die Wichtigkeit der einzelnen Gedanken und Gefühle sowie deren Einfluss und Wirkung... Es ist noch nicht bekannt, wird aber die Wissenschaft der Zukunft sein. Solange der Mensch nichts davon weiß, kommt er geistig nicht voran: Er steigt und fällt, wird hin- und hergezerrt und ist immerzu unglücklich. Die Wissenschaft der Physik, Mathematik und Medizin wurde beachtlich weiterentwickelt und die Technik vollbringt wahre Wunder, doch bei allem, was das Innenleben betrifft, herrscht Unwissenheit, bodenlose Unwissenheit. Die Einweihungswissenschaft, die man studieren sollte, enthüllt alle physischen, chemischen und mechanischen Umwandlungen, die der Mensch mit seinen guten oder schlechten Gedanken, Gefühlen und Taten auslöst. Sie lehrt, dass die Gedanken bestimmte innere Drüsen beeinflussen, die den von uns täglich gebrauchten Schaltern vergleichbar sind, und die dementsprechend entweder Gifte oder Aufbaustoffe ins Blut ausscheiden. Diese Drüsen sind winzig klein, haben aber dennoch bei der Kräfteverteilung eine Schlüsselstellung inne.

Durch unsere Gedanken und Gefühle setzen wir im Körper Mechanismen in Bewegung, die uns je nach Art der Gedanken entweder erleuchten oder in Dunkel hüllen, stark oder schwach, frei oder gehemmt machen. Denkt euch einen Menschen, der die Absicht hat, seinem Nachbarn Geld zu entwenden. Dies ist vorerst nur ein Gedanke, aber er ist schon tätig: Er hat den Lichtstrahl der Treppe durchschnitten, und diese kommt ins Rollen... Oder ein anderes Beispiel – wenn ein Mann in bestimmter Weise an eine Frau denkt, ruft er damit bewusst oder unbewusst eine ganze Reihe physiologischer Vorgänge wach. Bei dem bloßen Gedanken in eine Zitrone zu beißen, sondert die Speicheldrüse schon Säfte ab. Daraus lässt sich ersehen, dass eure Gedanken nach außen nur eine extrem schwache, nach innen aber eine sehr starke Wirkung haben.[1]

Und der Zweifel – habt ihr beobachtet wie er wirkt? Werdet ihr davon befallen, zieht sich eure Seele zusammen, wird eingeengt und abgekühlt.[2] Der Zweifel setzt bestimmte Drüsen in Gang, welche spezielle Stoffe ins Blut ausscheiden, infolge derer der Mensch sich in seinem inneren und äußeren Leben eingeengt fühlt. Die Kinder spielen manchmal mit kleinen Zelluloidfischen, die sie in einem Eimer schwimmen lassen und an deren Schwanzende Kampferstückchen befestigt sind. Fügt man dem Wasser einen noch so winzigen Tropfen Öl zu, hält die Bewegung unmittelbar inne. Wie dieses Öl wirkt der Zweifel auf uns. Oft sind wir von wunderbaren Regungen erfüllt, von dem Wunsch, den Willen Gottes zu erfüllen, in der Weisheit zu leben – aber unversehens steigen in uns Gedanken des Zweifels auf, die dem Öltropfen gleich unsere Begeisterung bremsen. Außer dem Zweifel gibt es noch eine Menge anderer Gedanken und Gefühle, die sich lähmend auf das Gemüt legen, z.B. Angst, Misstrauen, Feindseligkeit, Hass. Hingegen Gefühle wie Freude, Glaube, Hoffnung, Liebe und Begeisterung erweitern und befreien es. Auch körperlich kann man davon segensreiche Veränderungen feststellen. Möchte ein Mensch begrenzt, erstarrt und versteinert bleiben, braucht er nur Gedanken der Furcht, der Feindseligkeit und des Zweifels zu nähren. Häufig hegt er übrigens gerade diese Gedanken mit besonderer Vorliebe, erfindet jeden Tag neue dazu! Er lädt sie zu sich ein und sagt: »Kommt liebe Freunde, ich brauche euch, ohne euch ist es so langweilig!« Ja, der Mensch liebt diese negativen Gedanken ungemein, und sein Haus ist ihnen weit geöffnet. Ein Eingeweihter lässt sie nicht ein, er betrachtet sie nur aus der Ferne, denn sie sind an ihren eigenartigen Formen und Farben leicht erkenntlich.

Meine lieben Brüder und Schwestern, versucht von nun an, alles abzulegen, was eure Schwungkraft hemmt; verbindet euch mit der Liebe, der Hoffnung, der Schönheit, dem Glauben und der

Begeisterung, mit allem was euer Herz erweitert, euch mit dem wahren Leben und der Freiheit zum Handeln erfüllt! All diese Verwandlungen, die ihr in eurem Inneren vornehmen müsst, stellen ein immenses Wissen dar. Heute kann ich euch die Beziehungen, die zwischen der Astrologie und diesem Wissen existieren, nicht erklären, aber ich werde es ein anderes Mal nachholen.

Im Augenblick möchte ich euch nur verständlich machen, dass der Mensch in dauernder Verbindung mit den Wesen steht, die sich über ihm und unter ihm befinden. Es gibt in der Natur eine lebendige Hierarchie; ihr verdanken wir unseren geistigen Aufstieg kraft der Verwandtschaft mit den Wesen, die über uns stehen. Wir sind durch sie aber auch mit allen Wesen verbunden, die unter uns sind, selbst mit den Steinen und Pflanzen. Dieses Band, das die Menschen mit den Tieren, Pflanzen und Steinen verbindet, ist außergewöhnlich stark. Ich habe euch gesagt, wie man gewissen Menschen manchmal schon dadurch helfen kann, dass man ab und zu Wasser auf Steine gießt, die mit ihnen verbunden sind. Es kommt auch vor, dass durch das Fällen von Bäumen hier in Frankreich, Menschen, die auf entfernten Kontinenten leben, zu leiden beginnen und erkranken, ohne sich die Ursache dafür erklären zu können.

Dasselbe gilt für die Tiere. Der Mensch tötet sie – aber die Natur ist ein lebender Organismus; und wenn die Tiere umgebracht werden, ist es so als berühre man gewisse Drüsen dieses Organismus. Es erfolgt eine Veränderung in dessen Lebensfunktionen, und nach einiger Zeit brechen in der Menschheit Kriege aus – nur weil Tiere zu Tausenden geschlachtet wurden, um verspeist zu werden, und niemand ahnte, dass sie mit Menschen verknüpft waren, welche infolgedessen ebenfalls sterben müssen. Durch das Töten der Tiere tötet man Menschen.[3] Ihr sagt, es geschehe aus Unwissenheit. Das mag sein; doch warum sind die Menschen unwissend und bestehen darauf, unwissend zu bleiben? Alle sagen, in der Welt müsse endlich Frieden herrschen, die Kriege sollten aufhören... solange jedoch Tiere getötet werden, wird es auch weiterhin Kriege geben, denn indem man das Tierreich zerstört, zerstört man auch das Reich der Menschen.

Was wissen wir über die Wirklichkeit der Gedanken, über ihre Aufgabe und ihre Macht? Nicht viel. Ihr sagt manchmal: »Heute kam mir ein wunderbarer Gedanke!« In Wirklichkeit war dieser Gedanke ein Geistwesen, das euch aufsuchte.[4] Es war nicht nur ein Gedanke, sondern eine lebendige Wesenheit, die euch durchfuhr; aber anstatt sie heilig zu bewahren, denkt ihr: »Was werden meine Frau, meine Kinder, meine Bekannten sagen, wenn ich diesen Gedanken annehme und unterstütze?« Und aus Furcht vor der Meinung anderer Leute, lasst ihr Zweifel, Unentschlossenheit und Irrtum in euch aufkommen, verjagt das Lichtwesen, das sich in euch niederlassen wollte und schwächt euch, denn durch die negativen Gedanken und Gefühlen gelangen negative Substanzen in euer Blut, die euch verkrampfen und behindern. Künftig, meine lieben Brüder und Schwestern, solltet ihr euch säubern und reinigen, wenn euch eine lichtvolle Idee besucht und alles tun, damit sie bei euch bleibt und sich zu einem Baum entwickelt, der wunderbare Früchte trägt.

Manche Leute rühmen sich ihres Ideenreichtums, aber wenn ihre Gedanken nur aufs Geld verdienen, auf Machterwerb und das Verführen der Frauen ausgerichtet sind, taugen sie nicht viel. Sehr viele töten jeden Gedanken ab, der sich nicht auf Geld und materielle Güter bezieht; anschließend können sie sich nicht erklären, warum ihr Herz und ihr Gehirn sich leer anfühlen und ihr Wille kraftlos ist. Diesen Zustand verdanken sie der üblen Gewohnheit, jeden lichtvollen und göttlichen Gedanken zu verscheuchen, der ihnen zufliegt. Die unsichtbare Welt sendet uns unaufhörlich Lichtwellen und geistige Einflüsse zu. Wenn ihr euch zu öffnen wisst, um sie zu empfangen, aber auch, um sie in euch wie Samenkörner in einen Garten zu pflanzen, so wird später die ganze Welt diesen Garten besuchen und die darin gereiften Früchte kosten![5]

Jeder Mensch ist mit Tausenden von über und unter ihm stehenden Wesen verbunden. Wenn er hohe Gedanken und Gefühle hegt, hilft er denen, die unter ihm stehen, den Tieren, Pflanzen und Steinen, denn was immer in ihm vorgeht, jede Gemütsregung teilt sich den Lebewesen unter ihm mit. Da er aber zugleich auch mit den höherstehenden

Wesen verbunden ist, empfängt er von ihnen segensreiche Kräfte, die durch diese lebendige und fortlaufende Kette in ihn einfließen. Weisheit, Licht und Liebe der Engel und Erzengel fließen zuerst durch die Eingeweihten und hohen Meister und kommen dann zu uns. Aber diese göttlichen Ströme bleiben nicht in uns, sondern strömen durch uns hindurch zu den Wesen hinab, die unter uns stehen und mit uns verbunden sind, bis hin zur Pflanze und zum Gestein. Dank einer Gegenströmung steigen die Kräfte alsdann wieder vom Gestein zu den höheren Naturreichen hinauf. Wenn ihr euch bewusst an diese lebendige Kette anschließt, fühlt ihr euch von der Seligkeit, dem Frieden und dem Licht durchströmt, das die Eingeweihten in sich tragen.

Die Gefahr, die jenen droht, welche unabhängig leben wollen und sich einbilden, in der Welt alles selber lenken zu können, indem sie von allen getrennt und abgesondert bleiben, liegt darin, dass sie sich von der lebendigen Kette der Wesen abtrennen und keine Möglichkeit mehr haben, von ihr Energien zu schöpfen. Und so werden sie von Schwierigkeiten heimgesucht. Woher sollten sie denn den Schwung, die Eingebungen, Erkenntnisse und die für das tägliche Leben notwendige Kraft herbekommen? »Sie finden diese in sich selbst«, entgegnet ihr... Jawohl, einen Monat oder vielleicht ein Jahr lang, aber diese eigenen Reserven sind rasch erschöpft. Mit ihrem Stolz, ihrer Eitelkeit, ihrem Unabhängigkeitswillen durchtrennen diese Leute das Band, das sie mit den höheren Wesen vereint und werden so nicht mehr ernährt. Selbst wenn sie ihre Laufbahn mit hochfliegenden Plänen begonnen haben, werden sie ihre Arbeit unterbrechen müssen, weil es unmöglich ist, Großes zu leisten, ohne an die lebendige Kette der Geschöpfe angeschlossen zu sein. Es ist genau so, wie wenn eine Lampe sich einbilden würde, sie könne leuchten, ohne an die elektrische Zentrale angeschlossen zu sein, die ihr den Strom schickt, für den sie lediglich ein Leiter ist.

Ob wir es wollen oder nicht, wir sind verknüpft, angeschlossen – aber diese Verbindung mit den höheren Wesen muss immer wieder aufs Neue bewusst hergestellt werden, damit ein lebendiger Strom in uns kreist. Wer diese Verbindungsaufnahme ablehnt, dem gehen früher oder später das Licht, die Kraft und sämtliche Fähigkeiten verloren, die er noch besitzt. Der Mensch kann stark sein und Wunder vollbringen, aber er darf nie vergessen, dass er bloß ein Träger von Kräften ist, die ihm von oben zufließen. Er soll sich sagen: »In mir wirkt die göttliche Weisheit... durch mich tritt die göttliche Welt in Erscheinung.« Vergisst er das, geht ihm alles verloren. Auch wenn jemand in früheren Leben ein Eingeweihter gewesen ist und sich nun einbildet, er selbst sei die Ursache seiner Taten und es hänge alles von seinem eigenen Willen ab, wird er alles verlieren.

Die Brüderlichkeit soll unter den Menschen herrschen, weil sie bereits im Universum existiert und wir den Gesetzen des Universums gemäß leben sollen. Diese im Universum bestehende Bruderschaft trägt den Namen Universelle Weiße Bruderschaft und zu ihr gehören die Eingeweihten und großen Meister.[6] Sie wirken alle gemeinsam wie die Bienen in einem Bienenstock und bereiten die Nahrung für den Herrn... Wenn gegenwärtig die Menschen sich voneinander getrennt, abgesondert und unglücklich fühlen, dann nur deshalb, weil die Kette, die sie mit den großen Meistern verbindet, durchbrochen wurde. In dem Falle ist es absolut unmöglich, seinen Meister zu finden. Der Meister ist ein Glied innerhalb der Hierarchie, und kein Mensch vermag seinen Meister zu finden, wenn er die Verbindung zu dieser Hierarchie abgebrochen hat. Selbst wenn manche erzählen, in Amerika, Europa oder Asien mehrere Meister getroffen zu haben, sind es eben doch immer nur äußere Meister, denen man begegnet. In der inneren Gegenwart eines Meisters zu leben, dazu hat man es noch nicht gebracht.

Welches ist der Beweis dafür, dass ein Meister in uns Wohnung genommen hat und wirklich zu uns spricht? Jeder kann erzählen, er höre innerlich seinen Meister sprechen. Das kann jedoch für einen Menschen nur unter drei Bedingungen stimmen: Zunächst erkennt der Betreffende klar und deutlich den Pfad, den er zu beschreiten hat, und er stößt sich an keinem Hindernis mehr. Zweitens beginnt er alle Geschöpfe zu lieben und spürt in seinem Herzen eine solche

Weite, dass er den Drang fühlt, in jedem Augenblick Gott zu danken. Schließlich fühlt er sich in seinem Willen immer freier und befähigt, ohne Hemmung Edles und Schönes zu vollbringen. Findet ein Mensch diese drei Bedingungen in sich vereinigt, ist es unwichtig, ob er einem leiblichen Meister begegnet oder nicht. Er ist ihm in Wirklichkeit bereits begegnet: Der Meister ist in ihm eingezogen, leitet ihn mit seinen Ratschlägen und macht ihn frei.

In welchem Verhältnis stehen wir zu den höheren Wesen? Auf einer langen Wanderung fühlen wir uns zuversichtlicher und weniger einsam, wenn Freunde uns begleiten, die uns aufmuntern und durch ihre Gegenwart stärken. Der Gedanke daran, dass andere den gleichen Weg gehen und dieselben Schwierigkeiten zu überwinden haben, ist ermutigend. In gleicher Weise fühlen wir in einer Bruderschaft, wie unser Glaube, unser Licht und unsere Kraft zunehmen; wir werden bestärkt, erhalten Schutz und Hilfe... Und wie verhält es sich zwischen uns und den niederen Wesen? Dank ihnen werden wir eines Tages zahlreiche Freunde haben.

Ihr werdet bald spüren, welchen Segen eine Bruderschaft hier mit sich bringt! Ihr werdet euch alle glücklicher und stärker fühlen. Es wird wie eine magnetische Kette sein, an der das lebendige Wasser entlangfließt, das alle Lebewesen speist. Kummer, Traurigkeit, Unglück rühren nur daher, dass wir von dieser lebendigen Kette getrennt sind. So lasst uns denn von jetzt an täglich wenigstens ein paar Minuten an diese Kette denken und so bewusst in die harmonischen Schwingungen der Universellen Weißen Bruderschaft eintreten! In dem Augenblick wird uns alles übermittelt, was die Eingeweihten durchleben: Freiheit, Entzücken und Ekstase, alles was sie an Schätzen und kostbaren Perlen besitzen! Denn die Eingeweihten und großen Meister behalten ihre Reichtümer nicht für sich; sie senden sie unmittelbar auf andere Lebewesen aus. Empfangen wir nichts davon, beweist dies, dass wir entweder nicht an die Kette angeschlossen waren oder zu ihrer Aufnahme nicht vorbereitet sind. Wer sich mit der lebendigen Kette der Universellen Weißen Bruderschaft verbindet, erhält allmorgendlich beim Erwachen ein kostbares Geschenk.

Er öffnet es und findet darin Ratschläge und Nahrung für den Tag. Er steht auf, begibt sich zur Arbeit von dem Gefühl getragen, dass alles in Ordnung ist, weil er beschenkt wurde. Wer nichts empfängt, fühlt sich traurig, doch daran ist er selber schuld. Wenn beim Erwachen nichts für ihn vorliegt, heißt das, dass er nicht die »Tages-Zeitung« der unsichtbaren Welt abonniert hat, welche Warnungen und Ermutigungen für ihn enthält. Wollt ihr Glück, Freude und Licht erleben, solltet ihr diese »Zeitung« abonnieren; dafür müsst ihr aber zunächst etwas bezahlen! – Und das könnt ihr nur schwer akzeptieren, nicht wahr? Sobald von Bezahlen und etwas Hergeben die Rede ist, laufen alle davon! Wird etwas gratis verteilt, stürzt sich jedermann drauf, – aber zahlen... nur das nicht! Nun, gerade das muss man wissen, dass sich in der unsichtbaren Welt alles genauso verhält wie hier unten auf der Erde; mit dem einzigen Unterschied, dass dort nicht mit Geld bezahlt wird, sondern mit Gedanken des Vertrauens, der Geduld, der Demut, Liebe und Hoffnung.

Wir müssen unsere ganze Aufmerksamkeit und Liebe, unseren ganzen guten Willen dem Meister der Universellen Weißen Bruderschaft darbringen, damit er uns Hilfe zukommen lasse. Diese Hilfe wird immer unfehlbar ihren Bestimmungsort erreichen. Solange wir aber nichts geben, werden wir auch nichts erhalten. Wollt ihr alles ohne Anstrengung, ohne lichtvolle Gedanken und selbstlose Liebe erhalten, werdet ihr nie Zufriedenheit erlangen; denn selbst alle materiellen Güter der Welt würden euch mit einer derartigen Einstellung den Sinn des Lebens nicht erschließen, und ihr könntet nie zu Licht, Glück und Freiheit finden.

Wenn ich vom Geben spreche, meine ich damit auch das Danken! Ja, denn der Himmel und die Wesen der göttlichen Welt beschenken uns unaufhörlich, ihr aber dankt ihnen nicht einmal dafür... glaubt jedenfalls nicht, man könne ohne große Arbeit auch Großes erreichen! Unbewusst stellt man Rechnungen an, sucht auf schnellen Wegen mühelos große Ergebnisse zu erzielen und ist eher bereit List anzuwenden, als eine schwierige Aufgabe zu akzeptieren. Leider scheitern alle diese schlauen Berechnungen an der Realität der Dinge, denn die höheren Wesen geben uns zu verstehen, dass unser Vorgehen völlig unwirksam ist. In der unsichtbaren Welt findet man alles, was es auf Erden gibt: Es gibt dort Kaufläden mit sehr freundlichen Verkäufern, die euch alles geben was ihr verlangt; dann aber die Hand aufhalten. Weigert ihr euch zu bezahlen, weil ihr denkt, es gäbe alles gratis, so nehmen sie alles wieder zurück. Das ist natürlich nur bildhaft gemeint; in Wirklichkeit ist ja nicht die unsichtbare Welt nach der sichtbaren gebildet, sondern umgekehrt, die sichtbare Welt nach den Gesetzen der unsichtbaren geschaffen. Und diese Gesetze findet man auf allen Ebenen und in jedem Bereich.

Je mehr Liebe ihr anderen schenkt, desto mehr Liebe wird euch zuteil. Bisweilen erhaltet ihr sogar soviel davon, dass ihr es kaum ertragen könnt... Bemüht euch, euren Mitmenschen zu helfen und sie zu befreien, damit die unsichtbare Welt euch ebenfalls frei macht und euch Kraft schenkt, die Gipfel zu erreichen. Der Weg ist sehr lang und sehr schwierig; lasst euch nicht täuschen! Wer behauptet, man könne auf der Stelle, in einem Monat, in drei Monaten den Gipfel erreichen, täuscht sich und täuscht die anderen. Manche halten sich schon nach wenigen Monaten für große Eingeweihte und meinen, sie könnten andere unterrichten. Das ist unmöglich. Um fähig zu sein, andere zu unterrichten und um selbst ein Meister zu werden, muss man lernen, sich sehr lange üben und zahllose Erfahrungen sammeln. Wer sich früher nie in diesem Sinne vorbereitet hat, muss noch einige Jahrhunderte warten, bevor er andere unterweisen darf. Ihr wendet ein: »Eben sagten Sie doch, wir sollten unseren Mitmenschen helfen, sie befreien... Sie widersprechen sich!« Keineswegs. Welches auch die Stufe ist, die einer erreicht hat, er kann andere das lehren, was er weiß. Niemals jedoch darf man Dinge lehren, die man selbst nicht richtig weiß und die man noch nicht zu verwirklichen imstande ist. Wenn zwei Blinde einander führen, stolpern sie beide in den Abgrund. Das habe ich schon mehrmals beobachtet.

Ich behaupte nicht, ein Meister zu sein,* teile euch momentan lediglich mit, was ich bei meinem Meister gesehen und gehört habe und was ich selber innerhalb der zwanzig Jahre, die ich in seiner Schule verbrachte, erprobt habe. Von Dingen, die ich selber nicht überprüft und erlebt habe, spreche ich nicht. Es ist immer möglich, seiner Entwicklungsstufe entsprechend, anderen zu helfen, sie aufzuklären, sie zu lieben; dafür braucht man nicht Jahrhunderte zu warten. Wenn so lange gewartet wird, sind längst alle umgekommen, bis jemand den Entschluss fasst, sich als nützlich zu erweisen! Man darf nicht untätig zusehen, wie die anderen in die Hölle sinken und sagen: »Verzeiht, aber bevor ich etwas für euch tun kann, muss ich noch ein paar Jahrhunderte warten, bis ich wirklich vollkommen bin.« So reden die Faulpelze. Dagegen sind alle überheblich, die sich einbilden, sie könnten in wenigen Monaten alle Einweihungsstufen durchlaufen und würden dann die Welt verändern. Weder den einen noch den anderen darf man folgen.

Webt das Band, das euch mit der Universellen Weißen Bruderschaft vereint! Dabei ist es gar nicht so wichtig, ob diese Bruderschaft auf irdischer Ebene besteht und ihre Mitglieder sich häufig versammeln; denn, in der unsichtbaren Welt besteht die Universelle Weiße Bruderschaft seit Jahrtausenden: Mit ihr sollen wir verbunden bleiben! Es ist schlimm für uns von der Universellen Weißen Bruderschaft abgeschnitten zu sein, denn dann empfangen wir nicht mehr diesen reinen Lebens- und Lichtstrom. Wenn dieser Strom uns nicht mehr durchfließt, werden wir von niederen Wesen heimgesucht, die allerlei Gärung und üble Gerüche in uns erzeugen. Ja, das ist wichtig zu verstehen. Wenn wir uns dem himmlischen Lebensstrom verschließen, erlauben wir damit eine Stauung großer Mengen niederer Materie, die uns vergiftet. Alle unsere Leiden werden durch die Gegenwart niederer Wesen verursacht, die sich in uns eingenistet haben, weil keine Strömung uns mehr durchfließt, die sie verjagen könnte.[7]

* Dieser Vortrag stammt aus dem Jahre 1938. Meister Omraam Mikhaël hatte sich immer geweigert, als Meister angeredet zu werden. Erst nach seiner Rückkehr aus Indien im Jahre 1960 akzeptierte er es auf die wiederholten Bitten seiner Schüler hin. (Anmerkung des Herausgebers)

Wenn wir uns von Wesen überfallen fühlen, die unsere inneren Gärten zerwühlen, unsere Reichtümer rauben und unsere Lichter auslöschen, so deshalb, weil wir es nicht verstanden, uns der Kette der Universellen Weißen Bruderschaft anzuschließen. Dann klagen wir: »Ich weiß nicht, was mit mir los ist – ich fühle mich so unglücklich, so verstört und hin- und hergerissen...« und begeben uns zum Arzt oder versuchen uns zu zerstreuen, aber es hilft alles nichts. Nur deshalb fühlen wir uns elend, weil sich niedere Wesenheiten in uns angesiedelt haben. Gegen diesen Zustand gibt es kein anderes Mittel, als die Verbindung mit den Wesen der höheren Welt aufzunehmen: Herz, Verstand, Seele und Geist zu öffnen, damit die Segnungen von oben einströmen, uns reinigen, speisen und von den schädlichen Geschöpfen erlösen. Ist der Einstrom von oben sehr stark, so haben die niederen Geschöpfe keine Macht über ihn und werden verdrängt. Gelingt es ihnen also, sich in uns einzunisten, so heißt das, dass der herabfließende Strom nicht kräftig genug ist, weil wir anmaßend, misstrauisch, chaotisch sind und uns der Universellen Weißen Bruderschaft widersetzen, die auch Weiße Loge genannt wird und deren Haupt Christus ist.

Ich habe es nicht eilig, der Bruderschaft eine materielle Existenz zu schaffen, denn bevor dies geschieht, muss zuerst die Brüderlichkeit in unseren Seelen und unserem Geist walten, sie wird dann zwangsläufig eines Tages sichtbar in Erscheinung treten. Eine wahre Bruderschaft kann nur aus dem spontanen Wunsch gleichgesinnter und verbundener Seelen erwachsen! Deswegen ist es mir nicht so wichtig, euch sofort zusammenzuführen. Ich warte auf den Augenblick, da ihr selbst spontan den Wunsch äußert, mehr zu erfahren, miteinander zu singen und gemeinsame Übungen zu machen. Es soll sich alles langsam vorbereiten. Wir müssen damit beginnen, eine lebendige Kette zu bilden. Ich wünsche, dass ihr wisst, warum ihr hierher kommt; dass ihr nicht wegen mir oder wegen der anderen herkommt, sondern für euch selbst, weil ihr die Gewissheit habt, dass ihr hier geistigen Reichtum erhaltet.

Je mehr man gibt, umso mehr empfängt man. Kommt nicht meinetwegen, denn ich brauche euch nicht. Der Himmel schenkt mir alles, was ich brauche. Eurer bedarf ich nur, um euch etwas zu geben. Dies soll euch nicht kränken; ich liebe und schätze euch – nur möchte ich euch verständlich machen, wie sehr wir uns irren, wenn wir unser höheres Ich, das heißt unsere Verbundenheit mit dem Himmel und den himmlischen Wesen, der Meinung einiger Durchschnittsmenschen opfern. In dem Augenblick geht uns das Reich Gottes verloren, und die Verbindung mit der Universellen Weißen Bruderschaft bricht ab. Mir geht es nur darum, eure Seele und euren Geist zu befriedigen. Irgendwelchen anderen Wünschen nachzukommen, lehne ich ab.

Merkt euch dieses Eine: Das Wichtigste von allem ist die Aufrechterhaltung der Verbindung zu den hohen Wesen, damit der von oben herabquellende Strom uns durchflutet, reinigt und erleuchtet. Furcht, Selbstsucht, Hochmut, Misstrauen, Leidenschaft zerreißen das Band zur höheren Welt und gewähren schädlichen Kreaturen Einlass, von denen niemand uns erlösen kann. Nur die Liebe, die Weisheit und die Wahrheit sind in der Lage, uns von den niederen Wesenheiten zu befreien!

Das Geheimnis des Lebens liegt im Danken, in der Demut,[8] im Gebet,[9] im Verbundensein mit den hohen Wesen.[10] Freilich spricht das nicht viele Leute an, sie sind mit Problemen beschäftigt, die sie für weitaus wichtiger halten. Wenn man zu den Leuten von der Liebe spricht, entgegnen sie, davon hätten sie schon tausendmal gehört. Wenn man von der Demut spricht, wenden sie ein, das sei ein anderes Wort für Mittelmäßigkeit, Bedeutungslosigkeit und Schwäche, darüber hätten die Priester und Pfarrer nur zu viel gepredigt. Das mag sein – aber es ist ihnen nicht bewusst, dass all das, was sie da hörten für sie reine Theorie, intellektuelles Wissen geblieben ist und sie nie versucht haben, auch nur das Geringste davon selber zu erleben! Die Philosophie unserer Lehre ist nicht neu, denn die großen Wahrheiten, die sie lehrt, sind schon seit Jahrtausenden bekannt. Was neu ist, sind die Methoden, die sie vermittelt. Es sind der heutigen Zeit angepasste Methoden, welche der Entfaltung der göttlichen Eigenschaften im Menschen dienen. Bei Anwendung dieser Lehre entdeckt man den Sinn des Lebens.

Anmerkung des Autors im Oktober 1972: Ich sage unsere Lehre sei nicht neu – diesen Punkt muss ich noch näher erläutern. In vergangenen Zeiten zielten alle Lebenslehren lediglich auf die persönliche Entwicklung des einzelnen Menschen hin. Damals waren die Möglichkeiten, sich mitzuteilen, zu reisen, Ideen zu verbreiten, begrenzt und alle Menschen, die dazulernen und sich geistig entwickeln wollten um für das Wohl aller zu wirken, waren recht isoliert. Gegenwärtig hat sich dank der fortschrittlichen Transport- und Informationsmittel (Flugzeug, Radio, Fernsehen, Telefon) die Lage geändert. Die Möglichkeit, die universelle Bruderschaft zu verwirklichen, ist gegeben: Entfernungen sind kein Hindernis mehr, die Menschen können miteinander Kontakt aufnehmen und ihre Ideen weltweit verbreiten. Was sich leider nicht geändert hat, ist die individualistische, ichbezogene, Grenzen setzende Gesinnung. Weder von Politikern noch in religiös-geistigen Lehren wird der Gedanke der Brüderlichkeit von innen her verstanden und verwirklicht. Überall herrschen Trennung, Abgrenzung, Feindseligkeit und Krieg. Man schaue nur allein nach Irland! Die Lehre der Universellen Weißen Bruderschaft bringt keine neue Wissenschaft und auch keine neue Weltanschauung, sondern lediglich ein Ziel, eine Richtung, ein Ideal der Gemeinschaft, der Gesamtheit: Alle Menschen sind Brüder und Schwestern, Söhne und Töchter desselben Vaters und derselben Himmlischen Mutter; sie sollen vereint leben, wie die Zellen eines Organismus, die alle zum Wohl dieses Organismus arbeiten. Darin liegt die Neuheit, die unsere Lehre der Welt bringt.

Viele geben heutzutage vor, Sinn und Ziel des Lebens zu kennen – dabei bleiben sie schwach, orientierungslos und ängstlich. Sie erkennen nicht, dass wahres Wissen unvereinbar ist mit Schwäche, Verwirrung und Furcht. Gelehrt zu sein und wie ein Unwissender zu handeln finden sie durchaus normal. Wer den Sinn des Lebens wirklich erkannt hat, kann nicht mehr unglücklich sein, außer über das Unglück der anderen, aber seine innere Freude geht auf sie über und er nimmt ihre Bürde auf sich. Echte Eingeweihte leiden nie aus persönlichen Gründen, sie leiden für die anderen. Wer glaubt, den Sinn des Lebens zu kennen und trotzdem traurig, mutlos, deprimiert und verbittert ist, lebt in einer Täuschung. In Wirklichkeit weiß er gar nichts oder er hat nur eine mangelhafte, theoretische Kenntnis davon. Das Erkennen des Lebenssinns ist eine unbeschreibliche, unaussprechliche innere Empfindung.[11] Nur weil die Menschen die großen Wahrheiten in ihrem Dasein nicht anwenden, bleibt ihnen der Sinn des Lebens verschlossen...

Jetzt, da ihr über diese lebendige Hierarchie der Lebewesen Bescheid wisst, verbindet euch mit ihr durch euer Denken, Fühlen und Handeln! Nehmt mit der Kette der Universellen Weißen Bruderschaft Verbindung auf, und ihr erreicht Stufe um Stufe eines Tages den Gipfel.

Licht und Friede sei mit euch!

Sèvres, den 10. Juli 1938

Anmerkungen

1. Siehe Band 224 der Reihe Izvor »Die Kraft der Gedanken«, Kapitel 5: »Wie die Gedanken sich in der Materie verwirklichen«.
2. Siehe Band 239 der Reihe Izvor »Die Liebe ist größer als der Glauben«, Kapitel 2: »Der zerstörerische Zweifel: Einigung und Polarisierung«.
3. Siehe Band 204 der Reihe Izvor »Yoga der Ernährung«, Kapitel 5: »Der Vegetarismus«.
4. Siehe Band 224 der Reihe Izvor »Die Kraft der Gedanken«, Kapitel 4: »Leben und Kreisen der Gedanken«.
5. Siehe Band 231 der Reihe Izvor »Saaten des Glücks«, Kapitel 19: »Der Garten von Seele und Geist«.
6. Siehe Band 32 der Reihe Gesamtwerke »Die Früchte des Lebensbaums«, Kapitel 19: »Die vollendeten Seelen«.
7. Siehe Band 10 der Reihe Gesamtwerke »Surya-Yoga«, Kapitel 7 »Die unerwünschten Wesen« und Kapitel 6 »Jedes Geschöpf soll eine Wohnstätte haben und sie schützen« und Band 9 der Reihe Gesamtwerke »Im Anfang war das Wort«, Kapitel 12: »Im Haus meines Vaters gibt es viele Wohnungen«.

8 Siehe Band 221 der Reihe Izvor »Alchimistische Arbeit und Vollkommenheit», Kapitel 11: »Hochmut und Demut«.

9. Siehe Band 305 der Reihe Broschüren »Das Gebet«
10. Siehe Band 207 der Reihe Izvor »Was ist ein geistiger Meister?«, Kapitel 2: »Von der Notwendigkeit eines geistigen Führers« und Band 236 der Reihe Izvor »Weisheit aus der Kabbala«.
11. Siehe Band 231 der Reihe Izvor »Saaten des Glücks«, Kapitel 6: »Der Sinn des Lebens«.

Bücher von Omraam Mikhael Aivanhov

Reihe Gesamtwerke

Band 1 - Das geistige Erwachen

Geboren aus Wasser und Geist * „Bittet, so wird euch gegeben. Suchet, so werdet ihr finden. Klopfet an, so wird euch aufgetan." * In den Augen offenbart sich die Wahrheit * Die Ohren bergen die Weisheit * Von der Liebe kündet der Mund * Liebe, Weisheit, Wahrheit * Bei Meister Danov in Bulgarien Erlebtes * Die lebendige Kette der Universellen Weißen Bruderschaft.

Band 2 - Die spirituelle Alchimie

Sanftmut und Demut * Wenn ihr nicht sterbt, werdet ihr nicht leben * Lebendiger und bewusster Austausch * Der treulose Verwalter * »Sammelt euch Schätze...« * Das Wunder von den zwei Fischen und den fünf Broten * Die Füße und der Solarplexus * Das Gleichnis vom Weizen und vom Unkraut * Die spirituelle Alchimie * Die geistige Galvanoplastik * Die Rolle der Mutter während der Schwangerschaft

Band 3 - Die beiden Bäume im Paradies

Das theozentrische, das biozentrische und das egozentrische System * Die beiden ersten Gebote * Was das menschliche Gesicht offenbart * Die magische Kraft der Gesten und des Blickes * »Schreitet voran, während ihr das Licht habt!« * Der Rat des Weisen * Das Gleichnis von den fünf klugen und den fünf törichten Jungfrauen * Das Öl der Lampe * Die beiden Bäume des Paradieses * Die Achsen Widder-Waage und Stier-Skorpion * Die Schlange in der Genesis * Die Heimkehr des verlorenen Sohnes

Band 4 - Das Senfkorn

Symbole im Neuen Testament * »Das ist aber das ewige Leben, dass sie Dich, den einzig wahren Gott, erkennen...« * Der weiße Stein * »Und wer auf dem Dach ist...« * »Wer mir nachfolgen will, nehme sein Kreuz auf sich« * Der Geist der Wahrheit * Die drei großen Versuchungen * Das Kind und der Greis * »Ach, dass du kalt oder warm wärest!« * »Das ist ein köstlich Ding, dem Herrn danken...« * Das Senfkorn * Der Baum über dem Fluss * »Wachset und mehret euch...«.

Band 5 - Die Kräfte des Lebens

Das Leben * Charakter und Temperament * Gut und Böse * Der Kampf mit dem Drachen * Anwesenheit und Abwesenheit * Gedanken sind lebendige Wesenheiten * Die unerwünschten Wesen * Die Kraft des Geistes * Das Opfer * Das hohe Ideal * Frieden.

Band 6 - Die Harmonie

Die Harmonie * Die Medizin muss auf einer esoterischen Philosophie gegründet sein * Die Zukunft der Medizin * Der Schüler muss die Sinne für die geistige Welt entwickeln * Was uns das Haus lehrt * Wie die Gedanken sich in der Materie verwirklichen * Die Meditation * Menschlicher Intellekt und kosmische Intelligenz * Sonnengeflecht und Gehirn * Das Harazentrum * Das geistige Herz * Die Aura.

Band 7 - Die Reinheit, Grundlage geistiger Kraft

Jesod spiegelt die Tugenden aller anderen Sephiroth wider * Wie die Reinheit zu verstehen ist * Die Ernährung, Ausgangspunkt einer Studie über die Reinheit * Die Auswahl * Die Reinheit und das geistige Leben * Die Reinheit in den drei Welten * Der Lebensstrom * Friede und Reinheit * Von der magischen Kraft des Vertrauens * Die Reinheit der Worte * Man muss sich erheben, um die Reinheit zu finden * »Selig, die reinen Herzens sind« * Die Tore des himmlischen Jerusalem * Liebe und Sexualität * Die Sünde wider den Heiligen Geist ist die Sünde wider die Liebe * Ergänzende Erläuterungen * Die Quelle * Das Fasten * Wie man sich waschen soll * Von der wahren Taufe * Wie man während der Atemübungen mit den Engeln der vier Elemente arbeitet.

Band 8 – Sprache der Symbole, Sprache der Natur

Die Seele / Der Mensch und seine verschiedenen Seelen / Der Kreis (das Zentrum und die Peripherie) / Zeit und Ewigkeit / Die zwölf Aufgaben des Herkules / Der Große Frühling / Der erste Tag des Frühlings / Die wahre Ehe / Warum der Mensch beim Sündenfall die Tiere mit sich gezogen hat / Wie die beiden Prinzipien im Mund enthalten sind / Der Heilige Geist / Die Sprache der Symbole.

Band 9 - Im Anfang war das Wort – Kommentare zu den Evangelien

»Im Anfang war das WORT« * »Man füllt keinen neuen Wein in alte Schläuche« * »Vaterunser« * »Suchet zunächst nach dem Reich Gottes und Seiner Gerechtigkeit« * »Die Ersten werden die Letzten sein« * Weihnachten * Der Sturm, der sich gelegt hat * »Die höchste Zuflucht« * »Vater, vergib ihnen, denn sie wissen nicht, was sie tun« * Die Sünde wider den Heiligen Geist ist die Sünde wider die Liebe * Die Auferstehung und das Jüngste Gericht * »Im Haus meines Vaters gibt es viele Wohnungen« * Der Körper der Auferstehung.

Band 10 - Sonnen Yoga – Pracht und Herrlichkeit von Tiphereth

Die Sonne, Mittelpunkt des Universums * Wie man die ätherischen Lichtteilchen aus der Sonne aufnehmen kann * Unsere Seele nimmt beim Betrachten der

Sonne deren Gestalt an * Unser höheres Ich wohnt in der Sonne * Die Sonne bringt die Samen zum Wachsen, die der Schöpfer in uns gelegt hat * Wie man die Heilige Dreifaltigkeit in der Sonne wiederfindet * Alle Geschöpfe haben ihr Zuhause * Der Rosenkranz der sieben Perlen * Der Meister im Rosenkranz der sieben Perlen * Jedes Geschöpf soll seine Wohnstätte schützen – Die Aura * Der heliozentrische Standpunkt * Liebt wie die Sonne! * usw.

Band 11 - Der Schlüssel zur Lösung der Lebensprobleme

Die Personalität ist der niedere Ausdruck der Individualität * Der Mensch soll zu seiner Individualität zurückfinden * Sinn und Ziel von Jnani-Yoga * Vom Nehmen und Geben (Sonne, Mond und Erde) * Personalität und Individualität: Die Begrenzung der unteren Welt * Die unendliche Weite der höheren Welt * Die Individualität bringt das wahre Glück * In der Personalität absterben, um in der Individualität aufzuleben * Der eigentliche Sinn der Gärung aus esoterischer Sicht * Die Individualität wünscht Gottes Willen zu tun * Das Gleichnis vom Baum * usw.

Band 12 - Die Gesetze der kosmischen Moral

Ihr werdet ernten, was ihr gesät habt * Die Wahl ist wichtig: Sucht die Arbeit und nicht das Vergnügen * Schöpferische Tätigkeit als Mittel zur inneren Entwicklung * Die Gerechtigkeit * Das Gesetz der Affinität und der Frieden * Das Gesetz der Affinität und die wahre Religion * Naturgesetze und moralische Gesetze * Die Reinkarnation * Macht nicht auf halbem Wege halt * Über den rechten Gebrauch der eigenen Energien * usw.

Band 13 - Die neue Erde

Gebete * Am Morgen * Für den Tag * Am Abend * Die Ernährung * Das Verhalten * Laster und Schwächen * Negative Gemütsverfassung * Schwierige Lebenslagen * Anleitungen zur Reinigung und Läuterung * Mitmenschliche Beziehungen * Beziehungen zur Natur * Die Sonne * Die Sterne * Das Wirken mit der Denkkraft * Die geistige Galvanoplastik * Der Solarplexus * Das Hara-Zentrum * Das Wirken mit dem Licht * Die Aura * Der Lichtleib * Einige Sprüche und Gebete * Spirituelle Gymnastikübungen.

Band 14/15 - Liebe und Sexualität

Band 14: Die beiden Prinzipien männlich und weiblich * Den Stier bei den Hörnern packen * Die Kraft des Drachens * Geist und Materie, die Sexualorgane * Die Eifersucht * Die zwölf Tore von Mann und Frau * Die Vergeistigung der Sexualkraft * Lernt richtig zu essen, um lieben zu lernen * Die Rolle der Frau in der neuen Kultur * Die Bedeutung der Nacktheit in der Einweihung * Liebe ist im ganzen Weltall enthalten * Wie kann man den Begriff der Ehe erweitern? * Die Schwesterseele * Die Frage der Bindungen.

Band 15: Die wahre Ehe: Geist und Materie * Die Sonne, Quelle der Liebe * Die Vestalinnen oder die neue Eva * Gebt der Liebe ihre Reinheit zurück * Die

Liebe verwandelt die Materie * Die Aufgabe eines Schülers * Tantra-Yoga * Nutzt die Kräfte der Liebe in rechter Weise * Das Glück liegt in der Erweiterung des Bewusstseins * "Was ihr auf Erden binden werdet..." * Die wahren Waffen: Liebe und Licht * Auf dem Weg zur großen Familie.

Band 16 - Alchimie und Magie der Ernährung - Hrani-Yoga

Die Bedeutung des Kauens und der Atmung * In Stille essen * Nicht bis zur Sättigung essen * Das Segnen der Nahrung * Bedeutung und spirituelle Dimension der Ernährung * Meditation vor der Mahlzeit * Das Töten der Tiere und das Gesetz der Gerechtigkeit * Die Nahrung, ein Liebesbrief des Schöpfers * In Stille essen, um die Stimme der Nahrung zu vernehmen * Die Mahlzeit, magische und heilige Zeremonie * Ob gut oder böse, was ihr euch selbst zufügt, fügt ihr auch der ganzen Menschheit zu * Die Nahrung und die Engel der 4 Elemente *Sich durch die Haut ernähren * Weiße und schwarze Magie * Das Mysterium des heiligen Abendmahls * Die wahre Kommunion * Indem man bewusst isst erlangt man Macht über die Materie.

17/18 Erkenne Dich selbst – Jnani-Yoga

Band 17: Die synoptische Tafel * Der Geist und die Materie * Die Seele * Das Opfer * Die Nahrung der Seele und des Geistes * Das Bewusstsein * Das Höhere Selbst * Die Wahrheit * Die Freiheit.

Band 18: Die Schönheit * Die spirituelle Arbeit * Die Macht des Denkens * Die Erkenntnis: das Herz und der Intellekt * Die Kausalebene * Konzentration, Meditation, Kontemplation, Identifikation * Das Gebet * Die Liebe * Der Wille * Die Kunst, die Musik * Die Geste * Die Atmung.

23/24 Die neue Religion – Eine universelle Sonnenreligion

Band 23: Der Strom des Lebens * Der Mensch und seine zwei Naturen * Ihr seid Götter * Die heliozentrische Revolution: Die Bruderschaft * Der Meister * Die Sonne, Abbild der heiligen Dreifaltigkeit * Ein neuer Typ Mensch: Die symbolische Bedeutung des Prismas * Die Nahrung: Das Wort * Wie man an seiner eigenen Materie arbeiten kann – Der Körper der Auferstehung * Die Gesetze des Schicksals.

Band 24: Die Lehre der Kraft * Der Sinn des Reichtums und des Besitzes in der Einweihungswissenschaft * Die Liebe ist Eins * Die wahre Ehe – Wie man die Auffassung der Ehe erweitert * Die Rolle der Frau in der neuen Kultur * Die wahren Grundlagen der Religion * Die geistige Schöpfung – Die Suche nach dem Stein der Weisen * An die Jugend und die Familien * Das Reich Gottes auf Erden.

Band 25/26 - Der Wassermann und das Goldene Zeitalter

Band 25: Das Wassermann-Zeitalter * Der Geist der Brüderlichkeit ist im Kommen * Jugend und Revolution * Kommunismus und Kapitalismus *

Die wahre Ökonomie * Gold und Licht * Aristokratie und Demokratie * Die Politik im Licht der Einweihungswissenschaft *
Band 26: Die Prinzipien und die Formen * Die wahre Religion Christi * Die Idee der Pan-Erde * Der kosmische Körper * Das Reich Gottes und seine Gerechtigkeit * Das neue Jerusalem.

Band 27 - Die Pädagogik in der Einweihungslehre

Zuerst sollten die Eltern unterwiesen werden * Die Rolle des Unterbewusstseins bei der Kindererziehung * Erziehung und Bildung – Die Macht des Vorbildes * Die Jugend auf die Zukunft vorbereiten * Das Erlernen der Gesetze * Das Kind und der Erwachsene * Die Rolle eines Meisters * Die Nachahmung als Faktor der Erziehung * Die Einstellung gegenüber einem Meister * Die Methoden eines Meisters * Die Arbeit in der Einweihungsschule.

Band 28/29 - Die Pädagogik in der Einweihungslehre

Band 28: Weshalb man ein spirituelles Leben wählen sollte * Der Sinn des Lebens, die Entwicklung * Die gestaltende Vorstellungskraft * Lesen und Schreiben * Der Selbstmord * Eine neue Einstellung dem Bösen gegenüber * Die Raupe und der Schmetterling * Die Liebe, ein Bewusstseinszustand * Die Geburt auf den verschiedenen Ebenen * Die Sonne als Vorbild * Mann und Frau in der neuen Kultur
Band 29: Die Gesetze der spirituellen Arbeit * Unsere Verantwortung * Das neue Leben erbauen * Das lebendige Wissen * Lasst die Quelle sprudeln * Die spirituelle Atmosphäre * Die Medizin der Zukunft * Lebt in der Poesie! * Seid vollkommen wie euer Vater im Himmel vollkommen ist * Die Wirklichkeit der unsichtbaren Welt * Nehmt teil an der Arbeit der Universellen Weißen Bruderschaft

Band 30/31 – Leben und Arbeit in einer Einweihungsschule

Band 30: Zum »Tag der Sonne« * Der Bonfin * Die Arbeit an der göttlichen Schule * Hrani Yoga und Surya Yoga * Der Geist dieser Lehre * Materie und Licht * Die Reinheit, Bedingung für das Licht * Der Sinn der Einweihung
Band 31: Das neue Leben * Materialisten und spirituelle Menschen * Der wahre Sinn des Wortes Arbeit * Wie man mit Schwierigkeiten umgeht * Die Beschäftigung des Schülers mit seiner niederen Natur * Eitelkeit und Hochmut * Meister und Schüler * Wie man über die Vorstellung von Gerechtigkeit hinauswächst * Hierarchie und Freiheit * Die Allmacht des Lichtes

Band 32 - Die Früchte des Lebensbaums

Wie man das Studium der Kabbala in Angriff nehmen sollte * Die Zahl 10 und die 10 Sephiroth * Der Lebensbaum * Die Erschaffung der Welt * Der Sündenfall und der Wiederaufstieg des Menschen * Die vier Elemente * Die Macht des Feuers * Wasser und Feuer * Das lebendige WORT * Die esoterische Kirche des Johannes * Binah, das Reich der Beständigkeit usw.

Bücher von Omraam Mikhael Aivanhov
Reihe Izvor

200 – Hommage an Meister Peter Deunov

201 – Auf dem Weg zur Sonnenkultur
Die Sonne, Begründerin der Kultur / Surya-Yoga / Die Suche nach dem Zentrum / Die nährende Sonne / Der Solarplexus / Der Mensch, Abbild der Sonne / Die Geister der sieben Lichter / Die Sonne als Vorbild / Die wahre Sonnenreligion.

202 – Der Mensch erobert sein Schicksal
Das Gesetz von Ursache und Wirkung / »Du sollst das Feine vom Dichten sondern« / Entwicklung und Schöpfung / Menschliche und göttliche Gerechtigkeit / Das Gesetz der Entsprechungen / Die Gesetze der Natur und die Gesetze der Moral / Das Gesetz der Einprägung / Die Reinkarnation.

203 – Die Erziehung beginnt vor der Geburt
Zuerst müssen die Eltern erzogen werden / Die Erziehung beginnt vor der Geburt / Ein Entwurf für die Zukunft der Menschheit / Kümmert euch um eure Kinder / Eine neues Verständnis der mütterlichen Liebe / Das magische Wort / Ein Kind braucht immer eine Beschäftigung / Die Kinder müssen auf ihr künftiges Lebens als Erwachsene vorbereitet werden /Der Sinn für das Zauberhafte soll dem Kind erhalten bleiben / Liebe ohne Schwäche / Erziehung und Unterricht.

204 – Yoga der Ernährung
Die Ernährung betrifft das ganze Wesen / Hrani-Yoga / Die Nahrung, ein Liebesbrief des Schöpfers / Die Auswahl der Nahrung / Der Vegetarismus / Die Ernährung und ihre Moral / Das Fasten / Vom Abendmahl / Der Sinn der Segnung / Die Arbeit des Geistes an der Materie / Das Gesetz vom Austausch.

205 – Die Sexualkraft oder geflügelte Drache
Der geflügelte Drache / Liebe und Sexualität / Die Sexualkraft, Voraussetzung für das Leben auf Erden / Vom Vergnügen / Die Gefahren des Tantrismus / Lieben ohne Gegenliebe zu erwarten / Die Liebe ist im ganzen Universum verbreitet / Die geistige Liebe, eine Nahrung auf höherer Ebene / Das hohe Ideal - Transformator der Sexualkraft / Öffnet der Liebe einen Weg nach oben.

206 – Eine universelle Philosophie
Einige Erklärungen zum Begriff »Sekte« / Keine Kirche ist ewig / Hinter den Formen den Geist suchen / Die Kirche des heiligen Johannes und ihre Ankunft / Die Grundlagen einer universellen Religion / Die Große Universelle Weiße Bruderschaft / Wie man den Begriff »Familie« erweitert / Die Bruderschaft, ein höherer Bewusstseinsgrad / Die Kongresse der Bruderschaft in Le Bonfin / usw.

207 – Was ist ein geistiger Meister?

Wie man einen wirklichen geistigen Meister erkennt / Von der Notwendigkeit eines geistigen Führers / Spielt nicht den Zauberlehrling! / Spiritualität nicht mit Exotik verwechseln / Vom Ausgleich zwischen geistiger und materieller Welt / Der Meister, ein Spiegel der Wahrheit / Erwartet von einem Meister nur das Licht / Der Schüler vor dem Meister / die universelle Dimension eines Meisters / Die magische Gegenwart eines Meisters / Die Identifizierung / »Wenn ihr nicht werdet wie die Kinder«.

208 – Das Egregore der Taube. Innerer Friede und Weltfriede

Ein besseres Verständnis des Friedens / Die Vorteile der Völkervereinigung / Aristokratie und Demokratie / Kopf und Magen / Vom Geld / Über die Verteilung des Reichtums / Kommunismus und Kapitalismus, zwei sich ergänzende Philosophien / Eine neue Auffassung der Wirtschaft / Was jeder Politiker wissen sollte / Das Reich Gottes.

209 – Weihnachten und Ostern in der Einweihungslehre

Das Weihnachtsfest / Die zweite Geburt / Die Geburt auf den verschiedenen Ebenen / »Wenn ihr nicht sterbt, so werdet ihr nicht leben!« / Die Auferstehung und das Jüngste Gericht / Der Auferstehungsleib.

210 – Die Antwort auf das Böse

Die beiden Bäume im Paradies / Das Gute und das Böse - Zwei Kräfte, die das Rad des Lebens drehen / Jenseits von Gut und Böse / Das Gleichnis vom Unkraut und vom Weizen / Die Philosophie der Einheit / Die drei großen Versuchungen / Die Frage der Unerwünschten / Über den Selbstmord / Das Böse durch Licht und Liebe besiegen / Sich spirituell stärken, um die Prüfungen zu überwinden.

211 – Die Freiheit, Sieg des Geistes

Die psychische Struktur des Menschen / Die Beziehungen zwischen Geist und Körper / Schicksal und Freiheit / Der befreiende Tod / Die Freiheit des Menschen liegt in der Freiheit Gottes / Die wahre Freiheit / Sich begrenzen, um sich zu befreien / Anarchie und Freiheit / Über den Begriff der Hierarchie / Die innere Synarchie.

212 – Das Licht, lebendiger Geist

Das Licht, Essenz der Schöpfung / Die Sonnenstrahlen: ihre Natur und ihre Aktivität / Das Gold, kondensiertes Sonnenlicht / Das Licht macht es möglich zu sehen und gesehen zu werden / Die Arbeit mit dem Licht / Das Prisma, Bild des Menschen / Die Reinheit öffnet dem Licht die Türen / Das intensive Leben des Lichts leben / Der Laserstrahl im geistigen Leben.

213 – Die menschliche und göttliche Natur in uns

Menschlich... oder tierisch? / Die niedere Natur, eine umgekehrte Spiegelung der höheren Natur / Auf der Suche nach unserer wahren Identität / Über die Möglichkeit, den Begrenzungen der niederen Natur zu entgehen / Die Sonne, Symbol der göttlichen Natur / Die niedere Natur beherrschen und als Energiequelle benutzen / Der höheren Natur mehr Äußerungsmöglichkeit geben: sich bessern / Die Stimme der göttlichen Natur / Der Mensch kann sich nur dann entfalten, wenn er seiner höheren Natur dient / Die höhere Natur in sich selbst und anderen fördern / Die Rückkehr des Menschen in Gott.

214 – Liebe, Zeugung und Schwangerschaft

Die geistige Galvanoplastik / Mann und Frau - Abbild des männlichen und weiblichen Prinzips / Die Ehe / Lieben ohne Besitzanspruch / Wie man der Liebe eine edlere Ausdrucksform gibt / Nur die geistige Liebe schützt die menschliche Liebe / Der Liebesakt aus der Sicht der Einweihungslehre / Die Sexualkraft, Bestandteil der Sonnenenergie / Die Zeugung eines Kindes / Die Schwangerschaft / Die Kinder von Verstand und Herz / Die Frau soll ihren wahren Platz wieder einnehmen / Das Reich Gottes, Kind der kosmischen Frau.

215 – Die wahre Lehre Christi

»Vater unser, der Du bist im Himmel« / »Ich und der Vater sind eins« / »Seid vollkommen, wie euer Vater im Himmel vollkommen ist« / »Suchet zunächst das Reich Gottes und seine Gerechtigkeit« / »Wie im Himmel, so auf Erden« / »Wer mein Fleisch isst und mein Blut trinkt, hat das ewige Leben« / »Vater vergib ihnen, denn sie wissen nicht, was sie tun« / »Wenn dich jemand auf deine rechte Backe schlägt…« / »Wachet und betet«.

216 – Geheimnisse aus dem Buch der Natur

Das Buch der Natur / Tag und Nacht / Quelle und Sumpf / Die Vermählung, ein universelles Symbol / Die Arbeit mit den Gedanken zur Gewinnung der Quintessenz / Die Macht des Feuers / Die entschleierte Wahrheit / Der Hausbau / Rot und weiß / Der Strom des Lebens / Das neue Jerusalem / Lesen und schreiben.

217 – Ein neues Licht auf das Evangelium

»Man füllt nicht jungen Wein in alte Schläuche« / »Wenn ihr nicht werdet wie die Kinder« / Der ungerechte Verwalter / »Sammelt euch Schätze« / »Gehet ein durch die enge Pforte« / »Wer auf dem Dach ist...« / Der Sturm, der sich gelegt hat / »Die Ersten werden die Letzten sein« / Das Gleichnis von den fünf törichten und den fünf klugen Jungfrauen / »Das ist das ewige Leben, dass sie dich erkennen, der du allein wahrer Gott bist!«.

218 – Die geometrischen Figuren und ihre Sprache

Die Symbolik der Geometrie / Der Kreis / Das Dreieck / Das Pentagramm / Die Pyramide / Das Kreuz / Die Quadratur des Kreises.

219 – Geheimnis Mensch

Die menschliche Evolution und die Entwicklung der spirituellen Organe / Die Aura / Das Sonnengeflecht / Das Harazentrum / Die Kundalinikraft / Die Chakras.

220 – Der Tierkreis, Schlüssel zu Mensch und Kosmos

Der vom Tierkreis abgegrenzte Raum / Die Entwicklung des Menschen und der Tierkreis / Der planetarische Zyklus der Stunden und Wochentage / Das Kreuz des Schicksals / Die Achsen Widder-Waage und Stier-Skorpion / Die Achse Jungfrau-Fische / Die Achse Löwe-Wassermann / Wasser- und Feuerdreieck / Der Stein der Weisen: Sonne, Mond und Merkur / Die 12 Stämme Israels und die 12 Heldentaten des Herkules in Verbindung mit dem Tierkreis.

221 – Alchimistische Arbeit und Vollkommenheit

Die geistige Alchimie / Der menschliche Baum / Charakter und Temperament / Das Erbe aus dem Tierreich / Die Angst / Die Klischees / Die Veredelung / Die Verwendung der Energien / Das Opfer, Umwandlung der Materie / Eitelkeit und göttlicher Ruhm / Hochmut und Demut / Die Sublimierung der Sexualkraft.

222 – Die Psyche des Menschen

»Erkenne dich selbst« / Eine synoptische Tafel / Von Seelen und Körpern / Herz, Intellekt, Seele und Geist / Die Schulung des Willens / Körper, Seele und Geist / Äußeres und inneres Erkennen / Vom Intellekt zur Intelligenz / Die wahre Erleuchtung / Der Kausalkörper / Das Bewusstsein / Das Unterbewusstsein / Das höhere Ich.

223 – Geistiges und künstlerisches Schaffen

Kunst, Wissenschaft und Religion / Die göttlichen Quellen der Inspiration / Die Aufgabe der Phantasie / Dichtung und Prosa / Die Stimme / Chorgesang / Die beste Weise, Musik zu hören / Magie der Gestik / Die Schönheit / Idealisieren als Mittel zum Erschaffen / Das lebendige Meisterwerk / Der Aufbau des Tempels / Nachwort.

224 – Die Kraft der Gedanken

Von der Wirklichkeit der spirituellen Arbeit / Wie man sich die Zukunft vorstellen soll / Die psychische Verschmutzung / Leben und Kreisen der Gedanken / Wie die Gedanken sich in der Materie verwirklichen / Nach dem Gleichgewicht von materiellen und spirituellen Mittel suchen / Die Kraft des Geistes / Einige Gesetze, die bei der geistigen Arbeit zu beachten sind / Das Denken als hilfreiche Waffe / Die Kraft der Konzentration / Die Grundlagen der Meditation / Das schöpferische Gebet / Die Suche nach dem Gipfel.

225 – Harmonie und Gesundheit

Das Wesentliche ist das Leben / Die Welt der Harmonie / Harmonie und Gesundheit / Die spirituellen Grundlagen der Medizin / Atmung und Ernährung / Die Atmung / Die Ernährung auf den verschiedenen Ebenen / Wie man Müdigkeit vermeidet / Die Pflege der Zufriedenheit.

226 – Das Buch der göttlichen Magie

Die Wiederkehr magischer Praktiken und ihre Gefahr / Der magische Kreis: die Aura / Der magische Stab / Das magische Wort / Die Talismane / Über die Zahl 13 / Der Mond, Gestirn der Magie / Die Zusammenarbeit mit den Naturgeistern / Blumen und Düfte / Wir alle üben Magie aus / Die drei magischen Hauptgesetze / Die Hand / Der Blick / Die magische Kraft des Vertrauens / Die wirkliche Magie ist die Liebe / Ihr solltet niemals versuchen Rache zu üben / Exorzismus und Weihe von Gegenständen / Schützt eure Wohnstätte.

227 – Goldene Regeln für den Alltag

Das kostbarste Gut: das Leben / Bringt materielles und geistiges Leben in Übereinstimmung / Widmet euer Leben einem erhabenen Ideal / Der Alltag, Materie, die der Geist umwandeln soll / Das Essen als Yogaübung betrachten / Die Atmung / Wie man wieder zu Kräften kommt / Liebe macht unermüdlich / Der technische Fortschritt schenkt dem Menschen mehr Zeit für die spirituelle Arbeit / Gestaltet euer inneres Zuhause / Die Außenwelt ist ein Spiegelbild eurer Innenwelt / Eure Zukunft wird so sein, wie ihr eure Gegenwart lebt / Kostet die Fülle der Gegenwart / die Bedeutsamkeit des Anfangs / Sucht das Licht, bevor ihr handelt / Achtet immer auf die erste Bewegung / usw.

228 – Einblick in die unsichtbare Welt

Das Sichtbare und das Unsichtbare / Das begrenzte Wahrnehmungsvermögen des Intellekts und das unbegrenzte Wahrnehmungsvermögen der Intuition / Der Zugang zur unsichtbaren Welt: von Jesod nach Tiphereth / Die Hellsichtigkeit: Aktivität und Rezeptivität / Sollte man sich von Hellsehern beraten lassen? / Liebt, und eure Augen werden sich auftun / Die Botschaften des Himmels / Sichtbares und unsichtbares Licht / Die höchsten Entwicklungsstufen der Hellsichtigkeit / Das spirituelle Auge / Gottesvision / Der wahre Zauberspiegel: die universelle Seele / usw.

229 – Wege der Stille

Lärm und Stille / Die Verwirklichung der inneren Stille / Lasst eure Sorgen vor der Tür / Eine Übung: in Stille essen / Die Stille, ein Energiespeicher / Die Bewohner der Stille / Harmonie als Voraussetzung der inneren Stille / Die Stille, Voraussetzung für das Denken / Suche nach Stille, Suche nach dem Zentrum / Menschliches und Göttliches Wort / Das Wort eines Meisters in der Stille / Stimme der Stille, Stimme Gottes / Die Offenbarungen des Sternenhimmels / »Das stille Kämmerlein«.

230 – Die Himmlische Stadt

Besuch auf Patmos / Einführung in die Offenbarung / Melchisedek und die Lehre von den beiden Prinzipien / Briefe an die Gemeinden von Ephesus und Smyrna / Brief an die Gemeinde von Pergamon / Brief an die Gemeinde von Laodizäa / Die Vierundzwanzig Ältesten und die vier Heiligen Tiere / Das Buch und das Lamm / Die 144.000 Diener Gottes / Die Frau und der Drache / Erzengel Michael streckt den Drachen nieder / Der Drache speit Wasser auf die Frau / Das Tier, das aus dem Meer emporsteigt und das Tier, das aus der Erde emporsteigt / Das Hochzeitsfest des Lammes / Der für tausend Jahre gefesselte Drache / Der Neue Himmel und die Neue Erde / Die Himmlische Stadt

231 – Saaten des Glücks

Das Glück ist eine Gabe, die gepflegt werden muss / Vergnügen ist noch kein Glück / Nur die richtige Arbeit macht glücklich / Die Philosophie der Anstrengung / Licht ist das, was glücklich macht / Der Sinn des Lebens / Frieden und Glück / Seid »lebendig«, um glücklich zu sein / erhebt euch über die Lebensbedingungen! / Entwickelt eure Sensibilität für die göttlich Welt / usw.

232 – Feuer und Wasser, Wunderkräfte der Schöpfung

Wasser und Feuer, Grundprinzipien der Schöpfung / Das Geheimnis der Verbrennung / Die Entdeckung des Wassers / Wasser und Zivilisation / Eine lebendige Kette: Sonne-Erde-Wasser / Die Arbeit des Schmiedes / Das Gebirge, Mutter des Wassers / Vom physischen Wasser zum spirituellen Wasser / Nährt eure Flamme / Das Feuer ist das Mittel der Verwirklichung / Der Kreislauf des Wassers: Die Reinkarnation / Der Zyklus der Wassers: Liebe und Weisheit / Die Flamme der Kerze / Wie man das Feuer anzündet und erhält / Das Wasser, Medium universalis / Der Zauberspiegel / Der Baum des Lichtes / Das Herabsteigen des Heiligen Geistes / Bilder als Begleiter auf unserem Lebensweg.

233 – Eine Zukunft für die Jugend

Die Jugend ist wie die Erde im Entwicklungsprozess / Die Grundlage unserer Existenz ist der Glaube an einen Schöpfer / Der Sinn für das Heilige / Die Stimme der höheren Natur / Den richtigen Weg einschlagen / Studieren genügt nicht, um dem Leben einen Sinn zu geben / Der Charakter ist wichtiger als das Wissen / Erfolg wie Misserfolg meistern / Erkennt, wonach Seele und Geist streben! / Die göttliche Welt ist unsere innere Welt / Warum wird man in diese oder jene Familie hineingeboren? / Lernt aus den Erfahrungen der Älteren! / Vergleicht euch mit spirituell Höherstehenden, um voranzukommen! / Die Liebe unterstützt den Willen / usw.

234 – Die Wahrheit, Frucht der Weisheit und der Liebe

Die Suche nach der Wahrheit / Die Wahrheit, Kind der Weisheit und der Liebe / Weisheit und Liebe oder Licht und Wärme / Die Liebe des Schülers, die Weisheit des Meisters / Der Kern der Wahrheit / »Ich bin der Weg, die Wahrheit und das Leben« / Der blaue Strahl der Wahrheit / Die wirklich wahre Wahrheit / Bleibt der Wahrheit treu / Über Geschmack lässt sich nicht streiten / Objektive und subjektive Welt / Die Vorrangstellung der subjektiven Welt / Wissenschaftlicher Fortschritt und moralischer Fortschritt / Wahrheit der Wissenschaft und Wahrheit des Lebens / Wie man lernt, alles so zu sehen, als sei es zum ersten Mal. / Traum und Wirklichkeit / Die Wahrheit jenseits von Gute und Böse / Die Wahrheit wird euch frei machen

235 – Im Geist und in der Wahrheit

Das Gerüst des Universums / Das Göttliche Amt für Gewichte und Maße / Die Verbindung mit dem Zentrum / Die Eroberung des Gipfels / Von der Vielfalt zur Einheit , Teil 1 und Teil 2 / Die Errichtung des Gebäudes / Die Kontemplation der Wahrheit: Die entschleierte Isis, Teil 1 und Teil 2 / Das Lichtkleid / Die Haut, Organ der Erkenntnis / Der Duft des Garten Eden / Im Geist und in der Wahrheit / Das Bild als einfache Stütze für das Gebet / Überreste sind nichts als Spuren ohne Geist / Nur im Geist begegnet man den Wesen wirklich / Die Sonne, Quintessenz jeder wahren Religion / Die Wahrheit der Sonne: Das Geben / Das Reich Gottes ist in uns

236 – Weisheit aus der Kabbala –
Der lebendige Strom zwischen Gott und Mensch

Vom Menschen zu Gott: Der Hierarchiebegriff / Darstellung des Lebensbaumes / Die Engelshierarchien / Die Namen Gottes / Die Sephiroth der mittleren Säule / Ain Soph Aur: Licht ohne Ende / Die Materie des Universums: das Licht / »Als der Ewige den Kreis zog über den Fluten der Tiefe...« / »Das Reich Gottes gleicht einem Senfkorn« / Die kosmische Familie und das Mysterium der Heiligen Dreifaltigkeit / Der Körper des Adam Kadmon / Malkuth, Jesod, Hod, Tiphereth: Die Erzengel und die Jahreszeiten / Der Sephirothbaum, Symbol der Synarchie / Jesod: Die Grundlage des spirituellen Lebens / Binah / Chokmah, das schöpferische Wort / Jesod, Tiphereth, Kether: Die Sublimierung der Sexualkraft / Das Gebet Salomons.

237 – Das kosmische Gleichgewicht - Die Zahl 2

Die kosmische Waage - Die Zahl 2 / Das Pendeln der Waage / Die 1 und die 0 / Der jeweilige Platz des Männlichen und des Weiblichen / Gott steht über dem Guten und dem Bösen / Der weiße und der schwarze Kopf / Zyklische Schwankungen und Gegenpole: Das Gesetz der Gegensätze / »Um die Wunder einer einzigen Sache zu verbringen« - Die Symbole der 8 und des Kreuzes / Der Äskulapstab des Hermes – Die Schlange der Astralebene / usw.

238 – Der Glaube versetzt Berge

Glaube, Hoffnung und Liebe / Das Senfkorn / Wahrer Glaube und persönliche Überzeugung / Wissenschaft und Religion / Der Glaube geht immer dem Wissen voran / Die Wiederentdeckung des verborgenen Wissens / Die Religion ist nur eine Form des Glaubens / Unsere göttliche Abstammung / usw.

239 – Die Liebe ist größer als der Glaube

Die Ungewissheiten des modernen Menschen / Der zerstörerische Zweifel: Einheit und Polarisation / Der heilsame Zweifel / »Dein Glaube hat dir geholfen« / »Dir geschehe nach deiner Einstellung« / Nur unser Tun bezeugt unseren Glauben / Bewahrt euren Glauben an das Gute / »Wenn ihr nicht werdet wie die Kinder...« / Die Liebe ist größer als der Glaube / Worauf das wahre Vertrauen gründet / »Liebt einander, wie ich euch geliebt habe«.

240 – Söhne und Töchter Gottes

»Ich bin gekommen, damit sie das Leben haben« / Das Blut, Träger der Seele / »Wer sein Leben retten will, wird es verlieren« / »Lass die Toten ihre Toten begraben« / »Gott hat die Welt so sehr geliebt, dass er seinen einzigen Sohn hingab« / Jesus, Hohepriester nach der Ordnung Melchisedeks / Der Mensch Jesus und das kosmische Prinzip des Christus / Weihnachten und Ostern: Zwei Seiten aus dem Buch der Natur / usw.

241 – Der Stein der Weisen

Über die Deutung der Schriften / »Was zum Mund hineingeht, das macht den Menschen nicht unrein...« / »Ihr seid das Salz de Erde«, Teil 1 und Teil 2 / »Wenn das Salz seinen Geschmack verliert…« / Den Geschmack des Salzes kosten: die göttliche Liebe / »Ihr seid das Licht der Welt« / Das Salz der Alchimisten / »Und wie alle Dinge aus dem Einen entstammen…« / Die alchimistische Arbeit: Die 3 über der 4 / usw.

242 – Unerschöpfliche Quellen der Freude

Gott, Ursprung und Ziel unserer Reise / Sich auf den Weg machen / Das Leiden als Antrieb / Gottes Antworten in sich selbst suchen / In der Schule des Lebens: Die Lektionen der Kosmischen Intelligenz / »Wie ein Fisch im Wasser« / Gegenüber himmlischen Wesenheiten eingegangene Verpflichtungen / Ohne Angst voranschreiten / Einzig das Licht des Geistes darf uns führen / Unsere Zugehörigkeit zum Lebensbaum / Was es bedeutet, ins »Ausland« zu gehen / Die ungeahnten Schätze der Geduld / »Und ihr werdet alle Menschen auf den Weg der Freude mitziehen« / usw.

243 – Das Lächeln des Weisen

Der Weise lebt in der Hoffnung / Wie ein Hirte über seine Schafe wacht / Die Grenzen unserer Seele schützen / Die Erwartung, die uns wach hält / »Wenn die Auge rein ist, wird dein ganzer Körper im Licht sein« / Der Ernst, die Tränen, das Lachen, das Feiern / Die Lampe des Weisen ist voller Heiterkeit / Die Sprache des Eisens und die Sprache des Goldes / Sieg über das Leiden: Das Lächeln Gottes / Jedes Opfer prägt uns den Stempel der Sonne auf / »Der Größte unter euch soll euer Diener sein« / Dank: Quelle von Licht und Freude / Möge euer Name im Buch des Lebens eingetragen sein / Beim Festmahl.

244 – Dem Licht entgegen

Um nicht mehr sagen zu müssen: wenn ich gewusst hätte…! / »Lass deine linke Hand nicht wissen, was deine rechte tut.« / Programm für den Tag und Programm für die Ewigkeit / »Seid nicht besorgt um den morgigen Tag« / Allein die Gegenwart gehört uns / Bevor die Sonne untergeht / Der Übergang ins Jenseits / Das Leben ohne Grenzen / Die Bedeutung der Bestattungsrituale / Unsere Beziehungen zu den Familiengeistern / Was ist der Wille Gottes? / Im Dienste des göttlichen Prinzips / Zum Altar des Herrn aufsteigen / Schreitet beständig voran / An der Schwelle eines neuen Jahres.

Verlags-Auslieferung

Éditions Prosveta S.A.
B.P. 12 – F-83601 Fréjus Cedex (France)
Tel. (33) 04 94 19 33 33, Fax (33) 04 94 19 33 34

Deutschland
Prosveta Verlag GmbH
Grabenstr. 14, 78661 Dietingen
Tel. 07427-3430
E-Mail: kontakt@prosveta.de
Internet: www.prosveta.de

Österreich
Harmoniequell Versand
Ulmenweg 8, 5302 Henndorf
Tel. und Fax 06214 7413
E-Mail: info@prosveta.at
Internet: www.prosveta.at

Schweiz
Éditions Prosveta
1808 Les Monts-de-Corsier 13
Tel. 021 9219218, Fax 021 9229204
E-Mail: editions@prosveta.ch
Internet: www.prosveta.ch

Auslieferungsadressen für weitere Länder finden Sie unter
https://www.prosveta.de/informationen/bestelladressen/

Wenn Sie sich über die Anwendung der Lehre von
Omraam Mikhael Aivanhov informieren möchten,
wenden Sie sich bitte an eine der folgenden Adressen:

Deutschland
UWB e.V., Geschäftsstelle Heideweg 7a, 01814 Rathmannsdorf
Tel: 035022 - 519052, www.aivanhov.de, info@aivanhov.de

Schweiz
FBU, Chemin de la Céramone, 1808 Les-Monts-de-Corsier
Telefon 021-921 93 90, www.videlinata.ch

Österreich
UWB, Telefon 01 27 698 32
Internet: www.uwb.at, E-Mail: info@uwb.at